David Pawson
Begleiten Sie mich ...
... durch das Markusevangelium

D1666888

David Pawson

Begleiten Sie mich ...
... durch das Markus-
evangelium

Verlag Gottfried Bernard
Solingen

Copyright David Pawson 2009
This edition issued by special arrangement with
Terra Nova Publications P. O. Box 2400
Bradford on Avon, Wiltshire, BA152YN, UK
Original title: Come with me through Mark

© 2012 Verlag Gottfried Bernard
   Heidstraße 2a
   42719 Solingen
   E-Mail: verlag.gottfriedbernard@t-online.de
   Internet: www.gbernard.de

*Alle Bibelzitate stammen aus der Revidierten Elberfelder Bibel 2006, es sei denn, sie sind
anderweitig gekennzeichnet.*

ISBN 978-3-941714-23-6
Best. Nr. 175523

Übersetzung: Werner Geischberger
Grafik: Stefanie Riewe, Mellingen
Umschlagfoto: A Tomb near Nazareth, Copyright: Mordechai Meiri, Shutterstock
Satz: Satz & Medien Wieser, Stolberg
Druck: Schönbach Druck, Erzhausen
Printed in Germany

Inhalt

Einführung

Ich saß mit dem damaligen Erzbischof von Canterbury im kleinen Mermaid Theatre am Ufer der Themse. Aus Neugier waren wir beide gekommen, um ein für eine Londoner Bühne einzigartiges Phänomen zu sehen. Es gab keine Kostüme, kein Bühnenbild und keine Requisiten – nur einen kleinen Tisch und einen Stuhl. Ein einziger Darsteller namens Alec McGowan tat nichts anderes, als aus dem Gedächtnis Literatur aus uralter Zeit zu zitieren. Dennoch vermochte er das dicht an dicht sitzende Publikum mehr als zwei Stunden lang zu fesseln. Sein Auftritt war so erfolgreich, dass man die Aufführung in ein größeres Theater im West End verlegte, wo sie monatelang auf dem Spielplan stand.

Als kleiner Junge musste Alec auf dem Teppich vor seinem Großvater niederknien, woraufhin dieser ihm die Hände auf den Kopf legte und voraussagte, dass er eines Tages „Tausenden von Menschen das Evangelium bringen" werde. Aber er war Schauspieler geworden und nicht Prediger. Nun erfüllte sich diese Prophetie in einer doch recht unerwarteten Art und Weise, denn er gab ein Buch der Bibel wieder, das Evangelium des Markus, das von jenem Mann verfasst worden war, dessen sterbliche Überreste aus Ägypten überführt und im Markusdom zu Venedig zu ihrer letzten Ruhe gebettet wurden.

Es ist in der Tat eine außergewöhnliche Geschichte. Ein unbekannter junger Mann verlässt etwa im Alter von dreißig Jahren seinen Job im Baugewerbe und beginnt eine Karriere als Wanderprediger und Heiler. Er ist bei den Menschen seiner Zeit ausgesprochen beliebt, gerät allerdings recht rasch in Konflikt mit den religiösen Anführern seiner Zeit und schließlich auch mit den politischen Amtsträgern. Nur drei Jahre später war er tot – hingerichtet wie ein gefährlicher Krimineller. Ende der Geschichte? Ganz im Gegenteil! Drei Tage später war sein Leib aus dem

Grab verschwunden. Das war erst der Anfang der Geschichte, von der Sie, lieber Leser, nun ein Teil sind. Lesen Sie weiter ...

David Pawson

Kapitel 1

Buch und Taufe

Markus 1,1-13

Markus schrieb als Erster die Taten Jesu nieder und verfasste einen Bericht von dessen Leben, Tod und Auferstehung; dennoch wird sein Evangelium im Vergleich zu den anderen oft vernachlässigt. Es sieht so aus, als hätten Matthäus und Lukas Einzelheiten von Markus übernommen, als sie ihre Evangelien schrieben, und dann hinzugefügt, was sie anderen Quellen entnommen hatten. Johannes Markus war mit Petrus und Paulus befreundet und es gilt als wahrscheinlich, dass in seinem Haus jenes „Obergemach" bzw. der „obere Saal" war, in dem das letzte Abendmahl stattfand und sich noch andere wichtige Ereignisse abspielten. Und in diesem Evangelium finden wir auch die höchst ungewöhnliche kleine Geschichte von einem jungen Mann, der mitten in der Nacht unbekleidet weglaufen muss. Es handelt sich dabei um eine derart belanglose Einzelheit, dass viele Leute den Eindruck gewannen, Markus habe sich hier selbst „verewigt", denn es gibt keinen offensichtlichen Grund, diese Geschichte in das Evangelium mit hinein zu nehmen, es sei denn, um damit demütig und indirekt auf die eigene Person zu verweisen. Es gilt als sicher, dass Markus die meisten Einzelheiten von Petrus erfuhr. Von allen vieren ist dies das Evangelium, in dem Simon Petrus immer wieder einmal einen kleinen Dämpfer bekommt. Man möchte meinen, so etwas dürfe es eigentlich nicht geben, es sei denn, Simon Petrus hat diese Details selbst weitergegeben und den Wunsch gehabt, dass jemand den Leuten vor Augen führe, dass er, Simon Petrus, ein ganz gewöhnlicher Sünder war, der sich nicht von anderen unterschied.

9

Markus ist das kürzeste der vier Evangelien und man kann es problemlos in einem Rutsch durchlesen. (Und genau darum bitte ich Sie, denn das wäre Ihnen eine große Hilfe, wenn Sie von diesem Buch maximal profitieren wollen; lesen Sie es nach Möglichkeit in einer Übersetzung, die Ihnen nicht so geläufig ist, weil es sich Ihnen dadurch in einem neuen Licht darstellen wird.) Wenn man alles aneinanderfügt, was Jesus in diesem Evangelium sagt, bekommt man lediglich zwanzig Minuten wörtlicher Rede zusammen. Wenn man alle Ereignisse aneinanderreiht, die in diesem Evangelium berichtet werden, kommt dabei lediglich ein Zeitraum von drei Wochen heraus. Markus lässt uns wissen, dass man, wenn man nur zwanzig Minuten von dem hat, was Jesus sagte, und drei Wochen von dem, was er tat, genug hat, um Christ zu werden und eine völlige Veränderung im Leben zu erfahren. Gibt es jemand anderen, von dem man dies sagen könnte?

Das Evangelium des Markus ist nicht nur das frühste und kürzeste, sondern allemal auch das lebendigste. Wenn Sie etwas lesen wollen, das in rasantem Tempo erzählt wird, dann lesen Sie Markus. Er hat ein Lieblingswort – jeder Prediger hat eins und auch Sie haben eins; bei Markus ist es das Wort „sogleich", das im ganzen Evangelium über dreißig Mal vorkommt. Jemand hat einmal gesagt, das Markusevangelium sei wie ein D-Zug und das stimmt auch: Man eilt von einem Ereignis zum nächsten. „Sogleich" ist das Boot am anderen Ufer! Wie es dort so rasch hinkam, weiß niemand! Markus vermittelt sehr stark den Eindruck, dass alles immer sofort und auf der Stelle – eben „sogleich" – geschieht.

Ich würde allerdings sagen, das Markusevangelium ist wie ein D-Zug, der langsamer wird und schließlich mit quietschenden Bremsen zum Stillstand kommt. In den ersten Kapiteln brausen wir in ein paar Sätzen gleich durch mehrere Monate auf einmal. Dann werden wir allmählich langsamer und fangen an, in Wochen zu rechnen; dann werden wir noch langsamer und nun sind es Tage, die wir uns vor Augen führen. Schließlich nehmen wir noch mehr Geschwindigkeit heraus und sehen uns einzelne Stunden an, bis wir am Ende auf einem Hügel außerhalb Jerusalems zum Stillstand kommen; fast scheint es, als habe uns die ganze „Fahrt" zu diesem Bahnsteig bringen wollen, als versuchten die Bremsen, uns immer langsamer zu machen und vor dem Kreuz komplett zum Stehen zu bringen, damit wir es ansehen. Das ist sehr clever gemacht und ich bin sicher, dass der Heilige Geist Markus dazu brachte, alles so niederzuschreiben.

Möglicherweise schrieb er für die Römer, die sehr pragmatisch, sachlich und nüchtern waren. Für ein spannendes Drama hatten sie eine Menge übrig und sie wollten Action – in aller Regel hatten sie es nicht so mit mystischer Philosophie. Markus lieferte einen geschichtlichen Bericht voller Action und Spannung. Und beim Schreiben wiederholte seine Feder ständig das Wort „sogleich". Es ist also das kürzeste, frühste und lebendigste der vier Evangelien.

Worum geht es im Markusevangelium? Ich möchte betonen, dass es keine Biografie ist. Manche Leute behaupten, Matthäus, Markus, Lukas und Johannes hätten Biografien Jesu verfasst. Doch dieses Evangelium wäre eine kuriose Biografie! Schließlich erwähnt es nur drei der dreiunddreißig Lebensjahre Jesu und weder seine Geburt noch seine Jugend noch die achtzehn Jahre, die er als Zimmermann arbeitete. Außerdem ist ein Drittel dieses Buchs seinem Tod gewidmet. Es gab im viktorianischen Zeitalter literarische Werke, in denen ausführlich Szenen am Sterbebett einer Person geschildert wurden, aber gleich ein Drittel des ganzen Buchs?! Das würde in jeder Biografie eindeutig zu weit gehen. Hätte Markus eine echte Biografie schreiben wollen, hätte er nicht ein Drittel dieses Buchs dem Tod Jesu gewidmet. Deshalb ist es nicht als Geschichte oder Biografie gedacht – es ist ein *Evangelium*.

Was bedeutet eigentlich „Evangelium"? Der englische Begriff „Gospel" bedeutet so viel wie „Gottes Geschichte". „Gospel" geht ja auf die beiden angelsächsischen Wörter *God* und *spell* zurück, wobei mit *spell* eine Geschichte gemeint ist. „Gospel" bzw. „God-spell" bedeutet also „Gottes Geschichte".

Doch das griechische Wort, das Markus gebraucht, bedeutet etwas ganz anderes. Das Wort hat eine spannende Geschichte. Im römischen Reich gab es nicht selten Kriege an irgendwelchen entlegenen Grenzen. Die Bürger Roms warteten unterdessen gespannt auf Neuigkeiten vom Schlachtgeschehen, um zu erfahren, ob der Krieg gewonnen oder verloren war. Im Falle eines Sieges kam ein Botschafter in die Stadt gelaufen und rief „Evangelium! Evangelium! Evangelium!" Damit meinte er „Sieg! Gute Nachrichten: Der Krieg ist vorbei und gewonnen." Das ist die Bedeutung des Wortes „Evangelium". Damit ist nicht einfach nur etwas gemeint, dem man gut zuhören kann, ja nicht einmal eine gute Geschichte oder „Gottes Geschichte". Es bedeutet: Eine Schlacht wurde geschlagen und jetzt können wir den Sieg verkünden – wir können in Frieden leben.

So stellt sich uns das Wort „Evangelium" wirklich in einem höchst spannenden Kontext dar. Als Prediger habe ich die Aufgabe, das „Evangelium" zu verkünden. Als ich in diesen geistlichen Dienst eingesetzt wurde, wurde ich beauftragt, das Evangelium zu predigen, d. h. den Leuten zu sagen, dass der Krieg vorbei ist und sie Frieden haben können, weil der Sieg errungen wurde.

Um welchen Krieg geht es? Man könnte meinen, es sei ein Krieg zwischen Jesus und den Juden. Das kommt immer und immer wieder heraus. Wenn das der Krieg ist, dann hat Jesus ihn gewonnen. Das wird uns allerdings erst auf der letzten Seite bewusst (aber lesen Sie diesen Teil bitte nicht gleich jetzt, denn damit wäre ja schon alles verraten). Dies ist jedoch nicht der Krieg, über den Markus schreibt. Man könnte auch sagen, es gehe um einen Krieg zwischen Gut und Böse. Auch das ist in gewisser Weise wahr, weil wir in Jesus die Personifikation des Guten sehen, während andere Personen, wie zum Beispiel Herodes und Pilatus, Personifikationen des Bösen sind und die beiden im Widerstreit miteinander sind. Also könnte man sagen, das Gute gewinnt (wie in vielen anderen schönen Geschichten). Aber es geht um mehr. Schon im ersten Teil des Evangeliums wird uns vor Augen geführt, dass es hier um den Krieg zwischen Gott und Satan geht. Das ist der eigentliche Kampf. Dieser Kampf tobte vor zweitausend Jahren und Gott errang den Sieg – der Anfang des Evangeliums, der frohen Botschaft vom Sieg. Wie spielte sich das alles ab? Wo tobte dieser Kampf? Die Antwort lautet: in einem Menschen namens Jesus Christus, der auch der Sohn Gottes war.

Deshalb lautet die eigentliche Frage über den Inhalt dieses Buchs nicht: *„Worum* geht es?", sondern: *„Um wen* geht es?" Es geht um einen Mann namens Jesus, ein historisches menschliches Wesen. Doch wenn das alles wäre, was man über Jesus sagen könnte, wäre es kein Evangelium. Mir sind Menschen begegnet, die glauben, dass Jesus ein großer Mann war, ein großer Heiler, ein großer Lehrer, ein großer Leiter, aber mehr glauben sie nicht. Das bedeutet schlicht und einfach, dass sie kein *Evangelium* haben, das sie predigen könnten, keine gute Nachricht, die sie den Leuten überbringen könnten. Sie können nur sagen: „Versuche, Jesus nachzuahmen. Versuche, so zu leben, wie er es von dir will."

Sie können keinen Sieg verkünden, weil sie in Jesus nur einen Menschen sehen. Doch Markus sagt, sein Evangelium sei *das Evangelium Jesu Christi* bzw. *das Evangelium über Jesus Christus* (vgl. Mk 1,1). Was es mit diesem Wort „Christus" auf sich hat, ist wirklich gewaltig. Die Bedeutung dieses Begriffs geht zurück auf jene Zeit, als das Volk Gottes, Israel, zum ersten Mal einen König bekam. Er bezeichnet jemanden, der mit Öl gesalbt wird. Als Königin Elizabeth II. in der Westminster Abbey gekrönt wurde, salbte man ihre Stirn mit Öl. Diesen Akt bezeichnet man als „Königssalbung". Ein „Evangelium" ist das, was es ist, weil es nicht einfach nur von einem Menschen namens Jesus handelt, sondern von jemandem, der ein gesalbter *König* ist. Das ist die Bedeutung des Wortes „Christus". Aber selbst wenn Sie glauben, dass Jesus ein Mensch war, und zudem noch glauben, dass er der König der Juden, also ihr „Christus", war, haben Sie immer noch kein *Evangelium*. Wieso sollte es für uns Nichtjuden im 21. Jahrhundert von Interesse sein, dass es einen Mann namens Jesus gab, der der gesalbte König der Juden war? Für uns ist das belanglos, es sei denn, man interessiert sich für Geschichte.

Warum ist es dann ein Evangelium, das für uns heute relevant ist? Weil die Hauptperson nicht einfach nur ein Mensch namens Jesus und nicht einfach nur ein jüdischer König, der Christus, war, sondern *der Sohn Gottes*. Er war kein gewöhnliches menschliches Wesen, sondern Gottes eigener Sohn auf Erden – das macht es zu einem *Evangelium*. Denn zum ersten Mal stand Gott in der Schlacht; zum ersten Mal wurde der Krieg von Gott und nicht nur von Menschen geführt – Gottes eigener Sohn kämpfte diese Schlacht und errang den Sieg und deshalb ist es der *„Anfang des Evangeliums Jesu Christi, des Sohnes Gottes"*. Jetzt haben wir eine frohe Botschaft. Jetzt haben wir ein Evangelium, auf das wir unseren Blick lenken können.

Es ist ein Bericht über die Anfänge unserer Religion, also wie das Christentum begann. Und von Beginn an könnte man eins in großen goldenen Buchstaben darüber schreiben: *Das Christentum ist Christus*. Wir predigen keine Meinungen; wir haben keine neue Philosophie; wir haben kein neues System und keine neue Lebensweise; wir haben eine Person, über die wir predigen: *Jesus Christus, der Sohn Gottes*. Es ist seine Geschichte. Ich hing einmal einen Zettel an das schwarze Brett einer Gemeinde, auf dem stand: *„History is his-story"* (wörtl. „Die Geschichte ist seine Geschichte"). Einige Leute fragten mich, was das zu bedeuten habe, was natürlich eine ausgezeichnete Gelegenheit war, mit ihnen darüber zu reden. Jesus unterteilte die Geschichte in „vor" und „nach Christus". Es ist seine Geschichte und das ist der einzige Teil der Geschichte, den wirklich jeder kennen muss. Wer ihn nicht kennt, ist verloren. Wer ihn kennt und an die Person glaubt, die hier beschrieben wird, wird errettet.

Sehen wir uns zunächst an, wie diese Geschichte losgeht, nämlich mit Johannes, einer überaus interessanten Person. Vergegenwärtigen wir uns, wo er lebte. Die Gegend ist nicht sehr groß – vielleicht fünfzig Kilometer lang und fünfundzwanzig Kilometer breit –, aber ich habe bislang nirgendwo sonst etwas derart Abweisendes, Ödes und Verlassenes gesehen. Dort, in diesen Tälern, wohnt der Tod. Weil die Gegend im Regenschatten liegt, wächst dort auch kein Gras; sie ist dürr und tot. Dieser Landstrich zieht sich von den Gipfeln der judäischen Hügel einige hundert Höhenmeter hinab bis zum Toten Meer.

Johannes hatte nichts Nennenswertes zu essen; deshalb ernährte er sich von Heuschrecken und wildem Honig. Er hatte auch nichts Ordentliches anzuziehen. Er trug einen alten Mantel aus Kamelhaar, der von einem Ledergürtel zusammengehalten wurde und das war es auch schon. Dennoch kamen Tausende zu ihm. Es war etwas Besonderes an ihm; er war anders. Aber warum war er anders?

Johannes war sowohl eine *Erfüllung* von Prophetie als auch eine *Wiederbelebung* von Prophetie. Viele Jahrhunderte zuvor hatte Gott bestimmte Dinge vorausgesagt und versprochen, eines Tages einen „Messias" („Christus") zu senden; er offenbarte aber auch, dass er zunächst jemanden senden werde, der diesem Messias den Weg bereiten würde. Es müsse eine große, breite Straße geben, einen geraden, ebenen Weg, denn schließlich würde der König kommen. Jesaja war es, der dies gut sechshundert Jahre vor Jesus lehrte. Etwa vierhundert Jahre vor Jesus sagte Maleachi, der allerletzte Prophet im Alten Testament, dass die Menschen mit Seife gereinigt werden müssten, wenn er komme (Sie können das in Maleachi, Kapitel 3, nachlesen). Johannes der Täufer war dieser Botschafter und Wegbereiter. Er war einer jener großen Männer, deren Wirken darin besteht, hinter jemand anderem die zweite Geige zu spielen. Er war ein demütiger Mann und er war dazu imstande. Er war eine *Erfüllung* von Prophetie.

Doch Johannes war darüber hinaus auch eine *Wiederbelebung* von Prophetie. Können Sie sich vorstellen, wie es ist, wenn man vierhundert Jahre warten muss, bis Gott spricht? So lange hatte das Volk Israel auf jemanden gewartet, der nur vier Worte zu ihnen reden würde: „*So spricht der Herr.*" Nach all den Propheten von Mose bis Maleachi war dies ein großer Mangel. In unseren Bibeln klafft zwischen Maleachi und Matthäus eine Lücke von vierhundert Jahren, weil niemand im Namen Gottes redete. Kein Wunder, dass die Leute aus ganz Judäa und Jerusalem kamen, um Johannes zu sehen – schließlich hatten sie auch lange darauf gewartet! Prophetie wurde wiederbelebt. Nun gab es wieder einen Mann, der sagen konnte: „Gott spricht jetzt Folgendes zu euch ...", und sie kamen in Scharen, um es zu hören. Dabei fiel ihnen auf, dass er genauso angezogen war wie Elia. Die Menschen begriffen, was das bedeutete: Gott redet wieder.

Welche Mission hatte Johannes? Er kam, um zu predigen. Ich war schon auf Konferenzen, wo es hieß, die Gemeinde Jesu solle zu predigen aufhören. Es hieß, Predigen sei eine Zeitverschwendung und nichts als Gerede; wir sollten vielmehr den Hungrigen zu essen und den Bedürftigen etwas zum Anziehen geben und uns um die Migranten kümmern – das sei unsere Mission und dazu habe Gott uns beauftragt. All das hat seinen Platz; all das sollte getan werden. Aber was ist das Erste, was uns aufgetragen wurde? Oder anders formuliert: Was brauchen die Männer und Frauen in unserer heutigen Zeit am dringendsten? Nahrung? Nein. Meinungsfreiheit? Nein. Nach wie vor brauchen sie am dringendsten *Sündenvergebung* und ich kenne keine andere Möglichkeit, sie zu bekommen als durch die Predigt des Evangeliums.

Sündenvergebung ist das Kernstück christlicher Predigt. Das ist der größte Segen, der einem angeboten werden kann, das, was man am allernötigsten braucht. Mit einem schuldbeladenen Gewissen zu leben ist das Schlimmste überhaupt und Sündenvergebung ist die wunderbarste Erfahrung, die man machen kann. Zwei Dinge waren erforderlich, damit einem Sündenvergebung zugesprochen werden konnte: Man musste *Buße* tun und sich *taufen* lassen. Diese Botschaft zieht sich durch das gesamte Neue Testament. Wenn Sie wollen, dass Ihnen Ihre Sünden vergeben werden, dann muss ich Ihnen zwei Dinge sagen: Tun Sie Buße und lassen Sie sich taufen! Was ist Buße? Nicht einfach nur, dass einem etwas Leid tut; das könnte auch eine Form von Reue oder Bedauern sein. Buße geht über bloße Emotionen hinaus. Bei der Buße sagt der *Verstand*: Das ist falsch und ich möchte es nicht noch einmal tun. Vor allem sagt jedoch der *Wille*: Ich wende mich davon ab und Gott zu. Buße kann mit Gefühlen einhergehen und wird zweifellos von Gedanken begleitet sein, aber wenn sie echt ist, wird sie Taten nach sich ziehen.

Auch die Taufe ist eine Tat. Mit „Taufen" ist „Eintauchen", „Untertauchen" oder „Tränken" gemeint. Und so kam Johannes zu seinem Spitznamen „der Eintaucher" oder „der Untertaucher" oder „der Tränker" oder „der Täufer", wie auch immer man ihn nennen mag. „Eintauchen" oder „Untertauchen" wird dem eigentlichen Sinn des Wortes besser gerecht. Warum hat Johannes die Leute untergetaucht? Er signalisierte den Leuten: „Möchtest du von Kopf bis Fuß sauber sein? Dann kannst du das hiermit zeigen. Wasch dich und drück auf diese Weise aus, dass du Gott um ein reines Gewissen bittest." Diese Bedeutung war altbekannt, aber es ist bezeichnend, dass vor Johannes nie ein Jude getauft worden war – nur Nichtjuden! Das lag daran, dass in den Augen der Juden die Nichtjuden unrein waren und sich waschen mussten; die Vergangenheit eines Nichtjuden musste abgewaschen werden. Aus diesem Grund war der Jude gern bereit, Nichtjuden zu taufen, wenn sie zur Synagoge kamen, aber einen Juden würde er nicht taufen. Schließlich war man ja, wenn man Jude war, schon als Baby beschnitten worden; man hatte die ganzen Zeremonien durchlaufen und gehörte dazu. Das Erschreckendste an Johannes dem Täufer war, dass er zu Leuten, die alle religiösen Zeremonien durchlaufen hatten und nach außen hin zum Volk Gottes gehörten, sagte: „Tut Buße und lasst euch taufen zur Vergebung eurer Sünden." Und auch wenn einige noch so sehr daran Anstoß nehmen, muss ich doch sagen, dass es mir gleichgültig ist, welche religiösen Zeremonien Sie als Baby durchlaufen haben und ob Ihr Name auf der Mitgliederliste einer Gemeinde erscheint oder nicht – meine Botschaft lautet: Tun Sie Buße und lassen Sie sich taufen zur Vergebung Ihrer Sünden. Genau das hat auch Johannes zu den Leuten gesagt und sie nahmen Anstoß daran, denn schließlich waren sie beschnitten worden. Jesus war ebenfalls beschnitten und als Baby geweiht worden und dennoch kam er im Alter von dreißig Jahren und bat darum, getauft zu werden, wodurch er das Wirken des Johannes billigte und bestätigte.

Das war die Mission des Johannes. Ich betone das so sehr, weil ich es für ausgesprochen wichtig halte, dass Johannes nicht an Babys appellierte, sondern an Gläubige. Man kann einem Baby nicht sagen, es solle Buße tun und sich taufen lassen. Er wandte sich an reife, moralisch mündige Menschen, die schuldig waren und der Reinigung bedurften. Meines Erachtens braucht unsere Welt heutzutage nichts so sehr wie einen Appell an reife, moralisch mündige Erwachsene, Buße zu tun und sich zur Vergebung ihrer Sünden taufen zu lassen, anstatt sich auf irgendeine äußerliche oder physische, auf Vererbung beruhende Verbindung mit dem Volk Gottes zu verlassen.

Johannes erklärte: „*Nach mir kommt der, der stärker ist als ich; ich bin nicht würdig, ihm gebückt den Riemen seiner Sandalen zu lösen*" (Mk 1,7). Dieser Satz enthält einen hochinteressanten Hinweis: Der Rangfolge der Sklaven nach – sie hatten eine Art Hierarchie, die jedem einzelnen eine bestimmte Pflicht zuwies – hatte der zweitniedrigste die Aufgabe, Riemen von Sandalen zu lösen. Nachdem dieser Sklave seine Aufgabe erledigt hatte, musste der niedrigste von allen der Person die Füße waschen. Erkennen Sie, wie demütig Jesus war? Johannes deutete damit an, er sei nicht einmal würdig, der Zweitniedrigste zu sein, doch als Jesus kam, kam er, um den Platz des Allerniedrigsten einzunehmen.

Dann sagt Johannes noch etwas: Die Menschen bräuchten diesen Mächtigen, der nach ihm kommen würde, weil dieser eine Taufe spenden könne, zu der Johannes nicht imstande sei. Er sagte: *„Ich habe euch mit Wasser getauft, er aber wird euch mit Heiligem Geist taufen"* (Mk 1,8). Und diese Taufe bräuchten sie genauso. Es werden also gleich zu Beginn dieses Evangeliums zwei Taufen erwähnt. Die eine ist physischer, die andere geistlicher Natur; die eine ist etwas Äußerliches, die andere etwas Innerliches; die eine steht in Beziehung zu unserer Vergangenheit, die andere zu unserer Zukunft; bei der einen geht es um Vergebung, bei der anderen um Kraft. Johannes weist darauf hin, dass er den Menschen nur in einem gewissen Maß helfen könne; sie werden den brauchen, der, wie er sagt, nach ihm kommen werde und sie werden den Heiligen Geist brauchen.

Johannes sorgte dafür, dass die Menschen eine Verbindung zu Gott bekommen. Er taufte sie und bekam sie so zu fassen. Doch nun brauchte Johannes noch etwas anderes: Er musste irgendwie diesen Christus zu fassen bekommen. Wie sollte er das anstellen? Wenn Johannes die Verbindung zwischen Israel und seinem König herstellen wollte, brauchte er Kontakt zu beiden, doch bislang hatte er nur Kontakt zu Israel.

An einem bestimmten Tag sah Johannes seinen Cousin Jesus am Flussufer auf ihn zukommen und zu seinem großen Erstaunen bat Jesus darum, getauft zu werden. Wir wissen aus den anderen Evangelien, warum Johannes meinte, Jesus bräuchte sich nicht taufen zu lassen, und warum Jesus meinte, er solle sich taufen lassen. Ich werde nicht näher darauf eingehen, weil es nicht in unserem Text steht. Fakt ist, dass Jesus sich taufen ließ, und wenn er sich taufen ließ und mich dazu auffordert, wie könnte ich mich da weigern? Es gab da allerdings drei Dinge, die die Taufe Jesu einzigartig machten.

1) Jesus sah, wie der Himmel sich teilte (vgl. Mk 1,10). Das

bedeutet, dass die Wolken beiseite rückten und sie urplötzlich durch den Himmel hindurch ins tiefste Blau sehen konnten und durch diese Lücke in den Wolken kam von ganz oben eine weiße Taube herab auf die Erde – nicht das Symbol für Frieden, wie wir oft meinen, sondern das Symbol für die Kraft Gottes: die Taube, die über dem Chaos in 1. Mose 1,2 schwebte und aus dem Durcheinander heraus die Ordnung des Universums entstehen ließ; die Taube, die Ordnung und Kraft bringt; der Heilige Geist kam. Jesus hatte bis dato keine einzige Predigt gehalten und kein einziges Wunder gewirkt. Warum nicht? Weil er einerseits ein echtes menschliches Wesen und andererseits der Sohn Gottes war, war er ohne die Kraft des Geistes nicht dazu imstande gewesen. Um zu tun, was er tat, brauchte Jesus eine Salbung des Heiligen Geistes mit Kraft. Wie der große amerikanische Evangelist D. L. Moody einmal sagte: „Wenn der Heilige Geist, der auf Jesus herabkam und ihn befähigte zu tun, was er tat, heute einem Menschen zur Verfügung steht, was könnte dieser Mensch dann mit demselben Geist nicht tun?" Am selben Abend schrieb er dann noch in sein Tagebuch: „Ich beabsichtige, dieser Mensch zu sein" und just an jenem Tag begann Moody sein vollmächtiges Wirken.

Wenn uns die Kraft desselben Heiligen Geistes, der am Jordan auf Jesus herabkam, zur Verfügung steht, wird überdeutlich, wie viel Wahrheit in dem steckt, was Jesus später einmal sagte: „*Wer an mich glaubt, der wird auch die Werke tun, die ich tue ...*" (Ich frage mich, ob überhaupt schon einmal ein Christ den Glauben hatte, dass Jesus das, was er hier sagt, auch ernst meint.) Er fuhr fort: „*... und wird größere [Werke] als diese tun ...*" (Joh 14,12). Herr, wir glauben, vertreibe unseren Unglauben! Das war die Vision und sie sollte jeden Christen heute ermutigen, die Salbung des Heiligen Geistes mit Kraft zu suchen.

2) Da war eine Stimme; offenbar war es Gott, der da sprach. Beachten Sie, dass Gott zweimal das Alte Testament zitiert, aber dabei zitiert er ja nur sich selbst, denn ursprünglich war auch das sein eigenes Wort gewesen.

Was Gott hier sagt, ist hochinteressant. Diese Worte stammen aus Psalm 2,7 und Jesaja 42,1 und greifen zwei Dinge auf, die er mehrere hundert Jahre zuvor schon einmal gesagt hatte: *„Du bist mein Sohn"*, wobei man anhand des Kontexts von Psalm 2 auf eine Krönungsfeier für einen Souverän schließen kann. Doch in Jesaja 42,1 beziehen sich die Worte *„... an dem meine Seele Wohlgefallen hat"* nicht auf einen Souverän, sondern auf einen Sklaven. Und das ist wirklich überaus erstaunlich: In Psalm 2,7 geht es um den höchsten Rang, den ein Mensch einnehmen kann, den Rang eines Souveräns (*„Du bist mein Sohn"*); Jesaja 42 (*„An dem meine Seele Wohlgefallen hat"*) bezieht sich hingegen auf den niedrigsten Rang. Bei der Taufe Jesu sehen wir, dass der Vater wollte, dass er in seinem Wirken und Schaffen das Höchste und das Niedrigste in sich vereine – oberster Souverän und geringster Knecht. Das war die Bedeutung der Taufe für Jesus selbst. Die Taufe bedeutete für ihn, die Verantwortung auf sich zu nehmen, König der Könige und Knecht der Knechte zu sein. Wie kombiniert man beides miteinander? Ich weiß nur, dass ich, wenn ich mir das Leben Jesu Christi ansehe, die vollkommene Kombination aus dem Höchsten und dem Geringsten sehe. Ich sehe jemanden, der mit derselben Würde anderen die Füße waschen und eine Krone tragen kann. Ich sehe jemanden, der in jede soziale Schicht passt. Ich sehe jemanden, der bei den Höchsten und den Geringsten im Land in gleicher Weise zu Hause ist – bei den religiösen und politischen Führungspersonen seiner Zeit genauso wie bei den Frauen der Straße.

Nach der Taufe zog Jesus sich zurück. Ich habe einmal irgendwo gelesen, er sei nach seiner Taufe vierzig Tage allein gewesen, aber glauben Sie bloß das nicht: Er war alles andere als allein! Ich weiß, dass keine Menschen bei ihm waren; dennoch herrschte dort in der Wüste ein reger Andrang. Der Geist führte ihn in die Wüste, also war der Geist bei ihm. Satan forderte ihn heraus, also war Satan bei ihm. Wilde Tiere waren bei ihm – sie schlichen um ihn herum – und dann kamen auch noch die Engel und dienten ihm. Bloß weil man keine Menschen um sich hat, bedeutet das noch lange nicht, dass man allein ist. Manchmal kommt es einem so vor, als sei in einem Raum mächtig was los, auch wenn man nur still für sich dasitzt und weit und breit keine anderen Leute zu sehen sind. Wir dürfen nicht vergessen, dass die Engel mit uns anbeten, wenn wir in der Gemeinde sind. Jesus war nicht allein in der Wüste. Die Schlacht hatte begonnen – auf der einen Seite der Geist, Jesus und die Engel; auf der anderen Seite die wilden Tiere und der Teufel. Natürliche wie übernatürliche Mächte nahmen an diesem Kampf teil. Es ist bezeichnend, dass diese Schlacht unmittelbar *nach* dem grandiosen Höhepunkt der Taufe Jesu begann. Der geistliche Kampf um uns herum ist Realität und wir sind Narren, wenn wir meinen, wir könnten einfach nur ein paar nette Stunden in der Gemeinde verbringen, ohne an diesem Kampf teilzunehmen. Jesus stellte sich diesem Kampf und zwar in der Kraft des Heiligen Geistes – und gewann die erste Runde. Nach diesem Sieg fing er an, zu predigen und die Opfer Satans in Galiläa zu befreien: die erste öffentliche Episode seines Wirkens, die uns im folgenden Kapitel beschäftigen wird.

Kapitel 2

Jünger und Dämonen

Markus 1,14-45

Mit das Erstaunlichste am Leben Jesu wird nirgendwo in der Bibel und auch in keinen anderen Quellen erwähnt: die Tatsache,
dass er achtzehn Jahre in einem Dorf in der Werkstatt eines Zim-
mermanns arbeitete und nur drei Jahre lang das tat, wozu Gott
ihn berufen hatte. Achtzehn Jahre saß er dort fest und machte
Türen, Stühle, Fensterrahmen und Tische; und dann waren es
nur drei Jahre, in denen er Menschen heilte und herumreiste,
um der Öffentlichkeit zu dienen. Das sollte viele andere Menschen ermutigen, die das Gefühl nicht loswerden, ihr Leben laufe
in zu engen Bahnen und böte ihnen nur begrenzte Möglichkeiten. Als das Markusevangelium losgeht, sind diese achtzehn
Jahre, die er in einem Dorf mit Hammer, Stemmeisen und Säge
gearbeitet hatte, schon vorbei: Unser Herr rückt in den Mittelpunkt des öffentlichen Interesses und ist drauf und dran, sein
Wirken unter den Menschen zu beginnen. In diesen drei Jahren
in der Öffentlichkeit offenbart sich der tiefere Sinn dessen, wozu
er gekommen war.

Sein Wirken begann, als Johannes ins Gefängnis geworfen
wurde. Die beiden waren keine Rivalen. Einige Leute versuchten,
sie gegeneinander aufzubringen: Eines Tages kamen sie zu Johannes dem Täufer und wiesen ihn darauf hin, dass Jesus mehr
Anhänger habe. Der Teufel liebt es, Gläubige auf diese Weise gegeneinander aufzubringen. Johannes erwiderte auf dieses Gerede
sinngemäß: „Das macht nichts. Ich kam, um ihm den Weg zu
bereiten, und wenn ich kleiner werde und er größer, dann ist es
genau so, wie es sein soll; wenn ich geringer werde und er größer,

dann ist das richtig so und so gehört es sich auch." Was für eine Größe, so etwas sagen zu können! Johannes wurde ins Gefängnis geworfen. Er hatte getan, was er konnte, um die Menschen vorzubereiten; nun musste Jesus ans Werk gehen.

Interessant ist nicht nur, wann Jesus anfing, sondern auch wo – in Galiläa. Ich erkenne darin etliche bemerkenswerte Aspekte, möchte Ihnen aber nur zwei vor Augen führen:

Er fing dort an, wo er *lebte*. Es ist verhältnismäßig einfach, irgendwo anders hinzugehen und dort zu predigen, doch vor Leuten, die einen kennen, ist dies nicht immer der Fall. Ich weiß noch, wie ich zum ersten Mal vor meiner ganzen Familie und Verwandtschaft predigen musste. Viel lieber hätte ich in Amerika vor einer Million Zuhörer gepredigt als hier in England vor diesen paar Leuten. Jesus begann, in Galiläa zu predigen, wo er als Zimmermann gearbeitet hatte, und jeder wusste, dass er in dieser oder jener Straße lebte und der Mann war, der einen kaputten Tisch reparieren konnte.

Interessant ist außerdem, dass sich Judäa auf der Straße nach nirgendwo befindet, während in Galiläa die Straßen überallhin führen. Ich zweifle nicht daran, dass er sich bewusst dafür entschieden hatte, sein Wirken genau dort zu beginnen, denn dort lag der Mittelpunkt der Welt.

Stellen Sie sich kurz einmal die Landkarte der Region vor. Eine Straße führt von Europa hinunter nach Arabien und von dort aus gen Osten. Eine andere Straße kommt aus Asien und geht über Mesopotamien und Damaskus mittendurch hinunter nach Ägypten und Afrika. Man kann also sagen, dass diese drei Kontinente gewissermaßen durch eine gigantische Kreuzung miteinander verbunden waren und diese Kreuzung befand sich etwa fünf Kilometer von Nazareth in Galiläa entfernt an einem Ort namens Megiddo. Dort lag seit je her die Kreuzung der ganzen Welt und Nazareth liegt etwas oberhalb. Deshalb sprach man auch vom „Galiläa der Nationen", vom „Galiläa der Nichtjuden", und jeder musste so oder so durch Galiläa reisen. An dieser

Hauptstraße lag zudem noch ein Fischerdorf namens Kapernaum. Jesus entschied sich dafür, sein Wirken genau dort zu beginnen, wo sich die Neuigkeiten über das, was er tat, in alle Welt verbreiten konnten. Vermutlich war das der Grund, warum er in Galiläa begann.

Drei Charakteristika seines wunderbaren Wirkens werden in diesen Versen besonders deutlich. Zunächst ist zu sagen, dass sein Wirken ein bestimmtes *Muster* aufwies. Was tat er eigentlich? Die Antwort ist sehr einfach: In seiner Gnade und Kraft kümmerte er sich um die dreifache Not der Menschen – um Not im physischen, seelischen und geistlichen Bereich. Unser Herr diente dem *ganzen* Menschen und sein Wirken galt der *ganzen* Welt. Er war ausgewogen: Seine Predigt bezog sich auf Mängel und Nöte in allen drei Bereichen.

Nehmen wir zunächst seine *Predigt*. Jesus hielt viel vom Predigen. Sie hatte in seinem Wirken oberste Priorität. Er begann nicht damit, dass er heilte, sondern damit, dass er predigte. Und die Gemeinde Jesu hatte in jener Zeit, als sie so rasch expandierte, d. h. in den ersten drei Jahrhunderten, immer dies als oberste Priorität: Es gab Heilung und es gab Lehre, aber ihr *Startpunkt* war stets die Predigt. Sie eröffneten nicht zuerst eine Schule oder ein Krankenhaus, sondern zuerst predigten sie und dann folgten die anderen Dinge. Das ist der Schwerpunkt im Wirken unseres Herrn, weil Gott auf diese Weise die größten Nöte der Menschen ansprechen kann. Unser Blick auf das Wirken des Johannes machte ja schon deutlich, dass Vergebung die größte Not jedes Mannes und jeder Frau auf Erden ist. Warum hat Jesus zuerst gepredigt? Weil die Welt in den Fängen Satans liegt und Jesus kam, um die Menschen aus dieser Umklammerung zu lösen. Die Welt war voller Laster und Verbrechen, Krankheit und Tod, Schmerz und Leid, doch all das hatte nur einen Grund, nämlich die Umklammerung des Bösen. Aus diesem Grund wollte Jesus genau dieses Übel anpacken. Er kam, um darüber zu predigen, und es waren ganz bestimmte Dinge, die er in diesem Zusammenhang sagte. Lassen Sie mich sieben Schlüsselworte herausgreifen.

Evangelium ist das erste Schlüsselwort – er kam, um das Evangelium zu predigen, was soviel bedeutet wie „die gute Nachricht von der Befreiung für alle, die von einem Feind gebunden worden sind".

Zweitens: Jesus kam, um das Evangelium *Gottes* zu predigen. Er lehrte, dass *Gott* etwas für die Menschen tue: Er sei gekommen, um sie in Freiheit zu führen. Wenn man das Alte Testament liest, wird einem klar, dass die Leute sich dessen bewusst waren, dass die Welt nicht gut ist, sondern voller Dinge, die böse und der Menschen Feind sind; und Jahrhunderte lang hatten die Menschen darauf gewartet und sich ersehnt, dass Gott etwas tut; sie beteten dafür, dass er komme und sie von alledem befreie.

Zeit ist das dritte Schlüsselwort: Die *Zeit* ist erfüllt. Mit anderen Worten: „Das, worauf ihr gewartet habt, ist *jetzt*. Im Zeitplan Gottes sind wir im ‚Hier und Jetzt' angelangt. Die Dinge, nach denen sich die Menschen seit Jahrhunderten sehnen, verwirklichen sich jetzt." Wenn man sich mit der sozialen und politischen Geschichte jener Epoche beschäftigt, wird einem bewusst, dass Jesus in einer entscheidenden und kritischen Zeit geboren wurde. Wäre er hundert Jahre früher oder später gekommen, wäre es die falsche Zeit gewesen. Alles war genau richtig, damit Gott etwas gegen die Misere der Menschheit unternehmen konnte.

Schlüsselwort Nummer vier ist *Reich* (bzw. „Königreich"). Dieses Wort ist für viele moderne Menschen höchst irreführend. Gerade jene, die in einer Monarchie leben, verstehen darunter eine verwaltungstechnische oder geographische Region. Doch als ich drei Jahre in Arabien lebte, begriff ich, was das Wort „Reich" wirklich bedeutet. Anhand der Landkarte stellte ich fest, dass die Grenzlinien auf der arabischen Halbinsel, die im Nordwesten des Indischen Ozeans liegt, durch gerade gepunktete Linien dargestellt werden. Doch wenn man im Land selbst unterwegs ist und nach diesen Linien sucht, findet man nur Sanddünen. Ich bin viele hundert Meilen mit dem Landrover durch Wüste, Fels und Sand gefahren, aber es war unmöglich zu sagen, wo das eine Reich aufhört und das andere anfängt, denn es sah alles gleich aus. Aber dort gab es definitiv Königreiche, die man als „Scheichtümer" bezeichnet. Wer der Macht eines bestimmten Scheichs unterstand, war in dessen Reich. Wenn er einer Person habhaft werden und sie dazu zwingen konnte, etwas zu tun, wurde diese zu seinem Reich gezählt. Auf einer Landkarte kann man das nicht darstellen; dort sieht man nur die gepunktete Linie. Genau das ist die Bedeutung des Wortes „Reich" in der Bibel: Es bezeichnet keine verwaltungstechnische oder geographische Region, sondern einen Machtbereich, d. h. den Einzugsbereich einer Macht.

Der nächste Punkt: Dieses Reich war *„nahe gekommen"*. Jesus sagt: *„Mein Reich ist nicht von dieser Welt"* (Joh 18,36). Was bedeutet das? Das bedeutet: Wo der Einzugsbereich der Macht Gottes ist und die Macht Gottes die Kontrolle hat, dort ist das Reich Gottes. Jesus sagt: *„Wenn ich aber durch den Geist Gottes die Dämonen austreibe, so ist also das Reich Gottes zu euch gekommen"* (Mt 12,28). Wo ein Menschenleben von der Macht Gottes berührt wird, dort ist das Reich. Wenn wir im Reich Gottes leben wollen, brauchen wir nicht umzuziehen und uns keine andere Arbeitsstelle zu suchen; wir brauchen auch nicht an Bord eines Schiffes zu gehen oder in ein Flugzeug zu steigen. Sie können hier und jetzt, in diesem Augenblick, im Reich Gottes leben, wenn Sie zulassen, dass Gottes Macht Ihr Leben ergreift und kontrolliert. Und das ist wirklich etwas Gewaltiges, denn: Gott hat Macht über Krankheit; Gott hat Macht über den Tod; Gott hat Macht über Ängste; Gott hat Macht über all die Dinge, denen wir leicht zum Opfer fallen. Wenn ich zulasse, dass sich die Macht Gottes in meinem Leben entfaltet und ausbreitet, befinde ich mich also im Reich Gottes. Ich werde sehen, wie diese Dinge unter seine Kontrolle kommen, und er wird diese Dinge in meinem eigenen Leben kontrollieren, weil ich mich innerhalb des Einzugsbereichs seiner Macht befinde.

Diese Welt ist *nicht* das Reich Gottes. Den Worten Jesu zufolge ist sie das Reich Satans. Deshalb sind unsere Zeitungen auch voll von Lüsternheit, Grausamkeit, Blutvergießen, Verdächtigungen und Hass, eben weil diese Welt nicht das Reich Gottes ist. Doch sobald sich jemand der Kraft Gottes unterstellt und die bösen Dinge in seinem Leben durch sie hinausgeworfen werden, ist er in das Reich hineingelangt und lebt nun innerhalb des Herrschaftsbereichs Gottes – Gott regiert nun sein Leben. Die gute Nachricht, die Jesus predigte, besagt, dass das Reich Gottes im Begriff sei, *jetzt* in diese Welt einzubrechen; es sei *jetzt* nahe gekommen; man gehe *jetzt* hinein; man könne *jetzt* unter der Kraft Gottes leben; man könne *jetzt* die Kraft Gottes haben, die die Feinde in unserem Leben überwindet. Das ist eine gute Nachricht. Es sind grandiose Nachrichten. Das ist ein *Evangelium*. Jesus kam also, um das Evangelium vom *nahe gekommenen* Reich Gottes zu predigen.

Das nächste Schlüsselwort ist *Buße*. Wie können wir darauf hoffen, im Reich Gottes zu sein, und Gott bitten, gegen unsere Feinde vorzugehen, wenn wir nicht wollen, dass er gegen unsere Sünden vorgeht? Wie kann ich Gott bitten, Krankheit aus meinem Leben fortzuschaffen, wenn ich nicht bereit bin, dass er dem Neid in meinem Leben den Garaus macht? Wie kann ich erwarten, dass Gott mir Sieg über den Tod gibt, wenn ich den Sieg über meine üblen Launen nicht will? Mit anderen Worten: Sie können Gott nicht punktuell haben! Sie können ihn nicht bitten, Ihnen gegen einen Feind zu helfen, wenn Sie an einem anderen Feind festhalten wollen. Gegen alle Feinde Gottes und gegen alle Feinde der Menschen muss gleichzeitig vorgegangen werden. Während nach meinem Dafürhalten meine Krankheit ein Feind ist, bei dessen Überwindung Gott mir helfen und den er aus meinem Leben vertreiben sollte, muss ich doch der Tatsache ins Auge sehen, dass Klatsch und Tratsch und bange Ängstlichkeit genauso Feinde Gottes sind wie Krankheit.

Wie kann ich nun alles Nötige dafür tun, dass die Kraft Gottes in mein Leben einbricht und mir den Sieg schenkt? Die Antwort lautet: Ich tue Buße. Indem Jesus die Menschen zur Buße aufrief, sagte er genau dasselbe wie schon Johannes vor ihm. Mit anderen Worten: Wenn Gott kommt, kommt er, um alles in Ordnung zu bringen, und nicht nur das, was wir in Ordnung gebracht haben wollen. Deshalb ist es vonnöten, dass wir Buße tun, d. h. dass wir umdenken, unsere Gesinnung ändern und die falschen Dinge, die wir getan haben, hassen. Ich möchte das gerne unterstreichen: Den meisten von uns tut es leid, wenn wir etwas Falsches getan haben, wenn uns das, was wir getan haben, einholt und wir dafür leiden. Doch ob wir tatsächlich Buße getan haben, erkennen wir daran, ob uns die falschen Dinge, die wir getan haben, leid tun, auch wenn niemand davon weiß und sie uns nichts gekostet haben. Wenn dem so ist, haben wir ein wahrhaft bußfertiges Herz.

Jemand wurde einmal von einem Haftrichter gefragt: „Tut Ihnen das leid?", woraufhin der Gefragte antwortete: „Ja." Der Richter hakte nach: „Was genau tut Ihnen denn leid?" Der Mann erwiderte: „Dass ich geschnappt wurde." Der Angeklagte war durch und durch ehrlich und es reute ihn, was er vor Gericht auch formulierte, aber er zeigte keine Bereitschaft zur Buße. Kain hat nie Buße über seinen Mord an Abel getan. Es mag ihm schrecklich leid getan haben, dass er diesen Mord verübte, weil er ihn so viel gekostet hat, aber die Tat an sich hat ihm nie leid getan. Wer ein bußfertiges Herz hat, sagt: „Herr, ich habe dich gebeten, mich aus diesem Schlamassel herauszuholen; ich habe dich gebeten, diesen Feind zu vertreiben, aber mir tun jetzt auch die anderen Dinge leid und ich bitte dich, *alles* in Ordnung zu bringen" und glaubt dann dem Evangelium.

Glauben ist das letzte Schlüsselwort. Glauben ist das Gegenteil von Schauen. Glauben Sie denen nicht, die sagen: „Sehen heißt glauben." Ich würde sagen, sehen ist nicht glauben, denn sobald Sie gesehen haben, brauchen Sie ja nicht mehr zu glauben. Das Reich Gottes ist ein unsichtbares Reich – die Kraft Gottes ist unsichtbar. Sie müssen glauben, dass es am Durchbrechen ist; Sie müssen glauben, dass es nahe gekommen ist und Gott Ihnen die Kraft zum Überwinden geben kann. Tun Sie Buße und glauben Sie. Das war Inhalt der *Predigt* Jesu, die der Seele des Menschen galt.

Seine *Lehre* war für den *Geist* des Menschen, richtete sich aber auch an den *Verstand*. Mit am wichtigsten für den Menschen ist es, die Wahrheit zu finden und den Unterschied zwischen wahr und unwahr, zwischen richtig und falsch zu erkennen – er muss gelehrt werden.

In Israel war die Synagoge Ort der Lehre. Auf zehn Familien kam eine Synagoge, wo viele Leute geschult und ausgebildet wurden. In den Synagogen gab es Schriftgelehrte, deren Aufgabe es war, die Menschen zu lehren, was wahr und unwahr, was richtig und falsch sei. Dabei hatten sie eine ganz eigene Vorgehensweise. Wenn sie andere lehrten, sagten sie nicht einfach nur: „Das ist richtig und das ist falsch", sondern sie erklärten: „Einer unserer großen Gelehrten der Vergangenheit sagte, das sei richtig" und zitierten dann die Worte eines bekannten Rabbiners. Es war immer so, dass sie irgendjemanden zitierten. Vielleicht haben Sie schon einmal Prediger gehört, die unentwegt wiedergeben, was andere Leute gesagt haben, und am laufenden Band Zitate großer Männer bringen – die Schriftgelehrten machten es genauso. Unablässig zitierten sie die Autoritäten, die Gelehrten, die Fachleute. Doch als Jesus eines Tages in der Synagoge aufstand, um zu lehren, heißt es, die Versammlung sei zutiefst erstaunt gewesen, weil er niemand anderen zitierte, sondern ihnen einfach auf der Grundlage seiner eigenen Autorität sagte, was richtig und falsch sei. Er lehrte sie *wie einer, der Vollmacht bzw. Autorität hat.*

Das kann zweierlei bedeuten: Es gibt Leute, über die man sagen kann, sie seien eine Autorität in ihrem Fachbereich; damit meint man, dass man mit so jemandem besser nicht debattieren sollte; er wisse, worum es geht; er besitze Fachkenntnis; er habe das Wissen und deshalb könne man das, was er sagt, nicht in

Frage stellen. Aber „Autorität" hat noch eine viel tiefere Bedeutung: Als Jesus lehrte, lehrte er nicht nur wie jemand mit der Autorität dessen, der weiß, was Sache ist, der nicht in Büchern nachschlagen oder andere zitieren muss, sondern er sprach und es geschah. Das ist eine ganz besondere Art von Autorität. Die eine Art von Autorität ist die des Experten, zu dem man mit einem Problem kommt und fragt, was zu tun sei; der Experte sitzt hinter seinem Schreibtisch und sagt einem, was man richtigerweise tun solle. Die andere Art von Autorität sieht so aus, dass der Mann hinter dem Schreibtisch einen Knopf drückt, woraufhin ein zweiter Mann hereinkommt, dem der Mann hinter dem Schreibtisch sagt, was das Problem sei und die Anweisung gibt, es zu regeln, und so geschieht es dann auch. Das ist sowohl die Autorität, etwas zu wissen, als auch die Autorität, etwas tun zu können – Jesus hatte beides. Er hatte die Autorität des Wissens – man konnte Jesus in einer Debatte nicht schlagen, weil er *wusste*, was Sache ist –, aber er hatte auch die Autorität des Könnens. Die Leute wussten das auch, weil ihn jemand mitten in einem Gottesdienst in der Synagoge herausforderte (so etwas geschieht nicht allzu oft in einem Gottesdienst und wenn es geschieht, stört es ziemlich). Jemand, der von einem Dämon besessen war, stand auf und schrie: *„Was haben wir mit dir zu schaffen, Jesus, Nazarener? Bist du gekommen, uns zu verderben? Ich kenne dich, wer du bist: der Heilige Gottes"* (Mk 1,24). Können Sie sich vorstellen, dass jemand mitten in einem Gottesdienst so etwas nach vorne ruft? Und Jesus sagte: *„Verstumme und fahre aus von ihm!"* Der Mann sackte zusammen, fing sich wieder und war vollkommen normal. Das nenne ich Autorität – nicht nur von der Kanzel herab zu sagen: „Das ist es!", sondern sagen zu können: „Tu das!" und es geschieht! Die Leute staunten nicht schlecht. So eine Lehre hatten sie noch nie zuvor gehört.

Der dritte Bereich des Wirkens Jesu war *Heilung* für den Körper. Früher oder später wird jeder von uns einmal krank. Wir halten fest, dass Jesus jeder Krankheit, die ihm begegnete, gewachsen war – zum Teil waren es akute Leiden wie Fieber, zum Teil chronische Krankheiten und zum Teil Krankheiten, die damals noch unheilbar waren. In aller Regel tat er etwas, das irgendwie mit Körperkontakt einherging, z. B. dass er den Leidenden berührte. Stets war er Herr der Lage. Stellen Sie sich vor, was geschehen würde, wenn in Ihrer Stadt ein Mann auftauchen würde, der jede bekannte Krankheit heilen kann. Nehmen wir an, Sie würden erfahren, er stehe an der Bushaltestelle und habe bislang ausnahmslos jede bekannte Krankheit geheilt. Riesige Menschenschlangen wären die Folge! Die Leute sagen gern, Gesundheit sei das alles Entscheidende, doch das stimmt nicht. Die Bibel sagt etwas anderes. Aber wer Gesundheit für das höchste Gut auf Erden hält, würde alles in seiner Macht Stehende unternehmen, um an so einen Menschen heranzukommen und deshalb strömten die Leute auch scharenweise zu ihm.

So bekommen wir ein wunderbar ausgewogenes Bild des gesamten Wirkens unseres Herrn. Sein Wirkungsbereich deckt alle – physischen, seelischen und geistlichen – Nöte des Menschen ab. Deshalb muss auch unser Wirken, das seinem Vorbild folgt, ausgewogen sein und sich zum Ziel setzen, etwas gegen alle Nöte der Menschen zu unternehmen – in seinem Namen.

Jesus hatte seine Partner in dem, was er tat. Ich hörte einmal von einem großartigen Christen, der Leiter einer Sonntagsschule und Evangelist war. Er tat viel Gutes. Doch dann sagte jemand über diesen Mann: „Er kann nur mit einem Ein-Mann-Komitee arbeiten." Ich wusste, was er damit meinte. Obwohl jener Mann viel Gutes tat, machte er immer alles allein. Von Jesus konnte man das beileibe nicht behaupten. Er war ein einzigartiges Individuum, aber kein Individualist; er hatte menschliche wie göttliche Partner.

Denken wir zunächst an seine menschlichen Partner. Um seinen Wirkungskreis erweitern zu können, rief er andere Leute auf, sich zu beteiligen. Dies bedeutete sowohl eine räumliche Erweiterung seines Wirkens, während er sich noch auf Erden befand, als auch eine zeitliche Erweiterung, nachdem er die Erde wieder verlassen haben würde. Deshalb rief er Männer auf, seine Jünger und Apostel zu werden. Ich weiß nicht, ob bei diesem Gedanken Begeisterung in Ihnen aufkeimt oder nicht, aber wenn Sie lesen, wie er am Ufer des Sees Genezareth entlang wanderte und vier Fischer berief, werden Sie Zeuge der Geburt der Gemeinde. Das war der Beginn einer menschlichen Gemeinschaft, die mehr als zweitausend Jahre Bestand haben sollte. Jede Gruppe von Gläubigen, die sich selbst als „Gemeinde" bezeichnet, hat ihre Anfänge an jenem Morgen, als Jesus dort unterwegs war und zu vier Fischern sagte: *„Kommt, folgt mir."* Ein so schlichter und doch so unaussprechlich grandioser Start! Es ist schon bemerkenswert, dass die Gemeinde auf diese Weise ihren Anfang nahm und nicht mit einem Komitee, nicht mit einer großen konstituierenden Sitzung, nicht mit einer Prozession, nicht mit großem Getöse, nicht mit Ornat und Robe, nicht mit großem Drumherum – nur vier Fischer und Jesus, der am Ufer eines Sees entlanggeht. Vielleicht wäre die Gemeinde Jesus heutzutage effektiver, wenn es ihr gelungen wäre, sich diese Einfachheit zu bewahren.

Sie waren Jesus schon einmal begegnet, als sie unten am Jordan bei Johannes dem Täufer gewesen waren. Doch jetzt fallen uns zwei Dinge auf: Erstens, was sie waren (beziehungsweise was sie nicht waren) und zweitens, was Jesus zu ihnen sagte.

Was waren sie? Sie waren jung, also nicht sonderlich erfahren oder reif. Die meisten von ihnen waren wohl höchstens Anfang zwanzig. Sie hatten nicht die Schulbildung, die jeder von uns in der westlichen Welt genossen hat. Sie waren einfache Leute, die mit ihren Händen arbeiteten. In den Augen der Welt waren sie Nobodys. Und Gott sucht sich Nobodys aus. Nicht was sie sind, ist ausschlaggebend für Gott, wenn er Leute aussucht, sondern was sie nicht sind. So läuft das in der Bibel. So läuft das nun schon seit zweitausend Jahren. Er sucht sich einen Schuhmacher aus

Northamptonshire und macht daraus einen William Carey.[1] Er nimmt ein Hausmädchen aus London und macht aus ihr eine Gladys Aylward.[2] Gott sei Dank sucht er sich Nobodys aus! Hätte Gott gesagt, er bräuchte eine Gemeinde aus reichen oder cleveren oder guten Menschen, hätte es für die meisten oder alle von uns keine Hoffnung gegeben. Doch das war nicht sein Ausgangspunkt. Er fing mit einer Gruppe ganz gewöhnlicher, junger, körperlich arbeitender Männer an und sagte: *„Folgt mir."* Mit anderen Worten: Alles, was aus ihnen werden würde, wäre ihm zuzuschreiben. Deshalb würden sie Gott die Ehre dafür geben und nicht sich selbst. Sie selbst waren nichts. Natürlich waren sie als Fischer zähe, mutige und geduldige Männer, aber dennoch waren sie nur Fischer. Und sie waren ganz sicher nicht religiös.

Im Jahr 1948 wurden am Toten Meer die so genanten „Qumran-Rollen" entdeckt. Ich war selbst schon einmal in einer jener Höhlen, wo sie gefunden wurden, und konnte mit eigenen Augen die Ruinen jener Siedlung von Qumran sehen – eine klosterähnliche Gemeinschaft von Juden, die als Essener bezeichnet wurden und zur Zeit Jesu oder kurz davor lebten. Zur Zeit Jesu gab es überall in Judäa zudem noch Klöster, in denen heilige Juden lebten, die ihr ganzes Leben dem Gebet, Fasten und dem Studium der Schriften weihten. Davon erfuhren wir allerdings erst, als die Qumran-Rollen entdeckt wurden. Das Interessante daran ist, dass Jesus eben nicht in diese Klöster ging, um sich dort seine Jünger zu suchen. Er suchte sie nicht unter den religiösen Leuten.

Jemand sagte einmal zu mir: „Nun gut, Sie sind religiös und ich nicht." Aber ich war nicht religiös, als Gott mich rief: Ich molk Kühe! Amos konnte sagen: „Ich war Weinbauer. Ich kümmerte

---

[1] Der Sprachforscher und Botaniker William Carey (1761-1843) war Gründer der Baptist Missionary Society, wurde als der „Apostel Indiens" bekannt und gilt als Vater der modernen Mission. (Anm. d. Übers.)

[2] Gladys Aylward (1902-1970), die „Frau mit dem Buch", war eine Chinamissionarin, deren Lebensgeschichte unter dem Titel „Die Herberge zur 6. Glückseligkeit" verfilmt wurde. (Anm. d. Übers.)

mich um Gartenbau und Gott berührte mich." So ist es seit je her gewesen. Tragisch an der Sache ist, dass die Gemeinde zwar mit so einer Gruppe körperlich arbeitender Männer begann, dies jedoch genau die Personengruppe ist, die man heutzutage so gut wie gar nicht mehr in den Gemeinden findet. Als Jesus sie aussuchte, war ihm wichtig, was sie nicht waren, und nicht, was sie waren, und sie waren ganz gewöhnliche, pragmatische, bodenständige Leute ohne große Schulbildung. Er sagte ihnen, sie sollen ihm nachfolgen und er werde aus ihnen Menschenfischer machen.

Beachten Sie, dass Jesus eine Forderung stellte und gleichzeitig ein Angebot machte. Er stellt nie eine Forderung, ohne gleichzeitig ein Angebot zu machen, und er macht nie ein Angebot, ohne gleichzeitig eine Forderung zu stellen – die beiden gehen Hand in Hand. Die Forderung lautete: „Folgt mir", wobei er keine Kriterien oder Bedingungen nannte. Er sagte nicht: „Gibt es da einen Vertreter der Fischereigewerkschaft, mit dem ich zuerst verhandeln muss? Welche Lohnforderungen stellt ihr? Wie viele Wochenstunden seid ihr bereit, für mich zu arbeiten?" Er sagte: *„Kommt, folgt mir."* Nur der Sohn Gottes hat das Recht, einem Menschen zu sagen, er solle das tun. Und zwar bedingungslos! Es würde eine Art Knechtschaft sein und dennoch vollkommene Freiheit.

Jesus stellte also seine Forderung ohne Bedingungen, Klauseln und Modalitäten – und sie folgten ihm tatsächlich und ließen alles stehen und liegen. Das bedeutete, dass sie einen guten Job dafür aufgaben und in manchen Fällen sogar ihre Familienangehörigen verlassen mussten. Simon musste vermutlich seine Frau zurücklassen. Zebedäus wurde von seinen Söhnen Jakobus und Johannes verlassen. Letztendlich bedeutete das für die Männer, dass sie ihr Leben lassen mussten, denn von den ursprünglichen Jüngern starb nur ein einziger im hohen Alter eines natürlichen Todes; die anderen starben als Märtyrer, aber sie waren ihm augenblicklich gefolgt. Wenn Jesus Sie auffordert, ihm zu folgen, können Sie keine Bedingungen stellen oder Regeln festlegen; Sie können nicht sagen: „Nun, Herr, ich werde dir folgen, wenn ...“ Oder: „Ich werde dir folgen, aber ...“ In den Evangelien wird von Menschen berichtet, die genau das versucht haben, aber es gibt kein „Aber“: Wir sollen ihm einfach nur folgen.

Das Angebot war wirklich großartig: Wenn sie ihm nachfolgen, würde er aus ihnen Menschenfischer machen. Im Umgang mit Netzen waren sie sehr gut, aber er würde ihnen eine Menge im Umgang mit Menschen beibringen. Das vielleicht Größte, was Jesus zu einem Mann oder einer Frau sagen kann, ist: „Du bist ziemlich clever im Umgang mit Dingen, aber ich werde dir Weisheit im Umgang mit Menschen schenken. Ich werde dir helfen, anderen zu helfen.“

Wir halten fest, dass er ihnen, als er sie rief, kein einfaches Leben in Aussicht stellte. Er sagte nicht: „Folgt mir und ich mache euch glücklich. Folgt mir und ich schenke euch Zufriedenheit. Folgt mir und ich gebe euch Frieden. Folgt mir und ich mache euch wohlhabend.“ Seine Botschaft lautete: „Folgt mir und ich lasse *euch* arbeiten. Folgt mir und ihr kommt aus dem Fischen nicht mehr raus – allerdings wird euch die Art zu fischen mehr abverlangen. Folgt mir und ich werde euch befähigen, Dinge zu tun.“ Er ruft uns nicht in ein bequemes Leben, doch wenn sie ihm nachfolgten, könnten sie etwas tun, das sie vorher nicht getan hatten. William Carey flickte erst Schuhe; dann ging er nach Indien, um Menschenleben heil zu machen. Gladys Aylward säuberte erst ein Haus mitten in London; dann ging sie nach China, um dort Menschenleben zu reinigen. Als die, die er rief, ihm folgten, gab er ihnen Fähigkeit und Geschick, gut mit anderen Menschen umzugehen, sie zu Gott zu führen und ihnen zu helfen. Das war sein Angebot.

So viel zu den menschlichen Partnern Jesu.

Kommen wir nun zu seinem göttlichen Partner. Oft drehen wir uns so sehr um Menschen, dass wir unseren göttlichen Partner aus den Augen verlieren – Jesus widerfuhr dies allerdings nie.

Beten war ihm wichtiger als Schlafen, weshalb er oft sehr früh aufstand, um mit dem Vater allein zu sein, der sein anderer Partner war. Er hatte, wie gesagt, menschliche Partner, und er hatte einen göttlichen Partner. Er war erdverbunden bei der Wahl der Leute, die ihm folgten, und drängte gen Himmel zum Vater, den er liebte. Jesus war kein isolierter Mystiker; er lebte mitten in der menschlichen Gesellschaft und stand vor Tagesanbruch auf, um zu beten. Das ist das Geheimnis geistlichen Wirkens: unmittelbar vor Ort bei den einfachen Leuten sein und sie lieben, wie er sie liebte, und sie dann aber auch wieder hinter sich lassen und Gott lieben. Diese Kombination – mitten in die Gesellschaft hineingehen und sie dann wieder hinter sich lassen – ist charakteristisch für das Leben Jesu. Und wieder staune ich über diese Ausgewogenheit, die für das Wirken Jesu typisch war. Stets kümmerte er sich in ausgewogener Art und Weise um die physischen, seelischen und geistlichen Nöte der Menschen. Was seine Partner anbelangt, gab es eine Balance zwischen den göttlichen und den menschlichen, zwischen den irdischen und den himmlischen Partnern – was für eine Ausgewogenheit im Leben Jesu!

Je älter ich werde, desto mehr staune ich über die Tatsache, dass sich die meisten von uns enorm schwer damit tun, in geistlichen Dingen ausgewogen zu sein. Es ist so viel einfacher, im geistlichen Dienst einseitig und unausgewogen zu werden und sich zum Beispiel nur um eine Not des Menschen zu kümmern und nicht um alle; zu viel Zeit damit zuzubringen, den Menschen zu helfen, und darüber das Gebet zu vernachlässigen; oder zu viel Zeit allein zu verbringen und darüber die Mitmenschen zu vernachlässigen. Doch bei Jesus war alles im Gleichgewicht.

Das wird offenkundig, wenn wir uns den dritten Punkt ansehen: seine Probleme. Es tröstet mich zu wissen, dass Jesus in seinem Dienst enorme Probleme hatte. Eins ist interessant: Immer, wenn erwähnt wird, dass Jesus betete, stellt man fest, dass er dies tat, weil er mit einem Riesenproblem konfrontiert war und nicht wusste, was er tun soll. Das ist eine Zeit, um zu beten.

Sehen wir uns das Problem an. Welche Krise wird hier erwähnt? Der Schlüssel zum Verständnis liegt in der Tatsache, dass Jesus in diesem Abschnitt des Markusevangeliums den Leuten dreimal sagt, sie sollen den Mund halten. Das ist die wörtliche Übersetzung dessen, was er sagte. Unsere Bibeln formulieren es natürlich höflicherweise so, dass er den Menschen aufgetragen habe, „nichts zu sagen" oder etwas Ähnliches. Warum sagt er so etwas? Jedes Mal sagt er ihnen, sie sollen aufhören, von ihm zu reden, obwohl es doch ganz sicher sein Anliegen war, dass die Welt von ihm erfährt. Will Jesus etwa nicht, dass wir von ihm reden? Stimmt es etwa nicht, dass es sein Wille ist, dass wir von ihm reden, wo wir nur können? Doch, das stimmt. Warum hat er ihnen dann gesagt, sie sollen den Mund halten? Hier stoßen wir auf zwei Probleme, die miteinander verbunden sind – ein übernatürliches und ein natürliches. Bei dem einen ging es um Dämonen, bei dem anderen um Krankheit und beide Male sagte Jesus, jemand solle den Mund halten. Sehen wir uns an, warum.

Da wäre zunächst die Sache mit dem Besessenen. Ich habe schon so viel Unsinn über die Besessenen in den Evangelien gehört; sie seien geisteskrank gewesen, heißt es, oder schizophren und die Berichte seien nur der Versuch gewesen, derartige psychische Krankheiten zu umschreiben. Doch unter Berufung auf die Bibel und auf der Grundlage dessen, was die Erfahrung zeigt, bin ich felsenfest davon überzeugt, dass dämonische Besessenheit und psychische Krankheit zwei verschiedene Dinge sind, die nicht miteinander verwechselt werden dürfen. Dämonische Besessenheit ist ein geistliches Problem, mit dem all jene zu tun bekommen, die sich mehr oder weniger gedankenlos mit Spiritismus, Astrologie und ähnlichen Dingen beschäftigen und sich so für das Dämonische öffnen. Eine psychische Erkrankung ist etwas ganz anderes und muss anders behandelt werden. Ein Symptom, in dem sich beide Zustände voneinander unterscheiden (es gibt insgesamt etwa zehn markante Symptome, die uns eine Unterscheidung ermöglichen), ist die Tatsache, dass ein Besessener hellseherische Fähigkeiten hat und Dinge weiß, die auf natürlichem Wege nicht zu wissen sind; ein psychisch Kranker besitzt diese Fähigkeit nicht.

Und so sehen wir hier Jesus bei seiner Konfrontation mit einem Hellseher in der Synagoge. Der Mann sagte zu ihm: *„Ich kenne dich, wer du bist: der Heilige Gottes"* (Mk 1,24). Niemand hatte ihm das gesagt; die Dämonen wussten es natürlich; die Geister wussten, wer Jesus war. Jesus gebot ihnen, den Mund zu halten, und sagte: *„Fahre aus von ihm!"* Warum? Der „Heilige Gottes" war der verheißene König der Juden und es wäre absolut fatal und gefährlich gewesen, wenn das bereits in dieser Phase herausgekommen wäre. Seine Freunde hätten ihn dann unverzüglich krönen wollen und von ihm gewollt, dass er ein politischer König sei; seine Feinde hätten ihn hingegen unverzüglich töten wollen. Abgesehen davon ist es nicht richtig, dass solche Dinge von Dämonen kommen; solche Dinge müssen uns vom Heiligen Geist gesagt werden und nicht von bösen Geistern. Und selbst wenn Dämonen das Richtige sagen, dürfen wir nicht auf sie hören; unsere Erkenntnisse sollten uns nicht auf diese Weise zuteil werden, da jene ja nach Möglichkeiten suchen, um uns zu fassen zu bekommen. Deshalb gebot Jesus ihnen zu schweigen. Und in den drei Jahren seines Wirkens hatte er ständig das Problem, dass die Dämonen *wussten*, wer er war, er aber nicht wollte, dass die Menschen es auch wissen – bevor der richtige Zeitpunkt gekommen war.

Bei dem anderen Problem ging es um Krankheit – das war die Gefahr, dass die körperlichen Nöte des Menschen seine geistlichen Nöte überlagern. Ich sagte es schon: Wenn jemand in Ihre Stadt käme, der jede Krankheit heilen kann, hätte er einen Vollzeitjob und keine Zeit mehr, noch irgendetwas anderes zu tun. Jesus war erst seit eineinhalb Tagen in Kapernaum und schon drängten sich alle möglichen Kranken auf der Hauptstraße. Unser Herr hätte den Rest seines Lebens mit nichts anderem zubringen können als Leute zu heilen und genau das war sein Problem.

Deshalb stieg er noch vor Sonnenaufgang die Hügel hinter Kapernaum hoch und betete und fragte den Vater, was er tun solle. Da waren so viele Kranke, dass nach Anbruch des Tages kein Durchkommen mehr auf der Straße wäre. Der Vater sagte ihm, er müsse predigen; deshalb solle er woanders hingehen und diese kranken Menschen zurücklassen. Die Jünger fanden ihn und sagten ihm, dass schon alle nach ihm suchten. Er aber eröffnete ihnen, dass sie in andere Städte gehen würden, um dort zu predigen.

Seit damals ist das ein ständiger Kampf für uns Christen – für die Gemeinde Jesu heute mehr als je zuvor, da uns die physischen Nöte der Menschheit so sehr bewusst sind. Hier und dort werden Lebensmittel benötigt und Medizin und Ärzte und Krankenschwestern und Krankenhäuser: Wir werden von den physischen Nöten der Menschen regelrecht überwältigt. Es heißt, Gesundheit sei das höchste Gut im Leben, doch dabei vergessen wir, dass es etwas gibt, das noch wichtiger ist, nämlich Heiligung.

Jesus stellte sich dieser Krise; ihm wurde bewusst, dass er sich jetzt entscheiden müsse: Die Predigt müsse an erster Stelle stehen und dann erst Heilung. Deshalb verließen sie Kapernaum und ließen eine Straße voll kranker Leute zurück, und Jesus machte sich daran zu predigen.

Tragisch war nur, dass er einem Aussätzigen begegnete. Das ist die tragischste Geschichte in diesem Kapitel. Irgendwo auf einer Landstraße läuft ihnen dieser Aussätzige über den Weg. Warum war er nicht in der Stadt? Weil er dort nicht sein durfte; er musste außerhalb bleiben. Er hatte gehört, was sich in der Stadt abspielte, und sich gefragt, wie er wohl an Jesus rankommen könne – und nun kam er des Weges und stand vor ihm! Kein Wunder, dass er auf ihn zulief.

Dieser Mann, der zu einem Sterben bei lebendigem Leib verurteilt war, sagte mit einem erstaunlichen Maß an Glauben: *„Wenn du willst, kannst du mich reinigen"* (Mk 1,40). Was für ein Glaube für jemanden, der an einer unheilbaren Krankheit litt!

Jesus hatte Erbarmen mit ihm; er berührte ihn und sagte: *„Ich will. Sei gereinigt!"* Und so geschah es.

Doch nun folgt etwas wirklich Tragisches. Die Not dieses Mannes war offensichtlich und auch sein Glaube; doch sein Ungehorsam war nicht minder offensichtlich! Jesus sagte: *„Sieh zu, sage niemand etwas."* Er trug ihm dies auf, weil er ja predigen wollte. Er sagte ihm, er solle nach Jerusalem gehen; dort würde man ihn untersuchen; man würde ihm ein Zertifikat ausstellen und dann könne er wieder ein normaler Teil der Gesellschaft sein. Doch der Mann lief die Straße hinab und erzählte jedem, dem er begegnete, dass er soeben von Jesus geheilt worden sei. Jesus konnte daraufhin nicht einmal mehr in die Städte hineingehen; er musste sich von ihnen fernhalten und dort predigen, wo nur die Gesunden hinkämen.

Wir erkennen das Problem und wieder wird diese wunderbare Ausgewogenheit in seinem Wirken offenkundig. Obwohl er großes Erbarmen für Menschen hatte, die körperlich litten und Schmerzen hatten, war sein Erbarmen für Menschen, die in Sünde waren, noch größer – für Menschen, die in der kommenden Welt ein Leiden erwartete, das sich die Menschen in dieser Welt nicht einmal annähernd vorstellen können. Deshalb predigte er weiter.

So stellt sich uns also das Wirken Jesu dar: vollkommen ausgeglichen zwischen physischen, psychischen und geistlichen Nöten; vollkommen ausgewogen zwischen Himmel und Erde und dennoch ausgesprochen sichtbar. Was wir uns bisher angesehen haben, waren drei Tage jener drei Jahre, und das ist erst der Anfang eines Wirkens, das bis heute Bestand hat.

Im nächsten Kapitel setzen wir die Geschichte fort und erleben mit, wie sich allmählich Widerstand regt.

Kapitel 3

Anfeindung und Autorität

Markus 2,1-3,6

Viele Jahrhunderte, bevor das Wirken Jesu auf Erden seinen Anfang nahm, sagte der Philosoph Sokrates, ein Mann, der ganz
offensichtlich über das menschliche Wesen und die Welt, in der
wir leben, nachgedacht hatte: „Sollte je ein vollkommen guter
Mensch auf Erden in Erscheinung treten, wird er umgebracht
werden." Und trotzdem schockiert es uns, dass, als Jesus sich auf-
machte, Gutes zu tun, augenblicklich damit begonnen wurde,
seine Ermordung zu planen. Es ist sehr schwer zu verstehen,
dass die Hände, die nur Gutes getan hatten, binnen drei Jahren
von Nägeln durchbohrt wurden, als man Jesus ans Kreuz schlug.
Was mit am schwersten nachvollziehbar ist und unbedingt erklärt
werden muss, ist, warum dieses wunderbare Leben so rasch ein
so schreckliches Ende fand. Das Markusevangelium gibt die Antwort auf dieses Rätsel. Die Passage, um die es in diesem Kapitel
geht, zeigt, wann sich der Widerstand gegen Jesus regte, wer ihn
auslöste, wie man sich gegen ihn wandte und – was mir am wichtigsten erscheint – warum, denn aus genau denselben Gründen
widerstehen noch heute die Menschen Jesus Christus.

Die Antwort auf die Frage „Wann?" finden wir gleich zu Beginn seines Wirkens. Nur Tage, aber zumindest Wochen, nachdem er angefangen hatte, Menschen zu helfen, gab es schon Leute, die ihn immer mehr hassten. Und dieses Wort ist ganz gewiss
nicht zu stark, denn Jesus selbst hat gesagt: „Sie haben mich gehasst und sie werden auch euch hassen." In der Tat eine sehr
heftige Aussage. Dreimal hilft Jesus in diesem Abschnitt Menschen in Not und doch lässt sich die entsetzliche Konspiration

zu seiner Tötung auf genau diese drei Begebenheiten zurückführen, die wir uns nun kurz ansehen wollen.

Bei der ersten ging es um einen Mann, der gelähmt war. Ich werde die Geschichte hier nicht mehr erzählen, weil wir sie schon seit unserer Kindheit kennen. Wir kennen alle Einzelheiten. Vielleicht haben Sie ja selbst schon in der Sonntagsschule oder Kinderstunde Bilder gezeichnet, auf denen das Loch im Hausdach zu sehen ist, und sich über diesen Schaden gewundert und gefragt, wie er wohl anschließend wieder repariert wurde. Die Details sind uns bekannt: Wir sehen vor uns ein restlos überfülltes Haus, eine Menschenmenge draußen auf der Straße, Leute, die oben am Dach, das vermutlich aus Reisig und Lehm bestand, ein Loch aufreißen und dann auf einer Bahre einen Mann hinunterlassen. Aber in dieser Geschichte gibt es zwei Schlüsselworte. Das eine ist *Glaube* und diese Begebenheit zeigt sehr anschaulich, was Glaube eigentlich ist: nicht das Abnicken und Nachsprechen eines Glaubensbekenntnisses, sondern der absolut feste Entschluss, Jesus zu finden, und das unerschütterliche Vertrauen, dass er es ist, bei dem wir Hilfe finden.

Das zweite Schlüsselwort in dieser Passage ist *Vergebung*. Warum richtete Jesus sein Augenmerk auf die Sünden des Gelähmten und nicht einfach nur auf seinen körperlichen Zustand? Wollte er einfach noch eine weitere Not des Mannes „bearbeiten", die diesem gar nicht bewusst war, und auf diese Weise gleich alles in einem Aufwasch erledigen? Wollte er damit sagen: „Neben der Lähmung gibt es da noch etwas anderes in deinem Leben und das wollen wir als Erstes aus dem Weg räumen und anschließend packen wir das Eigentliche an"? Nein, es steckt viel mehr dahinter!

Es ist nicht immer so, doch meiner Überzeugung nach war es im Falle dieses Mannes so, dass ein direkter Zusammenhang zwischen seinem Leiden und seiner Sünde bestand – deshalb ging Jesus ja auch darauf ein. Er ging allerdings nicht bei allen Leuten so vor. Psychologen sagen heute, die Vorstellung, eine

Lähmung könne durch Fehlverhalten und Schuld ausgelöst werden, sei keineswegs abwegig. Die Diagnose Jesu war stets über jeden Zweifel erhaben – deshalb ist er auch so ein guter Arzt für uns Menschen. Er erkannte auf Anhieb die Ursache des Leidens und unternahm dann etwas gegen diese Ursache und nicht gegen die Symptome. Ohne Umschweife widmete er sich dem Fall und sagte zu dem Mann: *„Sohn, deine Sünden sind dir vergeben"* (Mk 2,5; Schlachter 2000). Und um zu beweisen, dass dies der eigentliche Knackpunkt war, und um den umstehenden Leuten zu zeigen, dass er etwas gegen das Problem unternommen hatte, befreite Jesus den Mann von den Auswirkungen dieser Ursache, indem er sagte: *„Ich sage dir, steh auf, nimm dein Bett auf und geh in dein Haus!"* (Mk 2,11), was der Mann auch tat.

Ausschlaggebend dafür, dass sich hierauf Widerstand gegen Jesus regte, war nicht die Tatsache, dass er einen Gelähmten geheilt, sondern dass er sich dem Thema Sünde gewidmet hatte. Mit anderen Worten: Hätte sich Jesus auf körperliche Krankheiten beschränkt, wäre alles in bester Ordnung gewesen! Hätte er sein Dasein auf Erden einfach nur damit zugebracht, kranken Menschen zu helfen, dass es ihnen wieder besser geht, wäre er nie an einem Kreuz gestorben. Warum blieb er dann nicht einfach als Arzt auf Erden, denn Menschen heilen, das konnte er ja? Ohne jeden Zweifel ist das doch eine wunderbare Mission; Kranke gesund zu machen ist doch mit das Ehrenhafteste, was man im Leben tun kann! Er beeinträchtigte, ja gefährdete den Heilungsdienst am allermeisten dadurch, dass er dabei auch noch andere Dinge tat – warum nur? Hätte er den religiösen Aspekt nicht einfach beiseite lassen können? Nein, denn Jesus kam nicht in erster Linie, um Menschen vor Krankheiten zu retten, sondern vor der Sünde. Deshalb hatte er den Namen, den er hatte, und er musste sich dieser Sache annehmen, ungeachtet dessen, was es ihn kosten würde. Und er nahm ein göttliches Vorrecht für sich in Anspruch: Sünden zu vergeben!

Das zweite Mal, als er jemandem half und dafür den Hass der

Menschen auf sich zog, war die Sache mit dem unredlichen Zöllner, dessen Leben er zurechtbog und dem er zu einem ehrlichen und aufrechten Dasein verhalf. Warum sollte man jemanden hassen, der so etwas tut? Ich weiß, dass Steuereintreiber nie sonderlich beliebt sein werden, auch wenn sie ehrliche, aufrechte Leute sind, und wenn man dafür bekannt ist, keine anderen Freunde zu haben als Steuereintreiber, wird einem das auch nicht unbedingt helfen, bei den Leuten gut anzukommen! Aber das ist nicht der springende Punkt in dieser Episode.

Wer waren die Zöllner? Stellen Sie sich vor, Deutschland hätte den Zweiten Weltkrieg gewonnen und Großbritannien wäre heute von deutschen Truppen besetzt, die dort dasselbe täten, was sie in Holland, Belgien, Frankreich, Dänemark und Norwegen getan haben: Sie bürden den besetzten Völkern enorme Steuern auf, um ihre Armee und ihr Reich und Berlin und die Aktivitäten im Reichstag zu bezahlen. Und nehmen wir dann noch an, die Deutschen würden darauf bestehen, dass diese Steuern nicht von Deutschen, sondern von Briten eingetrieben werden, und jeder, der seine Seele soweit verkaufen würde, dass er dies für die Deutschen täte, bekäme ein feudales Büro und zudem noch die Erlaubnis, in seine eigene Tasche zu wirtschaften. Mit anderen Worten: Solange die Deutschen bekämen, was sie wollten, würden sie auch nicht nachfragen, wie viel dieser Steuereintreiber seinen Landsleuten abnimmt. Jetzt erkennen Sie, was hinter dieser Geschichte steckt! Zöllner waren Kollaborateure. Können Sie jetzt auch nachvollziehen, was es bedeutet haben muss, sich mit einem von ihnen anzufreunden? Stellen Sie sich vor, wie es gewesen sein muss, ein Zöllner zu sein – aus der Gesellschaft ausgestoßen zu sein und sich wegen des Geldes von den eigenen Landsleuten abgesondert zu haben. Jesus bog das Leben eines solchen Mannes wieder zurecht – und machte sich damit unbeliebt. Aber er rief diesen Mann, der von nun an nicht mehr Geld zusammentrug, sondern Geschichten über Jesus, und dem wir so das Matthäusevangelium zu verdanken haben!

Neben den Steuereintreibern und deren Freunden, die sich auf dieselbe Weise bereicherten, gab es eine Gruppe von Menschen, die sich aus ähnlichen Gründen zu jenen gesellten – die aus der Gesellschaft Ausgestoßenen. „Sünder" ist ein eigentümlicher Begriff in den Evangelien. Sind wir nicht alle Sünder? Ja. Doch so, wie man damals das Wort verwendete, waren Leute gemeint, die aus ihrer eigenen Synagoge vor Ort exkommuniziert worden waren. Es waren Leute, denen es nicht gestattet war, an der Versammlung teilzunehmen; sie hatten bewusst oder aus anderen Gründen gegen die Gesetze Gottes verstoßen. Sie konnten oder wollten den religiösen Maßstäben, die die Prediger jener Zeit vorgaben, nicht entsprechen und waren deshalb schlicht und einfach Unberührbare.

Es gab also zwei Gruppen von Menschen, die sich schwer taten, ihren Platz in der Gesellschaft zu finden, und deshalb an ihrem Rand lebten. Und als Ausgestoßene teilten sie gern ihr Los miteinander. Matthäus (Levi) gab eine Party für diese Leute; er lud sie ein und Jesus war auch auf dieser Party. Das erboste die anderen Leute – die Tatsache, dass sich Jesus unter die religiös Ausgestoßenen mischte. Das erste Problem bestand – wie wir schon bei dem Gelähmten sahen – darin, dass Jesus Sünde nicht ignorierte. Hätte er sich auf Heilung beschränkt, wäre alles gut gewesen und es hätte nie eine Kreuzigung gegeben. Das andere Problem bestand darin, dass ihm die Sünder am Herzen lagen. Hätte er sie, wie alle anderen, gemieden, hätte es kein Kreuz gegeben. Doch Jesus kam, um Sünder anzusprechen, und er kam, um Sünden anzusprechen.

Die dritte Begebenheit, durch die sich die Situation allem Anschein nach noch mehr zuspitzte und schon binnen weniger Monate dazu führte, dass konkrete Pläne zur Ermordung Jesu geschmiedet wurden, war seine Begegnung mit dem Mann, der eine verdorrte Hand hatte. Wiederum war an der Heilung an sich nichts auszusetzen; nur die Zeit und den Ort nahm man Jesus übel. In den Augen der religiösen Führer war es die falsche

Zeit und der falsche Ort. Sie hatten nichts gegen sein Heilungswirken. Ob sie sich darüber freuten, dass der Mann seine Hand nun wieder gebrauchen konnte, weiß ich nicht. Ich könnte mir vorstellen, dass sie sich gar nicht darüber freuten, weil sie es vermutlich gar nicht registrierten, und wenn doch, hatten sie keine Gefühle für diesen Mann. Der springende Punkt ist jedoch, dass Jesus dies in ihren Augen zur falschen Zeit und am falschen Ort tat.

Was hatten sie daran auszusetzen? Sie hatten ganz einfach eine bestimmte Haltung angenommen und ich kann der Versuchung nicht widerstehen, sie als die Haltung eines „Vereins zur Überwachung der Einhaltung des Sabbats" zu bezeichnen. Ich sprach einmal vor einer Gruppe von Rektoren und Schülern einer römisch-katholischen Schule. Ich genoss es in vollen Zügen, mit ihnen über das zu sprechen, was ich glaube. Sie wollten wissen, worin ich mich von ihnen unterscheide, und es war mir eine Freude, es ihnen zu sagen. Ganz offensichtlich hatte kurz zuvor ein jüdischer Rabbi zu ihnen gesprochen; danach waren sie am Boden zerstört gewesen und ich bekam nun die Nachwehen davon zu spüren. Er hatte ihnen gesagt, man solle am Sabbat keine Lichtschalter betätigen; er hatte ihnen gesagt, sie dürften am Sabbat keine Mahlzeiten kochen; er hatte ihnen dieses und jenes vorgeschrieben. Sie sahen voll Ehrfurcht zu diesem Mann auf – das können Sie mir glauben – zu diesem Mann, der am Freitagnachmittag zu Hause alle Lichter einschaltet, damit sie den ganzen Samstag über brennen und er nicht die Tätigkeit des Einschaltens ausüben müsse! Ihnen war nicht bewusst gewesen, dass es immer noch Leute gibt, die ihre Religion so ernst nehmen, dass die Frage der Betätigung eines Lichtschalters Teil dieser Religion und der Akt des Einschaltens zu etwas Falschem geworden ist.

Doch das ist nicht die Religion des Alten Testaments, die Gott den Leuten am Sinai nahe gebracht hatte, sondern vielmehr deren Perversion. Das Problem ist, dass sich die „Religion" Jesu und diese Religion nicht unter einen Hut bringen ließen. Eine Grundregel der religiösen Leute jener Zeit lautete: Man darf am Sabbat nichts tun, was man tags zuvor oder tags darauf tun kann. Wenn jemand im Sterben liegt, dürfe man etwas für ihn tun, da es unaufschiebbar sei. Doch der Fall dieses Mannes war anders gelagert, da er wohl schon viele Jahre mit der verdorrten Hand gelebt haben musste. Man hätte am Freitag etwas dagegen unternehmen oder bis Sonntag warten können, aber nicht am Samstag – und Jesus machte sich ans Werk und tat es trotzdem! Mit anderen Worten: Er stellte einen ganz zentralen Aspekt ihrer Religion in Frage und das schmeckte ihnen überhaupt nicht.

Diese Passage macht Folgendes deutlich: Weil Jesus etwas mit Sünde tat und weil er etwas mit Sündern tat und weil er etwas mit dem Sabbat tat, hatte dies unweigerlich zur Folge, dass die Leute ihn so hassten, dass sie ihn umbringen wollten. Ist es nicht unglaublich, dass der Mensch so pervers sein kann, dass drei Begebenheiten, in denen Leuten geholfen wurde, zum Anlass für die Planung eines Justizmordes wurden? Dass so etwas möglich ist, lässt erstaunliche Rückschlüsse auf die menschliche Natur zu.

Was waren das für Leute, die das taten? Was waren das für Leute, die so reagierten? Es werden drei Gruppen beschrieben und ich möchte sie an dieser Stelle kurz skizzieren, weil ich gerne möchte, dass wir uns, wenn wir sie uns ansehen, selbst fragen: „Herr, bin das ich? Wird mir hier ein Spiegel vorgehalten?"

Die erste Gruppe waren die Schriftgelehrten. Das waren Leute, die im religiösen „Geschäft" tätig waren: Anwälte, richterliche Beamte, Lehrer und noch einige andere. Es war ihr Job, den Leuten detaillierte Richtlinien an die Hand zu geben, wie die Gesetze Gottes anzuwenden seien. Das Problem ist, dass Wegweisungen dieser Art stets gefragt sind. Es ist nun mal viel einfacher, sich ganz genau sagen zu lassen, was man zu tun hat, anstatt es selbst herausfinden zu müssen. Es ist viel einfacher, ein Buch mit Regeln an der Hand zu haben, in dem man nur Paragraph 395, Absatz 1, nachzuschlagen braucht, um festzustellen, ob man dies oder jenes lassen soll, anstatt so in einer Beziehung mit Gott zu leben, dass man in einer Angelegenheit, zu der sich die Bibel nicht direkt äußert (wie z. B. Verhütung), zu einer Entscheidung kommen muss.

Damals gingen die Leute zu einem Schriftgelehrten und fragten ihn, was sie in einem bestimmten Fall zu tun hätten. Dabei konnten die lächerlichsten Fragen gestellt werden, wie z. B.: „Darf ich am Sabbat ein Kleidungsstück mit einer Sicherheitsnadel zusammenhalten?" „Nein", dürfte der Schriftgelehrte erwidert haben, „das ist mit dem Ziehen einer Furche vergleichbar." In Israel besuchte ich einmal einen Kibbuz. Rund herum waren in bestimmten Abständen etwa fünf Meter hohe Pfähle in den Boden gerammt; oben lief ein Draht entlang. Ich dachte mir: „Was für eine hohe Wäscheleine!" Deshalb fragte ich die Leute: „Was ist das?" Der Führer antwortete: „Oh, das ist ein orthodoxer Kibbuz, und diese Linie markiert, wie weit man am Sabbat maximal reisen darf. Man darf bis zum Draht hinausgehen, aber keinen Zentimeter darüber hinaus." Das ist nicht die Religion Gottes; zweifelsohne ist das genauso wenig die Religion Jesu Christi. Von den Schriftgelehrten kamen diese bis ins letzte Detail geregelten Wegweisungen, all diese kleinen Regeln und Vorschriften – und sie versuchten, alles davon in der Praxis anzuwenden.

Das Problem war, dass es eine Sache gab, für die ein Schriftgelehrter keine Handhabe hatte, nämlich wenn jemand zu ihm kam und sagte: „Ich habe dagegen verstoßen." Er konnte einem sagen, was man nicht tun dürfe, aber er selbst konnte nichts unternehmen, wenn der, der zu ihm kam, etwas getan oder unterlassen hatte. Das war das eigentliche Problem: Der Schriftgelehrte konnte zwar schaufelweise Gerechtigkeit austeilen, aber er konnte keine Vergebung gewähren. Ja, er dachte, niemand könne das außer Gott, was ja auch stimmt: Ich kann Ihnen Ihre Sünden gegen Gott nicht vergeben; Sie können mir nicht vergeben; das kann nur Gott. Die Schriftgelehrten waren demnach Männer, die für das Konzept standen: Wir sagen euch, was ihr zu tun habt, aber wenn ihr es nicht tut, dann kommt bitte nicht zu uns.

Vor genau diesem Hintergrund und vor den Augen der Schriftgelehrten tauchte Jesus auf und zeigte den Menschen, dass er für das, was sie falsch machten, eine Lösung hatte. Das Versagen und Scheitern der Menschen machte ihn betroffen. Er wusste, dass sie nicht getan hatten, was sie als richtig erkannt hatten. Er konnte ihnen sagen, dass ihnen ihre Sünden vergeben seien. Der Gegensatz zwischen den Schriftgelehrten und Jesus bestand unter anderem darin, dass sie den Leuten sagten, was richtig war, und er aus dem Weg räumen konnte, was falsch war. Und weil jeder von uns etwas Falsches getan hat, kann Jesus für uns mehr tun als die Schriftgelehrten.

Die zweite Gruppe, die ich in diesem Zusammenhang nennen möchte, sind die Pharisäer. Es handelte sich dabei um eine bestimmte Denomination oder Gruppierung innerhalb der Juden. Sie sind keine Repräsentanten der alttestamentlichen Religion und meines Wissens hat unser Herr kein einziges Mal etwas widersprochen oder widerrufen, was im Alten Testament steht. Er kam, um das Gesetz und die Propheten zu erfüllen, nicht, um sie aufzulösen, und er sagte: *„Solange Himmel und Erde nicht vergehen, wird auch kein einziger Buchstabe und nicht ein einziges Strichlein vom Gesetz vergehen; alles muss sich erfüllen"* (Mt 5,18; NGÜ). Die Religion der Pharisäer war eine Pervertierung des Alten Testaments.

Sie begann mit den allerbesten Absichten. Als die Griechen und andere das Land überrannten, gab es Leute, die Dinge einführten, die die Juden nie getan hatten, wie z. B. Sport, bei dem die Teilnehmer nackt sind, oder schlüpfrige Theaterstücke. Es kamen auch noch andere Dinge ins Land und junge Juden wurden auf Abwege gelockt, hinein in Aktivitäten, die ihren Eltern und Großeltern ein Gräuel waren. Die Pharisäer traten ursprünglich auf den Plan als Reaktion auf die zunehmende Verweltlichung des Volkes Gottes und zunächst war das auch die richtige Reaktion. Sie sagten, das sei nicht die Art und Weise, wie sich das Volk Gottes verhalten solle. Und das Wort „Pharisäer" bedeutet wörtlich „Abgesonderter" oder „Separatist", also jemand, der nicht mitmacht. Anfangs muss diese Gruppierung wirklich gut gewesen sein; es waren Leute, die sagten: „Es ist falsch, das zu tun; wir sollten uns da nicht hineinziehen lassen; wir sollten uns davon distanzieren."

Doch wie bei vielen dieser Protestbewegungen schlug auch in diesem Fall das Pendel zu stark ins andere Extrem aus. Sie gingen zu weit und Religion wurde für sie etwas, das aus so vielen „Du sollst nicht" bestand, dass sie zu etwas Äußerlichem wurde und keine innerliche Angelegenheit des Lebens, des Friedens und der Freude mehr war. Zudem wurde sie immer exklusiver und gesetzlicher, bis die Pharisäer buchstäblich so weit draußen am anderen äußersten Rand waren, wie sie nur sein konnten – was ja ebenfalls einseitig ist. Je mehr ich auf Erden erlebe, desto stärker habe ich das Gefühl, dass es so einfach ist, sich *in* die Welt hineinzustürzen, und ebenso einfach, sich ganz aus ihr *raus* zu halten. Doch in der Welt, aber nicht von ihr zu sein ist ein Balanceakt, der für jeden Christen ungemein schwierig ist. Die Pharisäer gingen aus der Welt raus, ja es ist schier unglaublich, was sie dabei taten. Dadurch wurde ihre Gerechtigkeit zur Selbstgerechtigkeit und das ist etwas, woran sowohl Gott als auch Menschen sehr stark Anstoß nehmen.

So wie die Schriftgelehrten nichts gegen *Sünde* unternehmen konnten – während Jesus kam und etwas dagegen unternahm –, konnten die Pharisäer nichts für die *Sünder* tun, weil sie sie nicht kannten: Sie luden sie nie zu sich nach Hause ein; sie mischten sich nie unter sie; sie trafen sich nie mit ihnen; und sie hätten ganz sicher nie mit ihnen zusammen gegessen. Man kann nichts für Sünder tun, wenn man nicht bereit ist, mit ihnen zu reden, sich mit ihnen zu treffen, mit ihnen zu essen und sie kennen zu lernen – wie soll das gehen? Die Pharisäer wurden zwar aus der Distanz respektiert, hatten aber keinerlei Kontakt mit genau den Leuten, die Hilfe am nötigsten hatten. Und auch in dieser Hinsicht wurden sie von Jesus entlarvt, der einfach zu diesen Leuten ging, die religiös Ausgestoßene waren, und mit ihnen aß, weil er eingeladen worden war. Die Pharisäer würden solche Leute nie berühren; Jesus schon. So wie Jesus im vorigen Kapitel einen Aussätzigen berührte, wird er auch einen geistlich Aussätzigen berühren.

Die nächste Gruppe, die wir uns in diesem Zusammenhang ansehen müssen, ist sehr interessant. Es ist eine Gruppe von Politikern. Sie kommen nur deshalb ins Spiel, weil die Pharisäer und Schriftgelehrten zwar beschlossen hatten, Jesus aus dem Weg zu räumen, aber nicht die Macht dazu hatten. Sie konnten nichts im Hinblick auf Sünde unternehmen; sie konnten nichts für die Sünder tun; und sie konnten nichts im Hinblick auf Jesus, den Heiland, unternehmen. Aus diesem Grund mussten sie politische Kräfte für sich gewinnen und die nahe liegende Gruppierung, die man dafür ins Boot holen konnte, waren die Herodianer.

Ohne lang und breit auf Geschichte und Geographie einzugehen möchte ich Sie an dieser Stelle kurz daran erinnern, dass das Land in Regionen aufgeteilt war. Galiläa, die Region, in der sich das, womit wir uns hier beschäftigen, abspielte, wurde von einem Mann namens Herodes regiert, der aus einer der schlimmsten Familien stammte, die man sich vorstellen kann. Wie sein Vater und sein Großvater hatte auch Herodes in moralischer Hinsicht eklatante Schwächen. Es war der andere Herodes gewesen, der in Bethlehem die Babys umbringen ließ, und diese Linie geht zurück auf keinen Geringeren als Esau; Herodes war kein Jude, sondern Edomiter. Als König war er eine von den Römern eingesetzte Marionette; jene hofften, er werde für sie den Frieden bewahren, was er aufgrund der Position, die sie ihm verliehen hatten, auch versuchte. Aber es gab zwei Dinge, die er nicht ausstehen konnte: Das eine waren Rivalen. Natürlich sollte er den Frieden wahren, aber nun gab es eine beliebte Führungsfigur auf seinem Territorium. Das andere waren Prediger. Und unter seinen Füßen, im Verlies seines Herrschaftssitzes, saß der Prediger Johannes der Täufer, der dort eingesperrt worden war, weil er die moralischen Beziehungen des Herodes innerhalb seiner Familie kritisiert hatte. Jedes Mal, wenn sich dieser Mann zu Tisch setzte, war unter seinen Füßen ein Prediger, den er nicht freizulassen wagte.

Es ist schon interessant, dass sich die Pharisäer an die Herodianer hielten. Wenn Hass im Herz der Menschen tobt, entstehen die erstaunlichsten Koalitionen. Was sie da taten, widersprach ihrer Religion zutiefst. Sünder rührten sie nicht an; Zöllner rührten sie nicht an; doch nun nahmen sie Fühlung mit Herodianern auf. Als es später dann zur Sache ging, waren es – wie wir noch sehen werden – allerdings nicht die Pharisäer und die Herodianer, die letztendlich für das Kreuz verantwortlich waren, sondern die Sadduzäer und die Römer. Wir sehen hier, wie sich religiöse und politische Gruppierungen zusammentun und gegen Jesus Christus kollaborieren: Das war nicht das letzte Mal, dass so etwas geschah.

Kommen wir nun zur dritten eingangs gestellten Frage: Wie äußerte sich der Widerstand dieser Leute? Wir sehen, dass er verschiedene Phasen durchlief. Er begann mit Gedanken, setzte sich fort in Worten und zuletzt folgten Taten. Jesus lehrt, dass Sünde mit Gedanken im Herzen beginnt, anschließend mit Worten aus dem Mund herauskommt und zuletzt zur Tat wird. Sünde bezieht sich auf alle drei Bereiche, Verbrechen hingegen nur auf den dritten (in einigen Fällen wie Verleumdung und üble Nachrede möglicherweise auch auf den zweiten). Niemand kann mich wegen meiner Gedanken vor Gericht stellen, für meine Worte eventuell schon und für meine Taten ganz sicher. Aber ich werde wegen eines Verbrechens vor Gericht gestellt und nicht wegen einer Sünde. Sünde ist etwas, das tief im Inneren beginnt. Jesus lehrt, dass man in den Augen Gottes ein Mörder ist, wenn man schon einmal jemandem den Tod gewünscht habe oder einer anderen Person gegenüber außer sich geraten sei. Sie haben vielleicht nie Ehebruch begangen, aber haben Sie schon einmal jemand anderen lüstern angesehen? Wenn ja, dann sind Sie in den Augen Gottes ein Ehebrecher – die Sünde hat ihren Anfang genommen. Vielleicht kam es nie dazu, dass sie sich in Worten geäußert hat … möglicherweise hat sie sich aber doch in Worten geäußert, in Form eines schmutzigen Witzes oder einer zornigen Äußerung über jemanden. Auch wenn es nie zur Tat an sich kam, hat die Sünde bereits ihren Anfang genommen.

Genau so begann der Hass auf Jesus. Beim ersten Mal murrten sie in ihren Herzen. Sie sagten nichts, aber Jesus wusste, was die Menschen dachten. Er weiß auch, was Sie jetzt gerade denken. Er weiß, was ich gerade denke. Sie stellten ihm Fragen, die sie ihm nie hätten stellen dürfen. Dann wurden daraus Worte und sie fingen an, sich zu beschweren. Zuerst sprachen sie mit seinen Jüngern. Auf diese Weise versuchten sie, gewissermaßen „durch die Hintertür" zu kommen. Zuletzt forderten sie ihn heraus und dann gingen sie hin, um seine Ermordung zu planen. Wir sehen klar und deutlich, wie sich ihr Gedankengut entwickelte.

Darin steckt eine Warnung für uns: Sollten sich unsere Gedanken jemals gegen Jesus wenden, wird sich dies höchstwahrscheinlich in unseren Worten niederschlagen und letztlich auch zur Tat führen. Falschen Gedanken zu gestatten, sich in uns festzusetzen, ist der Anfang von etwas Gefährlichem. Versucht zu werden ist nicht weiter schlimm; schlimm wird es erst, wenn wir der Versuchung in uns Raum geben. Vielleicht taucht in unserem Innersten ein falsches Bild auf – dann müssen wir es wegwerfen und dürfen es nicht in der Galerie unserer Phantasie aufhängen, denn dann wird aus Versuchung Sünde. Wenn wir das zulassen, wird uns früher oder später etwas über die Lippen kommen, das wir nie für möglich gehalten hätten, und früher oder später kann aus diesem Wort eine Tat werden. Diese Steigerung ist auch in den einzelnen Episoden des Markusevangeliums erkennbar. Sie begannen mit Murren, doch am Ende steht Mord.

Anfangs beschwerten sie sich nur, doch am Ende verurteilten sie den Sohn Gottes zum Tode.

Nun zur vierten und letzten Frage: Warum hassten sie Jesus? Man muss jemand schon wirklich sehr hassen, wenn man ihn gleich umbringen möchte! Die Antwort auf diese Frage hat zwei Seiten.

Erstens: Jesus stellte die Autorität dieser Leute in Frage. Wenn wir für einen Bereich verantwortlich sind, ist es nicht sehr angenehm, wenn jemand kommt und uns zu verdrängen versucht. Diese Form der Irritation begegnet uns auf Schritt und Tritt. Sie steckt hinter vielen Unstimmigkeiten und Differenzen. Eine Frau sagte einmal zu mir: „In diese Gemeinde gehe ich nie wieder! Ich habe beim Gemeindefest immer den Blumenstand betreut, aber sehen Sie sich an, was sie dieses Jahr gemacht haben!" Wenn Sie mit einem Bereich betraut sind und dann jemand anderer kommt und diesen still und leise übernimmt, dann ist es nicht gerade einfach, dies mit einem gütigen Herzen zu akzeptieren. Johannes der Täufer konnte das. Er hatte gesagt: *„Nach mir kommt der, der stärker ist als ich; ich bin nicht würdig, ihm gebückt den Riemen seiner Sandalen zu lösen"* (Mk 1,7), aber nicht viele von uns haben die Größe, so etwas zu sagen. Den Pharisäern wurde bewusst, dass ihnen nun gesagt wurde, was sie zu tun hätten. Bis dato hatten ja sie immer den anderen gesagt, was zu tun sei, doch nun sahen sie ihre Autorität schwinden. Da war nun ein Mann, der den Leuten verschiedene Dinge sagte, die sich mit ihrer eigenen Religion nicht vereinbaren ließen. Und immer, wenn sie ihn zur Rede stellten, gab er ihnen auch noch derart *clevere* Antworten, dass sie dem nichts entgegenzusetzen hatten. Er setzte die Heilige Schrift gegen sie ein, indem er Abjatar zitierte, einen Fall aus dem Alten Testament. Er schlug sie mit den Waffen der Logik. Was würden Sie auf die Aussage *„Nicht die Starken brauchen einen Arzt, sondern die Kranken"* (Mk 2,17) erwidern? Darauf kann man nichts erwidern. Das ist so, als wollte man auf die Frage „Haben Sie damit aufgehört, Ihre Frau zu schlagen?" antworten. Was soll man darauf sagen? Sie können „Ja" oder „Nein" sagen – beide Antworten sind die falschen Antworten. Was Jesus erwiderte, war schlichtweg brillant. Seine Worte waren logisch und man konnte ihnen nichts entgegensetzen.

Doch Jesus führte nicht nur die Schriften des Alten Testaments und Logik gegen sie zu Felde, sondern auch ihr eigenes Gewissen. Er sagte: *„Ist es erlaubt, am Sabbat Gutes zu tun oder Böses zu tun, das Leben zu retten oder zu töten?"* (Mk 3,4) Er konterte außerdem mit Demonstrationen und heilte den Mann mit der verdorrten Hand vor ihren Augen. Wenn Sie es mit jemandem zu tun haben, der Sie regelrecht entwaffnet und Ihre Herausforderungen mit Statements kontert, denen Sie selbst nichts entgegenzusetzen haben, dann wird es wirklich eng für Sie. Den Pharisäern wurde klar, dass Jesus ihre Religion zerstören würde und das war die nackte Wahrheit.

Zweifellos erwartet Jesus von uns, dass wir fasten. Das gehört zum Leben eines Christen dazu. Jesus sagt zu seinen Nachfolgern, wenn sie geben, sollen sie ihre rechte Hand nicht wissen lassen, was die linke tut; wenn sie beten, sollen sie es niemandem zeigen, und wenn sie fasten, sollen sie es niemanden wissen lassen. Er sagte nicht *„Falls* ihr fastet ..." oder *„Falls* ihr betet ..." oder *„Falls* ihr gebt ...",* sondern *„Wenn* ihr diese Dinge tut ..." Doch weder er noch seine Jünger fasteten, bloß weil ein öffentliches oder offizielles Fasten auf dem Programm stand. Es gab Zeiten, in denen alle anderen fasteten, sie aber nicht. Deshalb traten Leute auf den Plan, die darauf hinwiesen, dass Jesus und seine Jünger ausscherten und sich nicht an die damals übliche religiöse Praxis hielten. Heute sagt man vielleicht: „In der Fastenzeit sollten Sie auf Schokolade verzichten." Doch Jesus lehrt, dass Fasten echt sein müsse; es müsse mit unseren Gedanken und Empfindungen übereinstimmen. Jesus zitierte den Pharisäern und Schriftgelehrten gegenüber ihre eigenen Regeln; er schlug sie mit ihren eigenen Waffen. So besagte eine Regel der Schriftgelehrten, man brauche nicht zu fasten, wenn man frisch verheiratet oder auf einer Hochzeit zu Gast sei. Doch Jesus sagte: *„Können etwa die Hochzeitsgäste fasten, während der Bräutigam bei ihnen ist? Solange sie den Bräutigam bei sich haben, können sie nicht fasten. Es werden aber Tage kommen, da der Bräutigam von ihnen weggenommen sein wird, und dann, an jenem Tag, werden sie fasten"* (Mk 2,19f). Die Jünger kamen sich vor, als wären sie auf einer Hochzeit, weil Jesus in Person bei ihnen war. Sie waren aufgeregt; sie waren glücklich; sie waren voller Freude; sie hatten alles, wofür es sich zu leben lohnte; und deshalb sollte bei ihnen eher Fest als Fasten auf dem Programm stehen. Es wäre absolut unangemessen für sie gewesen zu fasten. Es würden Zeiten kommen, in denen sie fasten sollen und würden, doch jetzt noch nicht. Mit anderen Worten: Religion ist nicht mehr eine Frage von Regeln, die den Menschen von außen auferlegt werden, sondern eine kundgetane Willensabsicht, die aus dem Inneren kommt. Man sagt nicht zu den Leuten: „Ihr müssen von heute bis nächste Woche fasten." Entscheidend ist vielmehr, dass es Erfahrungen und Umstände gibt, in denen Sie und ich fasten sollten. Es gibt geistliche Notwendigkeiten im Hinblick auf Führung, Stärkung und Entscheidungsfindung, die von uns verlangen werden, dass wir fasten. Es gibt Probleme im Leben anderer Menschen, die nur durch Fasten und Beten gelöst werden. Aber das entspringt einer Notwendigkeit oder Not und wird uns nicht von außen auferlegt; es ist eine Realität, weil es in uns ist.

Jesus zeigte den Pharisäern und Schriftgelehrten, dass ihre Religion mit seiner Lehre unvereinbar sei. Er hätte es nicht deutlicher formulieren und demonstrieren können, dass jeder, der seine Lehre annähme, die der Schriftgelehrten und Pharisäer verlassen müsse. Und wie immer zog er dafür zwei bodenständige Vergleiche aus dem Alltag heran. Man kann übrigens aus dem, was Jesus so nebenbei bemerkte, Rückschlüsse über das Leben zu Hause in seiner Familie ziehen. In seiner Familie war es beispielsweise absolut üblich, Kleidungsstücke mit Flicken auszubessern. Und so sagte er: *„Niemand näht einen Flicken Stoff, der* noch nicht eingelaufen ist, auf ein altes Gewand. Wenn er es doch tut, wird der neue Flicken vom Alten abreißen und der Riss wird noch schlimmer" (Mk 2,21; wörtl. a. d. Engl.). Analog dazu gebrauchte er den Vergleich vom neuen Wein in alten Schläuchen. Man konnte das, was er lehrte, nicht einfach als Ergänzung oder Erweiterung dessen verstehen, was die Schriftgelehrten und Pharisäer lehrten.

Das dürfen wir nicht vergessen: Wir alle haben unsere Traditionen; wir alle haben Dinge in unserem Leben, die wir immer schon getan haben. Es gibt zwei Gründe, das nicht zu tun, was ein geistlicher Leiter in einer Gemeinde anregt. Der eine lautet: „Das haben wir schon mal so gemacht und es hat nicht funktioniert." Der andere lautet: „Das haben wir noch nie so gemacht und das wird auch nicht funktionieren." Wir alle sind Geschöpfe, die wie ein alter Weinschlauch sind; wir alle haben unsere eigenen Vorgehensweisen und Gepflogenheiten entwickelt. „Ach, wissen Sie, wir Baptisten (etc.) machen das so und so ..." usw. Wir alle haben unsere alten Weinschläuche, wir alle haben unseren „eingelaufenen Stoff" und manchmal kommt Jesus zu uns und sagt, er habe etwas Neues und Dynamisches, das unsere Form des Gottesdienstes oder der Anbetung aufbrechen wird. Es wird nicht um 10 Uhr oder um 19 Uhr und vielleicht auch nicht in einem traditionellen Gebäude stattfinden. Vielleicht ist es etwas ganz Neues. Wir können seine Religion nicht einfach auf unsere draufpfropfen und unsere Traditionen nicht durch seine Worte ergänzen. Es gilt: Alles oder nichts. Wir folgen ihm und verwerfen alles andere. Das hat den Pharisäern und Schriftgelehrten nicht geschmeckt, weil es ihre Autorität in Frage stellte.

Sie hassten diesen Mann aber auch, weil er *eigene Autorität* für sich in Anspruch nahm. Kraft welcher Autorität konnte ein Mann, der nicht einmal den Titel „Pastor" oder „Pfarrer" – oder für damalige Verhältnisse „Rabbi" – führte, ein Mann, der keine theologische Qualifikation hatte, ein Mann, der aus dem Nichts gekommen war, ein Zimmermann aus Nazareth, ein Mitglied der arbeitenden Bevölkerung, daherkommen und ihnen sagen, er sei im Begriff, eine neue Lehre zu bringen, die mit ihrer unvereinbar sei? Die Antwort lautet: kraft *seiner eigenen Autorität*. Jesus schrieb sich selbst fünf Eigenschaften zu, von denen jede einzelne höchst erstaunlich ist:

Zunächst behauptete er, Sünden vergeben zu können. Die Pharisäer und Schriftgelehrten hatten die Wahrheit beinahe erfasst, aber eben nur beinahe. Sie sagten: *„Wer kann Sünden vergeben außer einem, Gott?"* (Mk 2,7) Warum konnten die Lehrer des Gesetzes nicht auch noch den letzten Schritt gehen und sagen: „Es muss Gott sein, der da vor uns steht"? Warum waren sie so nahe dran an der Wahrheit und doch so weit weg? Sie sagten ja, nur Gott könne das tun, und Jesus bewies ihnen, dass er es getan hatte, indem er zu dem Gelähmten sagte: *„Steh auf, nimm dein Bett auf und geh in dein Haus"*, was der Mann auch prompt tat. Warum konnten sie nicht begreifen, dass der nächste logische Schritt ganz einfach darin bestünde zu glauben, dass in Christus Gott gekommen war? Er tat es eben in seinem eigenen Namen, weil er Gott war, und sie sagten, das sei Blasphemie. Es ist blasphemisch, wenn ein Mensch sich Gott nennt, und Gottes eigenem Gesetz zufolge steht auf Blasphemie – dem schwersten Verbrechen im Gesetzbuch – die Todesstrafe, weshalb er sterben musste.

Diesem Anspruch Jesu müssen auch wir uns stellen. Wir können Jesus nicht einfach einen großen Mann sein lassen. Wir können ihn nicht einfach als Prediger oder Lehrer oder Heiler sehen und sagen: „Er war ein guter Mensch. Folgt ihm nach", denn entweder war er der größte Gotteslästerer der Menschheitsgeschichte oder er war Gott. Sie müssen sich entscheiden: Entweder hatte er Unrecht und verdiente als Gotteslästerer den Tod oder er hatte Recht und war Gott. Beides gleichzeitig kann nicht wahr sein und es gibt keine andere Alternative.

Jesus sprach als der, der Sünden vergibt, was auch mit einschloss, dass er der Arzt der Sünder ist. Unter „Arzt" verstehen

Sie wahrscheinlich einen Mediziner, doch die Leute, die Jesus damals hörten, verstanden etwas anderes darunter. *„Nicht die Starken brauchen einen Arzt, sondern die Kranken"* – Jesus zitiert hier den Propheten Jeremia, der im Hinblick auf eine Nation böser, ungehorsamer Menschen gesagt hatte: *„Ist denn kein Balsam in Gilead oder kein Arzt dort? Ja, warum ist die Genesung der Tochter meines Volkes ausgeblieben?"* (Jer 8,22). Als Jesus sagte, nicht die Starken oder Gesunden bräuchten einen Arzt, nahm er für sich in Anspruch, viel mehr zu sein als ein Arzt im medizinischen Sinne; er sagte vielmehr, er sei Gottes Arzt, der gesandt worden sei, um uns wieder komplett ins Lot zu bringen.

Außerdem bezeichnete sich Jesus – und das ist der dritte Punkt – als Bräutigam. Er sagte, die Jünger würden nicht fasten, weil er der Bräutigam sei. Was will er damit sagen? Zieht er damit eine Hochzeit nur ganz allgemein als Bild heran? Nein, es steckt viel mehr dahinter! Immer wieder sagt Gott im Alten Testament, er sei der Bräutigam Israels und Israel die Braut; und nun kommt Jesus und sagt, der Bräutigam sei jetzt bei ihnen. Was für ein Anspruch! Zum dritten Mal nimmt er für sich in Anspruch, auf der himmelwärts gerichteten Seite der Realität zu stehen.

Indem er sagt: *„Der Sabbat ist um des Menschen willen geschaffen worden und nicht der Mensch um des Sabbats willen"*, erklärt Jesus, dass er die Sabbatgesetze gemacht habe und neu gestalten könne; er könne sie außer Kraft setzen und werde das auch tun. Gesetze können nur von dem außer Kraft gesetzt werden, der sie gemacht hat. Wenn Jesus sagt: *„Somit ist der Sohn des Menschen Herr auch des Sabbats"*, nimmt er für sich in Anspruch, derjenige zu sein, der am Sinai das Sabbatgesetz gab.

„Sohn des Menschen" ist ein angenehm dehnbarer Begriff, doch wer Glauben hat und einen genauen Blick darauf wirft, sieht darin ein göttliches und nicht nur ein menschliches Wesen.

„Sohn des Menschen" taucht als ein anderes Wort für „Mensch" immer wieder im Alten Testament auf (hauptsächlich im Buch Hesekiel):

„Was ist der Mensch, dass du an ihn gedenkst, und der Sohn des Menschen, dass du auf ihn achtest? Du hast ihn ein wenig niedriger gemacht als die Engel; mit Herrlichkeit und Ehre hast du ihn gekrönt." (Ps 8,5f; Schlachter 2000)

Wir wissen, dass damit ein menschliches Wesen gemeint ist; aber es gibt eine Passage im Buch Daniel, in der Daniel in die Zukunft blickt und jemanden mit den Wolken aus dem Himmel herabkommen sieht, der ein ewiges Reich und eine nie endende Herrschaft errichten wird. Dann sagt er: *„Ich schaute in Visionen der Nacht: Und siehe, mit den Wolken des Himmels kam einer wie der Sohn eines Menschen"* (Dan 7,13). Zur Zeit Jesu hatte die Wendung „Sohn des Menschen" bereits diese doppelte Bedeutung. Auf jeden Fall sahen einige darin denjenigen, der vom Himmel herab kommen werde, um über die Königreiche der Erde zu herrschen.

In den hier geschilderten Episoden lässt Jesus die Menschen fünfmal wissen, dass er Gott ist: Aber sie brauchten Augen, um es zu sehen; sie mussten verständig sein; sie mussten glauben. Er ist es, der Sünden vergibt und Sünder heilt; er ist der Bräutigam Israels, der Herr aller Gesetze, die Gott gab, der Sohn des Menschen, der mit den Wolken des Himmels kommt. Doch mit diesen fünf Aussagen unterzeichnete Jesus sein eigenes Todesurteil. Warum ist das Symbol des Christentums keine Bahre und kein rotes Kreuz auf weißem Grund, sondern gebrochenes Brot und ausgegossener Wein? Weil Jesus ein Heiland war und nicht einfach nur ein Heiler! Da Jesus wusste, dass er sterben sollte, da ihm schon zu Beginn seines Wirkens absolut klar war, dass er letztendlich an einem Kreuz enden würde, wenn er täte, was der Vater ihm aufgetragen hat, war er in der Lage, hier und heute Sündern in ihrer Sünde zu helfen. Wäre Jesus nicht ans Kreuz gegangen, hätte er einfach nur in Israel gelebt und gepredigt, gelehrt und geheilt, unterwegs auf den staubigen Straßen Galiläas, um Menschen zu helfen, dann könnte er hier und heute weder mir noch Ihnen helfen.

Deshalb kommen Sie zu ihm als Sünder, der einen Arzt braucht, und als die Braut Christi, die zu ihrem Bräutigam kommt und sich auf den großen Hochzeitsempfang freut, in dessen Genuss wir im Himmel kommen werden. Kommen Sie zu ihm, der der Sohn des Menschen ist. Das Brot des Abendmahls steht für seinen Leib und der Wein für sein Blut – echter Leib, echtes Blut – und doch ist er der Sohn des Menschen, der mit den Wolken des Himmels wiederkommen wird; und wir werden ihn sehen und an den Wundmalen an seinen Händen erkennen. Er ist der Herr des Sabbats, Herr aller Gesetze, die je gemacht wurden; Herr Ihres Sonntags, Herr Ihres Montags, Herr Ihres Dienstags; der Herr, der Ihr Leben lenken und bestimmen soll. Kommen Sie zu ihm in dem Bewusstsein, was Sie am nötigsten haben, nämlich dass jemand zu Ihnen sagt: „Sohn/Tochter, deine Sünden sind dir vergeben."

Kapitel 4

Freunde und Feinde

Markus 3,7-35

Immer wieder einmal frage ich mich, ob ich mein tägliches Leben irgendwie anders führen und Dinge anders planen würde, wenn mir mein Arzt sagen würde, dass ich nur noch ein Jahr zu leben hätte. Es ist sehr heilsam, sich diese Frage zu stellen, denn wenn Ihnen diese Nachricht überbracht würde und Sie wüssten, dass Ihnen nur noch sehr wenig Zeit bliebe, würde es äußerst aufschlussreich sein, ob Sie dann Ihre Pläne ändern oder einfach so weitermachen würden wie bisher. Wenn Sie bereits jetzt tun, was richtig und in Gottes Plan für Sie ist, dann würden Sie sicher nur minimale Veränderungen vornehmen.

Wir haben uns vor Augen geführt, dass schon wenige Monate nach Beginn seines Wirkens in der Öffentlichkeit – Jesus war damals etwa dreißig Jahre alt – einige Leute anfingen, seinen Tod zu planen, und er wusste das auch. Er wusste nur zu gut, dass seine Tage gezählt waren: Er sollte nur mehr knapp drei Jahre haben, um all das zu tun, was der Vater von ihm wollte. Hat sich das in irgendeiner Weise auf sein Verhalten ausgewirkt? Ja und nein. Sicherlich ergriff er Maßnahmen und änderte seine Pläne etwas, vor allem, um genügend Zeit zu gewinnen, um den Willen des Vaters zu tun. Andererseits finde ich es ausgesprochen beeindruckend, dass Jesus, obwohl er wusste, dass er sterben würde und dann auch im Alter von dreiunddreißig Jahren starb, alles sehr ruhig und ohne Eile anpackte – keine Spur von Panik; keine fieberhaften Aktivitäten; kein „Oh, ich muss mich ranhalten und beeilen, bevor es zu spät ist." Stattdessen zog er besonnen und ruhig seine Kreise unter den Menschen, um zu tun, wozu er gesandt worden war.

In dem kurzen Abschnitt, der in diesem Kapitel besprochen werden soll, begegnen wir fünf Gruppen von Menschen, mit denen Jesus in Kontakt kommt, und jede einzelne sieht Jesus in einem völlig anderen Licht. Einige von ihnen irren sich, andere haben Recht; einige haben einen Teil der Wahrheit, andere die ganze Wahrheit; und dann sind noch welche dabei, die überhaupt nichts von der Wahrheit ergriffen haben. Aber es ist sehr interessant, dass die Menschen diesen Jesus, der sich in ihrer Mitte bewegt, mit ihren eigenen und nicht mit seinen Augen sehen, was zur Folge hat, dass sie ganz unterschiedliche Dinge sehen.

Die erste Gruppe ist eine Menschenmenge, die bis zu einhundertfünfzig Kilometer zu Fuß ging, um Jesus zu sehen. Es besteht kein Zweifel daran, dass unser Herr zu Beginn seines Wirkens ausgesprochen populär war. Kaum ging das Gerücht um, Jesus komme an einen bestimmten Ort, machten sich die Leute bis zu fünf Tage vorher auf den Weg und wanderten dorthin, um ihm zu begegnen. In der ersten Phase seines Wirkens musste er praktische Maßnahmen ergreifen, um nicht vom Mob zerquetscht zu werden. Er arrangierte es beispielsweise so, dass einer seiner Jünger, die ja Fischer waren, ein Boot parat hatte. Es ist schon auffällig, dass Jesus, obwohl er auf dem Wasser hätte gehen können (was er später dann ja auch tat und deshalb wissen wir auch, dass er die Macht dazu hatte), lieber ein Boot nahm. Er entschied sich für eine natürliche und normale Art und Weise, um Gefahren zu vermeiden. Das spricht Bände und sagt Einiges über Jesus aus: Er missbrauchte seine Macht nicht. Er gebrauchte sie nicht als Ersatz für pragmatisches, vernünftiges Handeln (wie der Mann, der für Regen betete, weil sein Haus brannte). Jesus war sehr ausgewogen, was man deutlich daran erkennen kann, dass er sich hier ein Boot organisierte. Doch innerhalb dieser Volksmenge gab es zwei Gruppen von Menschen, die ein Problem für ihn waren und ihn in Verlegenheit brachten.

Die erste problematische Gruppe umfasste all jene, die mit Krankheiten zu ihm kamen. Er hatte die Macht zu heilen und Erbarmen mit Kranken – wieso sollte es dann ein Problem sein, wenn die Kranken in Scharen zu ihm kämen? Abgesehen davon, dass sie verzweifelt waren – so verzweifelt, dass sie ihn berühren wollten, bevor er sie berührte, und ihn dadurch allein durch ihre schiere Masse zu erdrücken drohten –, tauchte hier auch wieder das alte Problem auf: Für die Menschen ist die körperliche Not schlimmer als alles andere. Man sagt ja gerne, Gesundheit sei das Wichtigste im Leben, aber das stimmt nicht – es gibt einige Dinge, die noch wichtiger sind. So oft haben wir Leute schon sagen hören, man dürfe einem Verhungernden nicht predigen, bevor man ihm zu essen gegeben habe (und auch wenn diese Aussage ein Körnchen Wahrheit enthält, ist sie im Grunde doch eine Halbwahrheit). Immer wieder wird gesagt, für die Bewohner der Erde sei es am Allerwichtigsten, dass sie zu essen haben. Andere würden sagen, was die Menschen in aller Welt am dringendsten bräuchten, sei Freiheit. Doch ich habe es bereits gesagt und möchte es hier noch einmal mit Nachdruck wiederholen: Was die Welt heute am dringendsten braucht, ob sie sich dessen bewusst ist oder nicht, ist Vergebung! Und das größte Spannungsfeld im frühen Wirken unseres Herrn war diese Tatsache, dass die Menschen ihn nicht wegen der geistlichen, sondern wegen der körperlichen Segnungen wollten, die er zuteilen konnte.

Jesus wusste ganz genau, dass er nicht tun würde, wozu Gott ihn zu den Menschen gesandt hatte, wenn er zeitlebens nichts anderes täte, als Menschen zu heilen. Ja, es gehörte zu seinem Wirken dazu, Kranke zu heilen, aber es war nicht die Hauptsache. Sein Problem bestand also darin, dass die Menschen so erpicht auf die Heilungswunder waren, dass sie kaum noch etwas anderes von ihm wollten. Wir halten fest, dass sie gut und gerne einhundertfünfzig Kilometer aus Idumäa, Tyrus und Sidon kamen – nicht wegen seiner Worte, die ihnen berichtet worden waren, sondern wegen seiner Taten. Sie kamen nicht, um ihm zuzuhören;

sie kamen, um ihn zu sehen; sie kamen, um von körperlichen Gebrechen geheilt zu werden.

Doch den Konflikt, um den es hier ging, hatte unser Herr zuvor schon ganz allein ausgefochten. Er war sechs Wochen ohne etwas zu essen in der Wüste gewesen. Er hatte Hunger gelitten und der Teufel hatte zu ihm gesagt, er solle Steine in Brot verwandeln. Doch als er aufgefordert wurde, seine Macht einzusetzen, um eine physische Not zu lindern, hatte er zum Teufel gesagt: „Der Mensch lebt nicht vom Brot allein." Wenn wir sagen, in unserer heutigen Zeit sei Hunger die größte Not der Menschheit, sagen wir damit im Grunde, dass der Mensch nicht mehr sei als ein Tier. Aber der Mensch ist mehr als ein Tier. Er lebt länger als ein Tier. Er lebt ewig. Seine Existenz ist nicht auf diese Welt beschränkt. Die Geburt mag der Beginn seines Lebens sein, aber der Tod ist nicht das Ende. Und der Mensch braucht bestimmte Dinge jenseits seines irdischen Ablebens, die auf dieser Seite der Ewigkeit geregelt werden müssen.

In diesem Spannungsfeld bewegte sich unser Herr, als er die Volksmengen sah, die zu ihm kamen. Viele Kranke interessierten sich nicht für seine Predigt; sie wollten Heilung und um sie zu bekommen, drängten sie ihn fast in den See!

Problematisch war aber auch noch ein anderer Aspekt: In der Menschenmenge bemerkte Jesus einige Leute, die von Dämonen besessen waren. Ich möchte noch einmal betonen, dass dämonische Besessenheit und eine psychische Erkrankung zwei völlig verschiedene Dinge sind, die nicht miteinander verwechselt werden dürfen. Sie müssen separat diagnostiziert und behandelt werden. Sie werden den Bericht des Evangeliums erst dann verstehen, wenn Ihnen bewusst wird, dass Jesus, als er kam, um das Reich Gottes zu predigen, in das Territorium eines anderen Reiches eindrang, und sich in dem Kampf, der im Leben unseres Herrn tobte, in Wirklichkeit nicht er und die Pharisäer gegenüberstanden, sondern er und Satan. Vielleicht lachen Sie über den Prediger, der diese Zeilen schreibt, über diesen armen Obskuranten auf der Kanzel, der immer noch glaubt, dass der Teufel eine Person ist, und vielleicht haben Sie sich eine der vielen modernen Interpretationen zu eigen gemacht, die behaupten, in jener Zeit habe man psychische Erkrankungen als „Besessenheit" bezeichnet, weil es noch keine Psychiater gab. Dennoch sage ich, dass wir hier nicht von psychischen Krankheiten sprechen, sondern von dämonischer Besessenheit. Ob Sie sie nun als „gefallene Engel" bezeichnen oder als „böse Geister" oder wie auch immer – ich hoffe und bete jedenfalls, dass Sie nie damit in Berührung kommen, weil es etwas ganz und gar Entsetzliches und Furchteinflößendes ist.

Es ist nicht weiter erstaunlich, dass sich in der Menge, zu der Jesus predigte, Menschen befanden, die von Dämonen besessen waren, die nicht mehr Herr ihres eigenen Körpers, Mundes und Sinnes waren; sie waren bloß noch eine Hülle und in dieser Hülle wohnte ein böser Geist. Und es ist kein Zufall, dass mit der Volksmenge auch solche Leute kamen, denn schließlich fühlten sie sich von Jesus in ihrer Existenz bedroht.

Ich möchte Ihnen zur Veranschaulichung kurz die Geschichte von einem Bekannten von mir erzählen. Er ist Pastor und wurde zu einem Bauernhof gerufen, weil sich der Bauernsohn in einem ganz schrecklichen Zustand befand. Der arme Bauer war völlig außer sich. Zuerst hatte er sein Glück bei Ärzten versucht und dann bei Psychiatern, doch niemand konnte seinem Sohn helfen. Kaum hatte der Pastor den Hof betreten und zu beten begonnen, fing der Junge an, wie ein Berserker zu wüten, woran der Pastor erkannte, dass es sich weder um eine körperliche noch um eine psychische Erkrankung handelte: Er kämpfte nicht gegen den Jungen, sondern gegen einen Geist in ihm. Etliche Stunden lang rangen sie mit diesem bösen Geist, der durch den Mund des Jungen zu ihnen redete, unflätige Worte gebrauchte und sie beschimpfte. Gemeinsam blieben sie dran und kämpften bis zum Sieg. Die Dämonen bettelten den Pastor an: „Schick uns in jemand anderen hinein. Lass uns in jemand anderen hinein", aber er verwehrte es ihnen. Er sagte: „Geht dorthin, wo der Herr Jesus euch hinschickt, und in seinem Namen gebiete ich euch, auszufahren." Der Junge fiel wie tot zu Boden, kam wieder zu sich, setzte sich auf und führt seither ein normales Leben. Er wurde Pastor einer Gemeinde und macht seine Sache ganz ausgezeichnet. Doch als der Junge frei wurde, entstand draußen auf dem Bauernhof ein solcher Lärm, wie man ihn dort noch nie zuvor gehört hatte. Sie gingen ins Freie und sahen, dass die zwanzig oder dreißig Schweine des Bauern im Begriff waren, sich gegenseitig umzubringen. Letzten Endes blieb dem Bauern nichts anderes übrig, als sein Gewehr zu holen und die Tiere zu erschießen. Das ist nicht der Bericht des Evangeliums; das ist nicht das Evangelium nach Markus, zeigt Ihnen aber Parallelen zu dieser Passage auf: Jesus war mit einer tatsächlichen Realität konfrontiert.

Die bösen Geister wussten lange vor den Menschen, wer Jesus war. Natürlich! Sie erkannten den, der sie aus ihrem Territorium vertreiben konnte. Jesus lehrte, dass diese Welt nicht das Reich Gottes sei, sondern das Reich Satans, und Satan der Fürst, der es regiere. Wollen Sie wissen, warum es das Böse in der Welt gibt? Wollen Sie wissen, warum es auf der Welt Krankheiten gibt? Wollen Sie wissen, warum es Tod gibt? Wollen Sie wissen, warum unsere Tageszeitungen voll mit diesen Dingen sind? Die Antwort lautet: Diese Welt ist nicht das Reich Gottes! Und als Jesus kam und das Reich Gottes predigte, sagte er damit: *Ich* bin in *euer* Territorium eingedrungen; ich bin gekommen, um die Kraft Gottes zur Befreiung der Opfer zu bringen. Es war „D-Day", als Jesus kam! Deshalb setzten sich die Dämonen zur Wehr. Sie waren inmitten der Menge, bedienten sich der Münder ihrer Opfer und schrieen aus ihnen heraus: *„Du bist der Sohn Gottes!"* Für Jesus war das nicht nur eine persönliche Gefahr (dadurch hätte seine Mission auf einen Schlag zu Ende sein können), es lenkte auch die Leute ab; es war die falsche Zeit, um dies preiszugeben; das Wirken Jesu wäre ruiniert worden, wenn es zu dieser Zeit herausgekommen wäre. Und selbstverständlich dürfen solche Dinge nicht von Dämonen verraten werden – die Menschen müssen es selbst erkennen. Der Tag musste kommen, an dem Jesus zu den Menschen sagen würde, ohne dass Dämonen zugegen wären: *„Wer bin ich eurer Meinung nach?"* Dann würde jemand, inspiriert vom Heiligen Geist, sagen: *„Du bist der Christus."* Deshalb gebot Jesus diesen Dämonen und ließ sie nicht reden. Kaum hatte er gesprochen, hielten sie den Mund, denn Jesus hat Macht über solche Dinge.

Wir sehen hier einen berühmten und populären Jesus, zu dem die Menschen in Scharen strömen. Doch inmitten dieser Menge gibt es zwei Gruppen von Menschen, die ein falsches Bild von ihm haben – die Kranken und die Besessenen. Die Spannung ist deutlich zu spüren. Beide Gruppen sehen in Jesus ein übernatürliches Wesen. Sie sehen in ihm den, der Wunder wirkt, und nichts anderes, d. h. jemanden, der durch die Kraft der Wunder Gesundheit schenken kann. Und die Besessenen sehen in ihm den übernatürlichen Sohn Gottes. Doch man muss Jesus zunächst als Mensch erkennen und wahrnehmen, bevor man sich seiner Göttlichkeit bewusst wird. Jesus muss als der Sohn des Menschen kommen, bevor sie sagen, er sei der Sohn Gottes, und deshalb braucht er Zeit.

Neben der Volksmenge sehen wir in dieser Passage noch eine zweite Gruppe von Menschen: seine Nachfolger. Jesus ergreift Maßnahmen, um für die Zukunft gewappnet zu sein und seinem Wirken Expansionsmöglichkeiten in Raum und Zeit zu schaffen. Wie macht man so etwas? Man schult jemand anderen. Wenn Sie Ihr Wirken und Werk verdoppeln wollen, dann suchen Sie sich jemanden, den Sie darin schulen können, es mit Ihnen und an Ihrer Stelle zu tun – zuerst gemeinsam mit Ihnen und dann ohne Sie. Hier geht Jesus also den bemerkenswerten Schritt, dass er zwölf Jünger auswählt und auf diese Weise dafür Sorge trägt, dass sich zweitausend Jahre später in Ihrer Nähe eine Gemeinde befindet. Denn jetzt verfolgen wir die Anfänge der Gemeinde Jesu mit – und alles lief so normal und so wunderbar ab!

Ich möchte in diesem Zusammenhang gerne drei Fragen aufwerfen: Warum hat Jesus die Zwölf erwählt? Warum hat Jesus ausgerechnet *zwölf* erwählt? Und warum hat Jesus ausgerechnet *diese* Zwölf erwählt?

Es gibt zwei Gründe und diese Gründe erklären, warum er auch Sie erwählte: Zunächst einmal, damit sie bei ihm seien und *Gemeinschaft* mit ihm hätten. Zweitens: Damit er sie aussenden und *beauftragen* könne, sein Werk zu tun. Diese beiden Dinge müssen sich im Leben eines Christen die Waage halten und wenn Sie und ich dies nicht auf die Reihe bekommen, werden wir ineffektive Jünger Christi sein und sein Werk wird – was uns anbelangt – zu Ende sein. Ich muss Zeit mit Jesus verbringen. Ich muss von der Welt weggehen, aus ihr heraus und in Christus hinein, und ihn immer besser kennen lernen. Aber dort darf ich nicht stehen bleiben; dann muss ich das, was ich gelernt und empfangen habe, nehmen und hinausgehen und es mit anderen Leuten teilen.

Zwei Karikaturen des Christenlebens, die beide nichts mit echtem Christsein zu tun haben, können das veranschaulichen: Da wären die einen, die sich in klösterlicher Abgeschiedenheit in einer Zelle einsperren, die sich in ihren privaten (oder auch gemeindlichen) Andachten versenken und absondern, die sich in sechs gemeindlichen Meetings pro Woche von ihrer Umwelt abschotten, die sich in christlicher Gemeinschaft abschotten und nichts anderes haben als ihr Zusammensein und nie hinausgehen, wo all das dringend gebraucht wird. Im Keller nützt das Salz nichts! Das ist die eine, höchst einseitige Variante des Christenlebens.

Nicht minder unausgewogen sind jene, die sagen: „Weg mit der persönlichen ‚Stille Zeit‘. Hört auf mit euren privaten und öffentlichen Andachten – wahres Christentum geht hinaus und hilft den Menschen!" Auch das ist nur die halbe Wahrheit, denn wenn man keine Gemeinschaft und innige Zweisamkeit mit Christus hat, wird man nicht in der Lage sein, Menschen zu helfen. Wir müssen unbedingt die Balance halten: zu Christus kommen, hinein in die Gemeinschaft und in die private Zeit mit ihm, und dann hinausgehen, dorthin, wo man hingehört, in die Fabrik, in unsere unterschiedlichen Aktivitäten, hinein in unser soziales Umfeld. Wie schwierig es doch ist, diese beiden Aspekte auszubalancieren!

Warum hat er nun *diese* Zwölf berufen? Damit sie reinkommen und dann wieder rausgehen oder, um es mit biblischen Begriffen auszudrücken, damit sie erst Jünger werden und dann Apostel. Das Wort „Apostel" bezeichnet jemanden, der hinausgeschickt wird. Über das lateinische Wort *mittere* (senden) ging es als „Missionar" in unsere Sprache ein. Damit das Werk Jesu erweitert und fortgeführt werden würde, benötigte man Leute, die erst kommen und von ihm lernen und dann hinausgehen und anderen davon erzählen. Man profitiert am direktesten von einem Gottesdienst, wenn man gleich im Anschluss daran zu jemandem geht, der nicht dabei sein konnte, und ihm alles erzählt. Hereinkommen und etwas von Jesus erfahren und dann hinausgehen und es jemand anderem erzählen – das ist die sicherste Möglichkeit, den empfangenen Segen zu behalten. Wer diesen Segen ganz sicher wieder verlieren möchte, braucht nur den Gottesdienst zu genießen und nichts davon mit irgendjemandem zu teilen und am nächsten Sonntag wiederzukommen. Davon kann man geistliche „Verdauungsbeschwerden" bekommen. Jemand sagte einmal zu mir: „Wenn wir nicht rasch ein Auslassventil bekommen, werden unsere Kessel platzen." Man kann nicht bis in alle Ewigkeit in der Gemeinde und in der Gemeinschaft Dampfdruck aufbauen – man muss immer wieder kommen und dann wieder hinausgehen.

Nun zur Zahl zwölf. Für uns ist zwölf einfach nur eine praktische Zahl, eine gute Größe für eine Gruppe von Leuten, die man schulen möchte. Doch für die Juden hat diese Zahl eine tiefere

Bedeutung. Für sie war zwölf beinahe eine heilige Zahl und aufs Engste mit ihrer Historie verknüpft. Vor langer, langer Zeit gab es einmal einen Mann, der zwölf Söhne hatte, und das war der Ursprung des Volkes Gottes. Daraus wurden zwölf Familien und schließlich zwölf Stämme und diese zwölf Stämme waren das Volk Gottes. Jesus hätte es nicht deutlicher formulieren können, dass die alten Anführer Gott im Stich gelassen hatten und neue Leute gebraucht wurden.

Eine ernste Lektion! Ich wende sie folgendermaßen auf mich selbst an (Sie können sie gerne auch auf sich selbst anwenden): „Ich möchte nicht anderen predigen und dann als einer dastehen, der sich selbst nicht an das hält, was er sagt." Gott kommt auch ohne mich aus und kann jemand anderen berufen. Möge es nie so weit kommen, dass Gott andere Jünger erwählt, die sein Werk tun, weil wir ihn im Stich gelassen haben.

Und warum hat Jesus ausgerechnet *diese* Zwölf berufen? Lag es an ihrem Naturell? Wir alle sind von unserem Naturell her so unterschiedlich und wenn man sich die zwölf Jünger ansieht, wird offenbar, dass man keine verschiedeneren Charaktere in einer Gruppe haben kann. Muss man besonders geistlich oder von seinem Naturell her religiös veranlagt sein, um ein Jünger zu werden? Unsinn! Man braucht kein spezielles Naturell, um ein Jünger Jesu zu sein. War es eine politische Entscheidung? Ganz und gar nicht! Manche Leute behaupten ja, man müsse eine bestimmte politische Anschauung vertreten, um Christ zu sein. Stimmt nicht! Unter den Zwölfen war Matthäus, ein Kollaborateur, der sich an die Besatzer verkauft hatte, und Simon, ein Anführer der im Untergrund agierenden Widerstandsbewegung. In der Jüngerschaft Jesu würden sie zusammen leben, zusammen essen und ihm zusammen folgen. Das hatte wirklich überhaupt nichts mit ihrer politischen Anschauung zu tun. War der Bildungsstand dieser Leute ausschlaggebend? Jemand sagte einmal zynisch, je mehr diplomierte Mitglieder eine Gemeinde habe, desto schneller schrumpfe sie (vielleicht war das ja auch eine Spitze gegen Pastoren und geistliche Leiter!). Diese zwölf Männer hatten keine Schulausbildung und deshalb war es eben keine Frage ihres Bildungsstands! Spielte etwa ihr Beruf eine Rolle? Einige aus dieser Gruppe arbeiteten mit ihren Händen, andere mit dem Kopf, aber das spielte überhaupt keine Rolle – Jesus rief sie. Unter seinen Jüngern sind solche Kategorien belanglos. War es gar eine Frage ihrer Herkunft? Elf der Zwölf kamen aus dem Norden und einer aus dem Süden. Das war es also auch nicht. Spielte Blutsverwandtschaft eine Rolle? Haben Sie gewusst, dass fünf der zwölf Jünger mit Jesus blutsverwandt waren? Die anderen sieben allerdings nicht und deshalb glaube ich nicht, dass das relevant war.

Was hatten diese zwölf Männer dann, was die anderen nicht hatten? Die Antwort lautet: überhaupt nichts. Es waren ganz gewöhnliche Leute; es waren sehr unterschiedliche Leute; es waren Leute wie Sie und ich; und dennoch berief Jesus sie und machte sie zu dem, was sie sind. Und wenn er das für sie tun konnte, kann er das auch für mich tun und für Sie – für jeden Menschen. Er berief Menschen also nicht aufgrund dessen, was sie waren, sondern aufgrund dessen, was sie nicht waren. Und er berief diese „bunte Schar" auf einmal! Ich möchte es einmal so formulieren: Weder waren sie jemand noch waren sie niemand; sie waren irgendjemand und jedermann. So wurden die Jünger berufen. Entscheidend war, dass er die Wahl traf und nicht sie. Er rief die zu sich, die er haben wollte, und es kommt der Tag – ich persönlich war damals siebzehn Jahre alt –, an dem wir mit den Worten „Folge mir" gerufen werden. Und wenn ich etwas bin, dann nur, weil er sein Versprechen gehalten hat: „Folge mir und ich werde dich zu ... machen!" Vielleicht ruft er Sie ganz anders; vielleicht in einem Gottesdienst, wenn Ihnen ganz plötzlich auffällt, dass da nicht der Prediger redet, sondern jemand anderer sagt: „Du bist gemeint" und er verspricht, auch aus Ihnen etwas zu machen.

In der kurzen Passage, mit der wir uns in diesem Kapitel befassen, kommt noch eine andere Gruppe von Menschen vor: seine Freunde. Damit sind seine Freunde aus seinem früheren Leben gemeint. Diese Leute hatten wieder eine andere Meinung über Jesus. Die Volksmenge sah ihn als den, der Wunder wirkt. Die Jünger sahen ihn als ihren Meister, dem sie gerne ihr Leben auslieferten. Doch in den Augen seiner Freunde war er wahnsinnig geworden. Sie sagten: *„Er ist von Sinnen."* Vermutlich hatten sie ihn in der Zimmermannswerkstatt gesehen und ihre Stühle zum Reparieren zu ihm gebracht und nun wird er auf einmal von tausenden Menschen umringt und macht lauter merkwürdige Sachen. Sie glaubten ganz ehrlich, der Druck, den diese Volksmengen ausübten, und die schiere Masse an Menschen, die zu ihm kamen, seien einfach zu viel für ihn gewesen. Deshalb kamen sie, um ihn unauffällig fortzuschaffen, weil sie meinten, das sei das Beste für ihn.

Wie kamen sie auf den Gedanken, er sei verrückt? Zunächst einmal achtete er nicht auf seine Gesundheit; er hatte nicht einmal geregelte Essenszeiten. Zweitens vernachlässigte er seinen Beruf und arbeitete nicht mehr; was er tat, bot keine Sicherheit und kein geregeltes Einkommen. Drittens: Er vergaß ganz offensichtlich, wer er war: Schließlich war er nur ein Zimmermann und nicht der Anführer einer ganzen Nation. Viertens: Er irritierte die Leute und ließ eine Situation entstehen, die ein Schrecken erregendes Potential hatte. Aber vor allem setzte er sein Leben aufs Spiel – und seine Freunde wussten das.

Wie könnten wir das auf uns übertragen? Mir ist aufgefallen, dass die Leute sofort von einer „Manie" oder einem „Wahn" sprechen, wenn Religion das Leben eines Menschen bestimmt. Wenn sie nur ein „Ressort" oder Teil des Lebens ist, gilt dies hingegen als normal. Wenn Sie Ihre Religion strikt auf den Sonntag oder eine bestimmte Gruppe beschränken, hat niemand etwas dagegen; doch sobald sie nur ein klein wenig mehr Raum einnimmt oder „expandiert", werden Sie auffallen. Vor vielen Jahren ging einmal ein britischer Premierminister zu einem Prediger, um ihm zuzuhören. Als er wieder nach Hause ging, murmelte er:

„Ich weiß nicht so recht, wo das hinführt, wenn die Religion anfängt, sich ins Privatleben eines Menschen einzumischen." Er war zufrieden damit, die Religion auf einen bestimmten Bereich seines Lebens zu beschränken, seine Pflicht zu tun und sich in der Kirche zu zeigen. Doch wenn Religion sich ins Privatleben eines Menschen einzumischen beginnt, wenn sie sich immer mehr auf seine Firma oder sein Geschäft auswirkt, wenn sie immer größer und größer wird, bis alles im Leben mit dieser Religion verwoben ist, hält die Welt dies für eine „Manie", einen „Wahn" oder „Wahnsinn".

Als ein gewisser Saulus aus Tarsus eine viel versprechende Karriere in den Wind schlug und eine hohe Position verschmähte, um als Missionar in unbekannte Gefilde zu gehen, dauerte es nicht lange, bis jemand sagte: „Das viele Studieren macht dich wahnsinnig." Darauf erwiderte Paulus unter anderem: *„Ich möchte zu Gott beten, dass über kurz oder lang nicht allein du, sondern auch alle, die mich heute hören, solche werden, wie auch ich bin, ausgenommen diese Fesseln"* (Apg 26,29). Ein vom Glauben bestimmtes Leben ist Wahnsinn in den Augen der Welt.

Und so kamen die „Freunde" Jesu und versuchten, ihn zum Schweigen zu bringen, weil sie meinten, es sei besser so für ihn.

Und was ist mit seinen Feinden? Seine Feinde gingen noch weiter als seine Freunde. Sie sagten nicht, er sei psychisch krank, sondern verfüge über Kräfte des Bösen. Sie dachten, er könne nur deshalb Dämonen und bösen Geistern gebieten, weil er die Kraft des größten bösen Geistes – die Kraft Satans – in sich und über sie habe. Nur Gott und Satan haben Macht über böse Geister und wenn man Dämonen gebieten kann, habe man entweder die Macht Gottes oder die Macht Satans in sich. Ein Wirken Gottes konnte es ihrer Meinung nach nicht sein, also müsse es von Satan kommen. Sie fragten sich gegenseitig, ob sie mit angesehen hätten, wie er zu jenem Dämon sagte, er solle den Mund halten, und ihn austrieb. Wieso konnte er das tun? Sie dachten, das läge daran, dass der Boss der Dämonen in seinem Herzen sei. Damals nannte man ihn „Beelzebub" oder „Beelzebul". Sie sagten: *„Er ist von Beelzebul besessen; mit Hilfe des Anführers der Dämonen treibt er die Dämonen aus"* (Mk 3,22; EÜ). Allerdings sagten sie das Jesus nicht offen ins Gesicht, sondern ließen solche Bemerkungen am Rand der Volksmenge fallen. Jesus rief sie zu sich. Dann erzählte er ihnen zwei Gleichnisse und zeigte ihnen erst einmal, dass ihr Verhalten komplett unlogisch und bar jeder Vernunft war. Außerdem führte er ihnen vor Augen, dass sie sich in großer geistlicher Gefahr befanden.

Zunächst einmal die Logik. Er sagte zu ihnen, wenn sie Recht hätten, d. h. wenn er in der Kraft Satans gegen Dämonen vorgehe, würde das ja bedeuten, dass im Lager des Feindes ein Bürgerkrieg tobe. Konnten sie nicht erkennen, dass er in Wirklichkeit etwas gegen Satan unternahm? Waren sie dem Guten gegenüber so blind, dass sie nicht sehen konnten, dass Jesus im Begriff war, die Opfer Satans in Freiheit zu führen? Wie sollte es dazu kommen, dass Satan Menschen freilässt? In der gesamten Menschheitsgeschichte hat man noch nie erlebt, dass er das getan hätte! Satan hat noch nie freiwillig auch nur einen einzigen Menschen, der in seinen Fängen ist, gehen lassen. Deshalb ist es auch so ein Kampf, jemanden den Fängen Satans zu entreißen. Vielleicht haben Sie diesen Kampf schon einmal bei anderen erlebt, ja vielleicht sogar an sich selbst. Jesus sagte: *„Und wenn der Satan gegen sich selbst aufgestanden und mit sich entzweit ist, kann er nicht bestehen, sondern er hat ein Ende"* (Mk 3,26). Jesus zeigte ihnen, dass, wenn sie Recht hätten, Satan seinen Niedergang erleben würde, wenn er sich weiterhin in dieser Weise selbst attackiere!

Dann warnte Jesus sie und wies sie darauf hin, dass es hier nicht nur darum gehe, dass sie das Gute nicht sähen. Er gebrauchte ein Wort, das er nur selten gebrauchte, und wenn, dann um auf etwas sehr Wichtiges hinzuweisen. Von Zeit zu Zeit sagte er „Wahrlich". In seiner Sprache hieß es „Amen", was so viel bedeutet wie „absolut", „gewiss" oder „sicherlich". Er sagte: *„Wahrlich, ich sage euch: Alle Sünden werden den Söhnen der Men-*

schen vergeben werden und die Lästerungen, mit denen sie auch lästern mögen; wer aber gegen den Heiligen Geist lästern wird, hat keine Vergebung in Ewigkeit, sondern ist ewiger Sünde schuldig" (Mk 3,28-29). Als seine Feinde behaupteten, sein Werk sei Satans Werk, liefen sie Gefahr, die einzige Sünde zu begehen, für die es niemals Vergebung geben kann. Es gibt etwas, was einem Menschen nie vergeben werden kann. Wir wollen darüber Klarheit bekommen: Es hat nichts mit Sex zu tun, auch wenn viele Menschen dieses Gefühl nicht loswerden. Es hat auch nichts mit irgendeiner körperlichen Begierde oder Verlangen zu tun. Was ist diese Sünde, die nie vergeben werden kann? Wenn man schwarz weiß, böse gut und Licht Finsternis nennt und so lange an sich selbst eine Gehirnwäsche vornimmt, bis man den Unterschied nicht mehr erkennen kann. Warum kann es dafür keine Vergebung geben? Weil jemand nie zugeben kann, dass es falsch ist, wenn er an sich selbst eine Gehirnwäsche vorgenommen hat. Man kann darüber keine Buße tun und deshalb gibt es auch keine Vergebung dafür; man kann dafür die Gabe der Begnadigung nicht empfangen. Ein Mensch, der etwas, das Gott tut, ansehen und dann sagen kann: „Satan tut das", begeht eben diese Sünde. Oder er sieht, was Satan tut, und sagt dann: „Gott tut das." Diese Sünde besteht darin, dass jemand eine entsetzliche Sünde sieht und dann sagt: „Das ist eine Tugend" oder er sieht eine Tugend und sagt: „Das ist ein Laster." Damit ist gemeint, dass jemand dies immer und immer wieder tut und damit weitermacht, bis er in sich die Grenzen zwischen Gut und Böse, zwischen Licht und Finsternis so sehr verwischt hat, dass es in seinem Denken keinerlei Grenzen mehr gibt. Und weil uns nur der Heilige Geist von Sünde und Gerechtigkeit, von dem, was schlecht, und von dem, was gut ist, überführen kann, verlästert man den Heiligen Geist, wenn man sagt, gut sei böse und böse sei gut. Wer sonst könnte Ihnen sagen, dass Sie etwas falsch gemacht haben? Wenn man sich aus vorsätzlicher Unbeugsamkeit heraus von der einzigen Person abschottet, die einem diese beiden Dinge lehren kann, wer kann einem dann noch helfen?

Jesus warnte diese Pharisäer: Indem sie sagten, er sei vom Teufel, liefen sie Gefahr, sich selbst an den Punkt zu bringen, an dem sie niemals herausfinden könnten, was gut und recht und wahr sei. Es gilt deshalb aber auch festzuhalten – und das mag ein Trost für Sie sein –, dass wir über jemanden, der sich besorgt fragt, ob er nicht diese Sünde, für die es keine Vergebung gibt, begangen hat, mit absoluter Sicherheit sagen können, dass er es nicht getan hat, denn wenn er es getan hätte, würde er sich keine Sorgen mehr darüber machen. Das, worüber wir hier sprechen, kommt selten vor. Mir sind in den vielen Jahren, in denen ich nun schon im geistlichen Dienst stehe, nur ein oder zweimal Fälle begegnet, in denen ich den Eindruck hatte, der betreffende Mann oder die betreffende Frau sei diesem Punkt schon recht nahe. Gott sei Dank kommt das selten vor. Aber wenn Sie sich etwas ansehen können, das Jesus gerade tut, und dann sagen können, es sei von Satan, schweben Sie in Lebensgefahr. Was einige über Jesus sagten, war nicht nur unwahr, sondern so ziemlich das Gefährlichste, was sie sagen konnten!

Zuletzt werfen wir noch einen Blick auf die Familie Jesu. Josef war bereits tot. Maria und seine Halbbrüder und Halbschwestern kommen, aber angesichts der Menschenmenge ist kein Durchkommen für sie. Es verbreitet sich das Gerücht, dass die Familie Jesu gekommen sei. Man kann das Geraune regelrecht hören! „Stell dir vor, du wärst der Bruder oder die Schwester eines so berühmten Mannes!" „Bin gespannt, was seine Familienangehörigen für Leute sind." Gelegentlich sieht man in der Zeitung Fotos von ganz einfachen, normalen Ehepaaren, die zufällig die Eltern eines berühmten Popstars sind und deshalb in den Medienrummel und ins Rampenlicht gezerrt werden.

Warum war die Familie Jesu gekommen? Ich weiß es nicht. Um von seinem Ruhm etwas abzubekommen? Ich weiß es nicht. Um zu sehen, ob er sie verleugnen würde oder nicht? Ich weiß es nicht. Um ihn zu überreden, nach Nazareth zurückzugehen und wieder als Zimmermann zu arbeiten? Ich weiß es nicht. Ich weiß nur, dass Jesus, als dieses Gerücht zu ihm durchgedrungen war, etwas zur Volksmenge sagte, das so außergewöhnlich war, dass man etwas Derartiges kaum ein zweites Mal aus seinem Mund hörte: *„Und er blickte umher auf die um ihn im Kreise Sitzenden und spricht: Siehe, meine Mutter und meine Brüder! Wer den Willen Gottes tut, der ist mein Bruder und meine Schwester und meine Mutter"* (Mk 3,34-35). Jeder kann zu seiner Familie gehören. Jesus sind Beziehungen wichtiger als Verwandtschaft. Ist Ihnen bewusst, dass in unseren Gemeinden Leute sind, die Jesu Brüder und Schwestern sind? Wer ist seine Familie? Menschen, die von ihrer natürlichen Geburt her ähnliche Chromosomen haben? Nein. Wer ist dann seine Familie? Wer den Willen Gottes tut, der ist sein Bruder und seine Schwester. Echte Beziehungen, die tiefen, wahren Beziehungen des Lebens, beruhen nicht auf Blutsverwandtschaft, auch wenn diese schon sehr tief gehen. Die tiefsten Beziehungen hat man zu denen, die Gott kennen, lieben und seinen Willen tun.

Es freut mich, sagen zu können, dass Jesus dies nicht als Vorwand nutzte, um Blutsbande komplett von sich zu weisen – selbst als er dem Tod nahe war, kümmerte er sich darum, dass seine irdische Mutter weiterhin versorgt sei. Viel mehr begeistert mich allerdings, Ihnen sagen zu können, dass an Pfingsten, als der Heilige Geist in Feuerzungen und im brausenden Wind herabkam und die Versammelten begannen, in anderen Sprachen zu reden, unter diesen 120 auch die Mutter Jesu war sowie seine Halbbrüder und -schwestern. Das wird ausdrücklich erwähnt. In diesem Augenblick wurden sie wahrhaft seine Familie; jetzt gehörten sie wirklich zu ihm, nicht nur auf Erden, sondern in Ewigkeit. Und Jakobus, einer seiner Brüder, wurde der Leiter der Gemeinde zu Jerusalem.

Wie können wir das auf unsere heutige Zeit anwenden? Es gibt immer wieder tragische Berichte darüber, wie Familien aus-

einander brechen, Familien, die durch Blutsbande zusammengehalten werden, aber nicht vollständig in einer Beziehung mit Jesus Christus leben. Doch erst wenn diese Beziehung stimmt, werden sie erkennen, was eine Beziehung wirklich ist. Es gibt
vielleicht nichts Härteres im Leben als gläubig zu sein und mit
einem Ungläubigen verheiratet zu sein. So schlimm und schwierig so eine Beziehung ist, so wunderbar sind die Freude und der
Friede in einer Beziehung, in der beide Partner mit dem Herrn
gehen. Die einzige Partnerschaft, auf deren Fortbestand man sich
auch über den Tod hinaus freuen kann, ist die von Menschen, die
den Willen Gottes tun. Das Geschlechtliche hat über den Tod
hinaus keinen Bestand; im Himmel werden wir weder heiraten, noch verheiratet werden. Doch Eheleute, die auf Erden ein
Fleisch sind, können sich auf eine noch engere Bruder-Schwes-
ter-Beziehung im Himmel freuen, weil sie in Christus eine Familie geworden sind. Und Jesus ist gekommen, um uns genau solche Beziehungen zu bringen – nicht, um lediglich die physisch
existierenden Beziehungen besser zu machen (obwohl er das
auch tut), sondern um neue und tiefere Beziehungen zu schaffen.
Wer ist meine Familie? Die Antwort lautet: Wir in der Gemeinde
Jesu sind seine Familie, wenn wir seine Gebote halten und an
seinen Namen glauben; wir sind seine Brüder und Schwestern
und dieser Familienkreis kann nie durchbrochen werden.

Die Menschen damals sahen Jesus wirklich sehr unterschiedlich!
Einige hielten ihn für einen Zauberer, einige für einen Mann, der
Wunder tun kann, einige für einen Wahnsinnigen. Für andere
war er einfach nur ein Mensch, ein Mann aus Nazareth. Jeder
sah ihn ein wenig anders und das ist noch heute so. Aber man
kann all diese verschiedenen Sichtweisen in zwei Gruppen unterteilen: die, die Recht hatten, und die, die sich irrten; die, die für
ihn waren, und die, die gegen ihn waren. Wir können über Jesus
Christus denken, was wir wollen – in letzter Konsequenz, wenn
man alle Gedanken zu Ende führt, läuft alles auf die Frage hinaus:

Sind wir für oder gegen ihn? Ist er für oder gegen uns? Sehen wir in ihm den Sohn Gottes, der Mensch wurde, damit wir Söhne Gottes innerhalb der Familie des himmlischen Vaters werden würden? Das ist die entscheidende Frage. Es gibt ein Prüfungskriterium für all Ihre Pläne und Gedanken, nämlich: Was denken Sie über Christus? Erst wenn Sie recht von ihm denken, können Sie auch in den anderen Aspekten auf dem rechten Kurs sein.

Kapitel 5

Gleichnisse und Fingerzeige

Markus 4,1-34

Als Lehrer war Jesus einzigartig. Er hatte nichts von alledem, was Lehrer heutzutage für notwendig halten – keine Seminarräume, keine Anschauungsmaterialien, keine Flipchart, keine spezielle Ausrüstung, keinen systematischen Lehrplan, keinen Zeitplan und keine Bibliothek. Doch wenn man sich eingehend mit ihm befasst, stellt man fest, dass er der größte Lehrer ist, den die Welt je gekannt hat, und jeder, der der Berufung zu lehren nachgeht, sollte die Lehrmethoden unseres Herrn analysieren und anwenden, denn sie sind heute noch so aktuell wie eh und je.

Ein ungewöhnliches Mittel, dessen er sich in seinen Predigten bediente, war das, was wir „Gleichnis" nennen. Mir sind schon so viele verschwommene und nebulöse Vorstellungen darüber begegnet, was ein Gleichnis eigentlich ist, dass ich es zunächst einmal definieren möchte. Ich kenne viele verschiedene Definitionen und werde im Weiteren auch einige erwähnen. In den Händen Jesu gelangte dieses Hilfsmittel des Gleichnisses zur Perfektion. Seine Gleichnisse sind in die Geschichte eingegangen und man wird sich noch lange, nachdem Sie und ich in Vergessenheit geraten sind, daran erinnern. Denken Sie nur an die Gleichnisse vom verlorenen Sohn oder vom barmherzigen Samariter: Man kann sie in jedem Winkel der Erde einsetzen und sie werden Wirkung zeigen.

Was ist nun ein Gleichnis? Es kann sehr kurz sein und auch sehr einfach, aber zunächst einmal ist es eine *Geschichte* und eine gute Geschichte mag wirklich jeder, vor allem, wenn sie interessant und gut erzählt ist – wenn sie einen Wiedererkennungswert hat, wenn wir uns damit identifizieren können, wenn sie real und relevant ist. Niemand kann so gut Geschichten erzählen wie unser Herr. Aber das ist nicht alles. Wer glaubt, ein Gleichnis sei nur eine Geschichte, übersieht das Wesentliche.

Sind Gleichnisse Geschichten, die eine *Moral* haben? Ein Kind in der Sonntagsschule sagte einmal: „Ich mag unseren Vikar, weil er keine Moral hat." Damit wollte das Mädchen natürlich sagen, dass er nicht Geschichten erzählt und dann am Ende die Sache mit Gewalt so hinbiegt, dass immer eine nette Moral dabei herauskommt. Es steckt noch viel mehr in einem Gleichnis.

Zweifellos ist ein Gleichnis eine Geschichte, die eine *Bedeutung* hat, denn schon das Wort „Gleichnis" deutet auf einen Vergleich hin. Wenn Sie sagen: „Diese oder jene Sache ist so und so ...", haben Sie bereits ein Gleichnis verwendet. Wenn Sie diesen Vergleich dann noch in eine Geschichte packen können, haben Sie sich derselben Form bedient, die Jesus beim Predigen gebrauchte.

Eine populäre Definition, die mir sowohl in der Schule als auch in der Sonntagsschule beigebracht wurde, besagt, ein Gleichnis sei „eine irdische Geschichte mit einer himmlischen Bedeutung". Nicht schlecht, aber ich denke, das geht noch nicht weit genug. Es ist eine gute Definition, die uns als Ausgangspunkt dienen kann – was ja nicht bedeutet, dass wir mit aller Gewalt in allen Details der Geschichte eine Bedeutung finden müssen. Wir dürfen nie vergessen, dass Gleichnisse erzählt und nicht niedergeschrieben wurden, so dass man sich gar nicht an alle Einzelheiten erinnert. Die Bedeutung steckt nicht in den einzelnen Details, sondern in der Grundaussage der Geschichte. Wenn wir ein Gleichnis lesen, müssen wir uns deshalb als Erstes fragen: Was ist der Leitgedanke dieser Geschichte? Was sagt sie *insgesamt*, d. h. als Ganzes, aus? Wenn man sich in Details verzettelt, sieht man womöglich den Wald vor lauter Bäumen nicht mehr!

Eine andere Definition stammt von mir selbst; sie geht noch ein Stück weiter: Ein Gleichnis ist nicht einfach nur eine Geschichte mit einer Moral, nicht einfach nur eine Geschichte, die etwas bedeutet, sondern eine Geschichte, *die uns einen Spiegel vorhält.* Deshalb sind es eigentlich keine sonderlich netten Geschichten. Der Spiegel ist nicht unbedingt der beste Freund des Menschen. Wenn Jesus ein Gleichnis erzählte, gebrauchte er es ausnahmslos als Spiegel: Entweder hielt er diesen Spiegel gewissermaßen in einem Winkel von 45 Grad, so dass die Zuhörer darin zum Himmel hinauf und Gott klarer sehen konnten, oder – was weit häufiger der Fall war – er hielt ihn den Leuten direkt vors Gesicht, so dass sie sich sehen konnten, wie sie wirklich waren. Das Gleichnis vom verlorenen Sohn ist ein Paradebeispiel dafür: Es handelt nicht nur vom verlorenen Sohn, sondern auch von dessen älterem Bruder und der „ältere Bruder" stand dort vor Jesus, während er das Gleichnis erzählte. Und wenn man das Gleichnis wie einen Spiegel liest, fällt einem auch auf, welche Haltung der ältere Bruder an den Tag legte. Wenn wir die Gleichnisse lesen, fällt uns auf, dass Jesus sie in gewisser Weise als Waffe benutzte, um Menschen anzugreifen und sich selbst zu verteidigen; um ihnen zu zeigen, wie sie wirklich sind, um sie in ihrer Selbstgefälligkeit anzugreifen und an ihr Gewissen zu appellieren und um sie herauszufordern, noch einmal neu über verschiedene Dinge nachzudenken.

Aber ich möchte noch mehr in die Tiefe gehen. Gleichnisse sind nicht nur Geschichten mit einer Moral (auch wenn sie reichlich Moral haben), nicht nur Geschichten mit einer Bedeutung (auch wenn sie uns viel zu sagen haben), nicht nur Geschichten, die den Menschen einen Spiegel vorhalten. Ein Gleichnis ist *eine Geschichte, die ein Geheimnis enthält.*[3] Was meine ich damit? Jesus selbst verwendet dieses Wort – zumindest wird es in zahlreichen Bibelausgaben so übersetzt –, wenn er sagt: *„Euch ist das Geheimnis des Reiches Gottes gegeben, jenen aber, die draußen sind, wird alles*

---

3 Im folgenden Abschnitt verwendet der Autor das Wort „Geheimnis" u. a. auch im Sinne von „Rätsel". (Anm. d. Übers.)

in Gleichnissen zuteil, ‚damit sie sehend sehen und nicht wahrnehmen und hörend hören und nicht verstehen, damit sie sich nicht etwa bekehren und ihnen vergeben werde" (Mk 4,11-12). Das ist eines der außergewöhnlichsten Zitate Jesu. Es sieht so aus, als habe unser Herr absichtlich Gleichnisse gebraucht, um die Wahrheit vor den Menschen zu verbergen, d. h. nicht, um sie zu verdeutlichen, sondern um sie zu verschleiern, nicht, um den Menschen Klarheit und mehr Licht zu bringen, sondern um ihre Finsternis noch größer zu machen. Man wird die Gleichnisse erst dann verstehen, wenn man versteht, warum Jesus so etwas sagt.

Was ist in diesem Zusammenhang mit „Geheimnis" gemeint (man könnte auch „Rätsel" sagen)? Das ist im Deutschen und Englischen dasselbe wie im Griechischen. Nehmen wir an, Sie sagen über jemand anderen: „Es ist mir ein völliges Rätsel, wo der sein ganzes Geld her hat." Was meinen Sie damit? Sie persönlich können einfach nicht verstehen, wo es herkommt. Wenn jemand dieses Geheimnis lüften und erklären würde, dass der Betreffende eine reiche Tante hatte, die ihm alles vererbt habe, wären sie im Bilde und es wäre kein Geheimnis mehr. Das Geheimnis ist Ihnen aufgeschlüsselt worden, doch für alle anderen bleibt es ein Geheimnis, bis auch sie den Schlüssel finden.

Jesus erzählte diese Geschichten, aber für die Jünger waren sie ein einziges Rätsel. Sie wollten wissen, was sie bedeuten, weil sie sie nicht verstanden. „Warum hat er der Volksmenge soeben diese nette kleine Geschichte erzählt?" Jesus sagte zu seinen Jüngern, ihnen sei „das Geheimnis gegeben worden". Er erklärte es ihnen, den anderen nicht; den anderen werde alles in Gleichnissen zuteil „... *damit sie sehend sehen und nicht wahrnehmen und hörend hören und nicht verstehen.*" Wirklich rätselhaft, nicht wahr? Vielleicht kommt es Ihnen selbst in diesem Augenblick so vor, als würden Sie sehen und nicht wahrnehmen, und hören, aber nicht verstehen. Gehen wir noch einen Schritt weiter.

Jesus präsentierte die Wahrheit so, dass sie den richtigen Leuten offenbar und vor den falschen Leuten verborgen wurde. Dazu eignen sich Gleichnisse ganz ausgezeichnet. Für jemanden, der nach der Wahrheit sucht, der seine Beziehung mit Gott unbedingt bereinigen möchte und aus ganzem Herzen das, was Christus sagt, haben und umsetzen will, ergeben all diese Gleichnisse einen Sinn. Doch dem, der nicht die Absicht hat, sein Leben zu ändern, der nicht die Wahrheit über sich selbst hören und auch nichts über Gott erfahren möchte, sondern einfach nur neugierig ist, bleibt die Wahrheit durch das Gleichnis verborgen. Er geht nach Hause und sagt: „Ich weiß nicht, worauf Jesus hinaus will. Er erzählt doch nur dumme kleine Geschichten für Kinder. Ich habe kein Wort verstanden."

Genau dasselbe geschieht noch heute, wenn das Wort Gottes gepredigt wird. Wem es wirklich ein Anliegen ist, Gott kennen zu lernen, wer bereit ist, Veränderungen in seinem Leben vorzunehmen, wenn Gott ihm die Notwendigkeit vor Augen führt, wer durch und durch ehrlich ist, wenn er dem Wort Gottes zuhört, wird mehr Wahrheit finden. Anderen wird es ein Rätsel bleiben. Unser Herr wählte das Gleichnis, weil es die Menschen sortiert – in jene, die weiter gehen wollen, und jene, die nicht die Absicht haben. Der Grund dafür war, dass er eine ziemlich gemischte Zuhörerschaft hatte und die Menschen aus den unterschiedlichsten Gründen zu ihm kamen. Einige kamen, weil sie gehört hatten, dass er Wunder wirke; in ihren Augen war das Magie und das wollten sie sehen. Andere kamen, weil sich dort, wo viele Menschen sind, immer noch mehr Menschen sammeln, und wenn einem zu Ohren kommt, dass alle Leute jemand Bestimmten hören wollen, dann möchte man mit dabei sein und selbst auch hören, was er zu sagen hat. Andere kamen, weil sie Gott finden wollten.

Wie sollte er diese Menschenmenge sortieren, ohne sich an die Eingangstür zu stellen und zu sagen: „Du darfst rein und du musst draußen bleiben"? Es gab ja gar keine Eingangstür, an der man dies hätte sagen können. Jesus war auf einem Boot und seine Zuhörer standen am Ufer. Er sortierte sie, indem er Gleichnisse erzählte, bis viele Zuhörer die Flinte ins Korn warfen und vielleicht in etwa dasselbe sagten, was dem Johannesevangelium zufolge auch viele Jünger sagten, nämlich: *„Diese Rede ist hart. Wer kann sie hören?"* (Joh 6,60). Die Gleichnisse dienten dazu, sowohl die Wahrheit zu verbergen als auch zu offenbaren. Auch unter denen, die heute diese Gleichnisse studieren, wird aussortiert. Entweder sagen Sie: „Was für ein Unsinn, völlig bedeutungslos und überhaupt nicht weiterführend. Worum geht es hier eigentlich? Worauf will er hinaus?" oder: „Jetzt erkenne und verstehe ich Dinge, die mir noch nie zuvor aufgefallen sind."

Bevor wir sie uns näher ansehen, müssen wir im Zusammenhang mit den Gleichnissen noch etwas anderes festhalten: Unser Herr hatte keinen Stapel mit alten Predigten, aus dem er in regelmäßigen Abständen die eine oder andere herauszog. Vielmehr war sein Denken voll mit der Weisheit Gottes und aus diesem Fundus konnte er passend zu jeder Situation Wahrheiten herausholen. Deshalb sollte man, wenn man ein Gleichnis untersucht, zunächst immer die Frage stellen: „Was geschah in jenem Augenblick gerade im Umfeld Jesu? Warum hat er zu jenem Zeitpunkt und an jenem Ort ausgerechnet dieses Gleichnis erzählt? In welcher Situation befand er sich gerade?" Die Situation in der Passage, mit der wir uns gerade beschäftigen, war die, dass Jesus von Menschen belagert wurde, die von überallher gekommen waren und gesund werden, etwas von ihm sehen und vor allem Wunder von ihm haben wollten – und Jesus wollte nichts anderes als predigen (wir hielten bereits fest, dass sich dieses Spannungsfeld in den ersten drei Kapiteln des Markusevangeliums aufbaut). Die Menge wollte das eine; Jesus wollte ihr etwas anderes geben. Und das ist das größte Problem eines Predigers: den Leuten geben, was sie brauchen, und nicht, was sie wollen. In diesem Punkt hat die Volksmenge Jesus sehr oft falsch verstanden. Sie wollten etwas Bestimmtes, doch Jesus wusste, dass sie etwas anderes brauchten. Sie wollten gesund werden und nichts anderes;

der Rest interessierte sie nicht; sie wollten ihn berühren; sie sahen ihn nur in diesem Licht und so kippte das Gleichgewicht.

Ich sagte es schon, dass wir heute in einer Zeit leben, in der viele Menschen glauben, es habe keinen Sinn mehr zu predigen. Sir Edward Maufe, der Architekt, der die Kathedrale von Guildford entwarf, soll gesagt haben, er vertrete die Auffassung, dass die Zeit kommen werde, in der Predigten verschwinden und der Vergangenheit angehören würden. Aus diesem Grund, so sagte er, werde er seine Kathedrale nicht fürs Predigen konzipieren, sondern für Liturgie, für Anbetung, also nicht für Dinge, die man hören, sondern für Dinge, die man sehen könne.

Die Menschen kamen zu Jesus, um etwas zu sehen. Er würde ihnen hingegen einen Spiegel vorhalten, damit sie sich selbst darin sähen und sich fragten, warum sie nicht bereit seien zu hören und nur auf Heilung aus seien und nicht auf die Predigt. Der Herr sagt hier, das Säen sei ein Bild fürs Predigen. Ein Prediger versucht zu säen, d. h. guten Samen auszustreuen und etwas in jedes Herz hineinzupflanzen. Und deshalb erzählt Jesus hier drei Gleichnisse.

Es gibt im Wesentlichen drei Kritikpunkte an der Predigt.

1) Manche Leute sagen, sie habe keine *dauerhaften Auswirkungen*. Die Zuhörer seien bewegt, wenn sie das Wort hören, doch dann verblasse die Wirkung wieder; nichts bleibe davon übrig und warum solle man dann überhaupt predigen. Das hat man mir schon oft gesagt! Man hat mich herausgefordert und gesagt, ich solle doch meine Gemeinde nach einer Woche befragen, wie viele sich noch an das erinnern, was am Sonntag zuvor gesagt worden war. Ich gebe mich der Hoffnung hin, dass etwas mehr in Erinnerung bleibt, als die Kritiker mir zugestehen würden, weiß aber ganz genau, dass vieles wieder vergessen wird!

2) Die Predigt habe keine *sichtbaren Auswirkungen*. Man könne in der Gemeinde aufstehen, die Versammlung ansehen, während ich predige, und sagen: „Was geschieht jetzt eigentlich? Sie sitzen alle da und blicken höflich drein, nicht gerade entspannt, aber fest

entschlossen, es auszusitzen, aber es geschieht nichts, was man sehen könne."

3) Die Predigt habe keine *großen Auswirkungen*. Ein oder zwei Leute fühlten sich davon angesprochen, doch auf den Lauf der Welt, die Probleme auf unserer Erde und die Menschheit im Allgemeinen bezogen erzielen Prediger keine nennenswerten Effekte. Warum hören wir also nicht auf mit dem Predigen und tun dafür etwas Nützliches? Zum Beispiel echte, physische Samen säen! Als ich das noch tat, konnte ich mit Fug und Recht behaupten, dass mein Tun Wirkung zeigte. Es war eine große Freude, auf einem Feld, wo man gesät hatte, die Saat keimen zu sehen und später die Ernte einzufahren. Man sieht, was man getan hat! Und deshalb tue ich in meiner Freizeit ganz gerne etwas Praktisches wie Tapezieren; es tut gut zu sehen, was man getan hat, und dauerhafte, sichtbare Auswirkungen zu bekommen. Aber beim Predigen?

Die Lehre Jesu geht auf den ersten Kritikpunkt ein, nämlich dass das Predigen keine dauerhaften Auswirkungen habe. Es ist schon interessant, dass die Menschen das über fast jeden Prediger sagen. Gelegentlich wurde das zum Beispiel auch über Billy Graham gesagt: Die Leute reagieren, dann gehen sie nach Hause und das war's! Es bleibt einen Monat oder eine Woche oder sechs Monate und dann verblasst es. Doch hier wird die Predigt Jesu verteidigt. Das Gleichnis vom Sämann will uns zwei Dinge sagen.

Erstens: Der Fehler liegt nicht beim Prediger, sondern bei der Zuhörerschaft bzw. Versammlung. Der Fehler ist nicht im Samen, sondern im Boden zu suchen. Hätte sich Billy Graham das Herz aus dem Leib gepredigt und niemand hätte sich bekehrt, er aber hätte das Wort Gottes gepredigt, wäre der Fehler nicht im Samen zu suchen gewesen, sondern im Boden. Das ist der erste wichtige Punkt: Wenn die Predigt keine dauerhaften Auswirkungen hat, liegt das vor allem daran, dass der Fehler im Boden zu suchen ist. Wenn der Same gut ist, sollte er so weit wie möglich geworfen werden. So sät man zum Beispiel im Nahen Osten, nicht in Reihen wie bei uns in Europa, sondern indem man die Saat überallhin wirft. Dem entnehme ich, dass ich, wohin ich auch komme, predigen muss – überall, wo ich Gelegenheit dazu bekomme, ob ich den Boden nun für reif halte oder nicht, ob die Gemeinde ruhig dasitzt oder (wie ich es an einer Universität erlebt habe) Zwischenfragen stellt. Ich muss hingehen und den Samen ausstreuen. Wenn dem kein Erfolg beschieden ist, liegt das an der Aufnahme des Samens durch den Boden. Das Gleichnis vom Sämann nennt drei konkrete Gruppen von Menschen (d. h. Arten von Boden), bei denen die Predigt keine dauerhafte Wirkung zeigt.

Die erste Art von Boden ist der Weg bzw. das Verhärtete. Im Nahen Osten sind die Felder, die unterschiedlichen Leuten gehören, durch Wege voneinander getrennt, auf denen der Boden festgetreten wird. Die kalkhaltige Erde wird hart wie Beton, wenn die Leute ständig darauf herumgehen. Wenn dann gesät wird, fällt ein Teil der Saat natürlich auch auf diesen harten Boden.

Einmal kam ein Prediger nach einem Besuch in einer bestimmten Gemeinde zu mir und sagte: „Dort kommt es einem vor, als würde man gegen eine Wand predigen." Sei es in der Gemeinde oder außerhalb – man kann so hart werden, dass der Same nicht eindringen kann. Das Herz verhärtet sich unter anderem durch Stolz. Das Denken verhärtet sich unter anderem durch Vorurteile. Es gibt Leute, die sind so verhärtet, dass man bis zum Jüngsten Tag predigen könnte und der Same würde sich doch nicht in ihnen festsetzen. Er dringt nicht zu ihnen durch. Deshalb fällt er von ihnen ab oder wird von den Vögeln gefressen und dann ist er weg.

Jesus lehrt uns, dass einige Leute zwar der Predigt zuhören, aber bevor sie zu Hause sind, haben sie sie wieder vergessen, weil Satan sie ihnen weggenommen haben wird. Die Saat liegt nur an der Oberfläche. Sie ist nie in die Tiefe eingedrungen. Und wenn sie nur drauf liegt, kann Satan sie zu fassen bekommen und ganz einfach wieder wegnehmen. Deshalb muss sie tiefer gehen.

Die zweite Art von Boden ist das Steinige. Immer, wenn ich das las, dachte ich an den Garten, den ich früher einmal hatte, wo überall im Boden Steine waren, aber das ist nicht gemeint. Dieser „steinige Boden" besitzt eine sehr dünne Erdkrume, zu dünn, um darin zu pflügen oder zu graben. Der Same landet auf der Krume und beginnt rasch zu keimen, aber dem Boden fehlt es weiter unten an Feuchtigkeit und Nährstoffen und so können die Wurzeln nicht in die Tiefe gehen. Das Ganze ist seicht und bleibt an der Oberfläche. Die Person reagiert auf die Predigt des Wortes, aber nur vorübergehend. Es ist eine rasche Reaktion, die so rasch vergeht, wie sie kam. Wir alle kennen solche Reaktionen auf Predigten, meist von flatterhaften Menschen, die von einem Freund zum nächsten flattern oder von einem Job zum nächsten. Und wie alles andere nehmen sie auch das Christentum in derselben oberflächlichen und seichten Art und Weise auf und lassen es dann aber in derselben Art und Weise wieder fallen, wie sie alles andere und jeden anderen fallen lassen. Diese Reaktion ist nicht von Dauer und zwar nicht, weil das Wort Gottes fehlerhaft wäre, sondern weil die Erdkrume zu dünn ist. Das Wort dringt nicht tief in den Menschen ein.

Die dritte Art von Boden liegt unter Dornen. Die Erde ist gut und tief, doch die Dornen zeugen von Faulheit. Im Nahen Osten ist das so eine Sache mit den Dornen. Die Dornbüsche werden riesig; ich habe schon welche gesehen, die fast zwei Meter hoch waren. Sie haben unglaubliche Wurzeln. Ein fauler Bauer schneidet einmal im Jahr die oberen Triebe dieser Dornbüsche ab, doch die Wurzeln bleiben im Boden. Wenn der Same darauf fällt, sieht dieser Boden zwar rein und sauber aus, aber es sind noch zu viele andere Dinge darin enthalten, die nicht ausgerissen worden sind. Was geschieht? Die Pflanzen treiben und kommen hoch, doch das Unkraut wächst schneller als alles, was man gesät hat. Ist Ihnen das schon einmal aufgefallen? Unkraut wächst; Dornen schießen auf; es sind einfach schon viel zu viele Dinge vorhanden; es entsteht eine Mischung, die einfach zu viel ist. Und weil die Person so viele andere Interessen hat, sich um so viele andere Dinge kümmert und so Vielem zugetan ist und auch so viele falsche Dinge in ihrem Leben hat, wird dieser neue Glaube einfach erstickt. Es gibt viele Leute, bei denen das so ist. Man kann sein Leben mit allen möglichen guten Dingen voll stopfen, doch dadurch erstickt man den Glauben. Man kann sein Leben auch mit schlechten Dingen voll stopfen, was den Glauben ebenfalls erstickt.

Lassen Sie sich nicht zu der irrigen Vorstellung hinreißen, Sie könnten alles tun. Wenn es etwas gibt, das einige junge Leute in unserer heutigen Zeit davon abhält, sich voll und ganz an Jesus Christus auszuliefern, dann ist es meiner Meinung nach die Sorge, sie könnten etwas verpassen. Ihr Gefühl sagt ihnen: „Wenn ich mich hier zu sehr reinhänge, dann kann ich ja das andere nicht mehr tun." Sie haben das Gefühl, sie würden viele Dinge verpassen, die ihre Altersgenossen tun, wenn sie sich ein Leben lang im Dienst für Jesus engagieren. Sie denken: „Wenn ich Jesus folge, kann ich den anderen nicht folgen, und wenn ich mich darauf konzentriere, ihm zu dienen, dann wird es einige Dinge geben, die ich mir abschminken kann." Man kann nicht alles im Leben tun, sonst erstickt es.

All das ist nicht gerade ersprießlich, finden Sie nicht? Der Bauer sät seinen Samen aus und ein Teil fällt auf harten Boden, ein Teil fällt auf eine dünne Krume und ein Teil fällt unter die Dornen. Warum predigen, wenn das dabei herauskommt? Jedes Mal, wenn ich das Wort Gottes predige, dann weiß ich – und das weiß jeder Prediger –, dass genau das in einigen Fällen geschehen wird. Warum hören wir dann nicht mit dem Predigen auf? Warum widme ich nun schon sechzig Jahre meines Lebens der Predigt des Wortes? Und warum werde ich das noch zwanzig Jahre tun, wenn Gott mir die Zeit gibt? Ich werde Ihnen sagen, warum: Ich war Bauer. Ich habe gesehen, wie die Leute im Nahen Osten ihre Saat ausbringen, und die Wahrheit ist schlicht und einfach die (das ist der springende Punkt dieses Gleichnisses), dass sich all das wegen des guten Bodens lohnt. Es mag sein, dass für zwanzig Samenkörner, die auf einen der drei genannten Böden fallen, nur ein Samenkorn auf guten Boden fällt, aber dieses eine Samenkorn wird dreißig-, sechzig- und hundertfachen Ertrag bringen. Mit anderen Worten: Es hat Erfolg! Der Bauer würde sich nicht die Mühe machen zu säen, wenn nichts dabei herausspringen würde. Es kommt die Ernte und damit ändert sich auch der Blickwinkel. Von dem Samenkorn, das auf gute Erde fällt, bekommt man viel mehr zurück als alles, was man durch die anderen Bodenarten verliert. Das macht das Predigen so lohnenswert. Ich möchte das gerne an zwei Beispielen veranschaulichen.

Ein 18- oder 19-jähriger Junge kam zum Herrn. Dieser Junge traf sich weiterhin jeden Sonntag mit sechzig anderen Jungs, die er dadurch zum Herrn geführt hatte, dass er mit ihnen Fußball spielte. Immer, wenn ich diesem Jungen begegnete, brach die Begeisterung aus mir heraus. Es hat sich auf jeden Fall gelohnt, auch wenn er die einzige Person gewesen wäre, die in diesem Ort zu Christus kam, weil er sechzigfachen „Ertrag" brachte! Bedenken Sie: Nur ein Junge, der Fußball spielt!

Oder nehmen wir ein anderes Beispiel: Willy Mullin, der irische Junge, der ein echt hartes Leben führte und Anführer einer Gruppe Krimineller wurde, bis er schließlich – dem Anschein nach rein zufällig – eines Abends einem Prediger zuhörte, der in einer irischen Stadt einen dreiwöchigen evangelistischen Einsatz durchführte. An jenem Abend pflanzte dieser Prediger, wie Willy später sagte, einen kleinen Samen des Wortes Gottes in sein Herz, und er nahm diesen Samen mit. Er dachte nicht mehr daran, bis eines Abends, als er für seine Bande einen Raubüberfall plante, dieser Same in dramatischer Weise in seinem Herzen zu keimen begann und er sich bekehrte. Erst Jahre später, als sie auf einer christlichen Konferenz gemeinsam auf der Bühne standen, sah er diesen Prediger wieder. Der Mann sagte zu Willy: „Ich glaube nicht, dass ich Sie kenne", worauf Willy erwiderte: „Das sollten Sie aber, denn schließlich sind Sie mein geistlicher Vater." Der Mann sagte: „Wie das denn?" Willy fragte ihn, ob er sich an einen dreiwöchigen Einsatz in jener Stadt erinnere und fügte hinzu: „Dass ich mich bekehrt habe, war eine Folge dessen, dass ich Sie damals an diesem einen Abend gehört hatte." Der Prediger entgegnete: „Wissen Sie, ich hielt diesen Einsatz damals für einen totalen Misserfolg, weil ich drei Wochen lang predigte und keine einzige Bekehrung sah – nicht eine!" Doch Willy Mullin hat buchstäblich Tausende zu Jesus geführt. Jahre später besuchte er jenen Prediger noch einmal, als dieser im Sterben lag. Er sagte: „Willy, wenn ich heute zurückblicke, muss ich sagen, dass dieser Einsatz der beste war, den ich je gemacht habe!"

Sechzigfach, hundertfach, tausendfach – ich könnte Ihnen noch viele andere Beispiele erzählen. So berichtete man mir während meines Aufenthalts in Äthiopien von einer Begebenheit aus jener Zeit, kurz bevor Mussolini das Land übernahm und in Abessinien umbenannte. Ein Missionar, der in diesem Land lange hart in einem kleinen Dorf gearbeitet hatte, führte einen blinden Bettler zu Christus. Dann kam Mussolini mit Senfgas und Truppen und besetzte das Land. Alle Missionare wurden hinausgeworfen und nach Hause geschickt; jener Missionar war dann bis Ende der 40er-Jahre in Großbritannien tätig. Anschließend ging er zurück und stellte fest, dass dieser eine blinde Bettler dreitausend Äthiopier zu Christus geführt hatte und in dieser Gegend eine riesige Gemeinde entstanden war, die nur darauf wartete, dass jemand kommen und sie lehren und leiten würde.

Das Säen ist das Entscheidende! Vielleicht haben wir nicht das Vorrecht, die Bekehrung Tausender zu sehen, doch wenn sich nur eine Person bekehrt, hat es sich bereits gelohnt, weil dieser Same die Kraft hat, sich zu vervielfältigen.

Kommen wir nun zum zweiten Kritikpunkt gegen die Predigt, nämlich dass sie keine sichtbaren Auswirkungen habe. Sie sei nur Gerede und man könne nicht sehen, dass irgendetwas geschehe. Es stimmt, dass die Menschen liebend gerne sehen, wie etwas geschieht. Deshalb wollten sie ja auch von Jesus Wunder sehen. Sie wollten ihn sehen, aber er wollte von ihnen, dass sie hören, was allerdings nicht so spektakulär ist.

Auch in diesem Zusammenhang wollen wir wieder einen Blick auf das Leben eines Bauern werfen. Ich bin so froh, dass ich Erfahrung in der Landwirtschaft habe, weil mir das hilft, die Bibel besser zu verstehen.

Ein Bauer braucht zwei Dinge. Zunächst einmal Geduld. Geschäftsleute würden, ganz allgemein gesprochen, keine guten Bauern abgeben. Sie kaufen sich irgendwo auf dem Land einen Bauernhof, weil sie gerne Bauer sein möchten. Doch auf einem Hof laufen die Dinge langsamer als in anderen Betrieben und Unternehmen. Man pflanzt etwas im Frühjahr und dann bleibt einem nichts anderes übrig als zu warten. Man kann Schweine mit Medikamenten füttern, um ihren Grundumsatz zu steigern und einen Monat früher Schweinefleisch zu haben, das verkauft werden kann (das ist eine Maßnahme, die man ergreift, um die Abläufe auf Bauernhöfen zu beschleunigen). Doch wenn man auf dem Feld arbeitet, muss man eine gewisse Geduld an den Tag legen. Es gibt keine raschen Erträge. Man muss auf Gott warten; man muss auf das Leben warten; man muss auf die Keimung warten.

Außerdem braucht ein Bauer Vertrauen. Wenn man ein Feld besät und den Samen entweder auswirft oder in Furchen legt (ich kenne beide Varianten), zweifelt man nicht daran, dass sich das Grün entwickeln wird, dass die Feldfrucht wachsen wird, bis sie kniehoch ist, und dass sie selbst wieder Samen hervorbringen wird. Man hat absolutes Vertrauen zu dem, was man in die Erde legt.

Diese beiden Dinge, die ein Bauer braucht – Geduld und Vertrauen – stehen mit der Beschaffenheit des Samens im Zusammenhang. Jesus erzählt ein Gleichnis vom Säen und sagt, der Same sei „von selbst" aktiv. Das griechische Wort, das mit „von selbst" übersetzt wird, ist auch die Wurzel des Begriffs „automatisch". Wenn man Samen sät, braucht man sonst nichts mehr zu tun. Die Voraussetzungen, dass der Same wachsen kann, sind bereits gegeben. Ich staune immer wieder, wenn ich mir Samenkörner ansehe: Es sind nur kleine, vertrocknete, runzlige Körner, aber was für ein Leben steckt in ihnen! In einem solchen Samen steckt ein Leben, das sogar Beton zum Reißen bringen kann. Sehen Sie sich nur den Löwenzahn an, der auf Ihrer Einfahrt durch den Asphalt bricht. Sehen Sie sich im Garten an, wie die Pflastersteine, die Sie gelegt haben, auf einmal von kleinen Baumwurzeln „bedroht" werden. Was für ein Leben! Was für eine Kraft! Was für eine Aktivität!

Das Wort hat die Kraft, in Menschen Leben hervorzubringen. Es mag eine Zeit dauern, bis man etwas davon sieht, aber es keimt in ihren Herzen und sie werden es nicht mehr los. Es bringt Leben hervor; es fordert sie heraus; und es wird sie bis an den Punkt bringen, an dem sie glauben.

Ein weiteres entscheidendes Merkmal eines Samenskorns ist, dass es nicht nur die Kraft hat zu leben, sondern auch die Kraft, sich zu vervielfältigen. Das Wunderbarste daran, dass jemand zu Christus kommt, ist, dass er nun selbst jemanden zu Christus führen kann. Dadurch wird die Ernte erst möglich. Deshalb sind wir geduldig und voller Vertrauen: zuerst der Halm, danach die Ähre, dann der volle Weizen in der Ähre.

Und jeder Mensch, der sich bekehrt, wird eines Tages vollkommen sein, weil der Same, der in sein Herz gesät wurde, vollkommen ist. Das begeistert mich. Paulus schrieb an die Korinther: *„Ich habe gepflanzt, Apollos hat begossen, Gott aber hat das Wachstum gegeben"* (1 Kor 3,6). Sie müssen geduldig sein und Gott die Arbeit machen lassen. Gott schenkt Leben, Gott schenkt Wachstum und jeder Prediger ist damit zufrieden, immer weiter zu säen, ungeachtet dessen, ob er zu Lebzeiten Resultate sieht oder nicht.

Der dritte Kritikpunkt lautet, die Predigt habe keine *großen Auswirkungen.* Selbst wenn sich Leute bekehren, sind es doch erbärmlich wenige. Ich besuchte einmal das Gartengrab in Jerusalem, einen wunderschönen Garten direkt am Fuß des Hügels Golgatha. Man zeigte mir dort einen sehr alten Baum, der etwas über drei Meter hoch war. Es sei ein Senfbaum, hieß es, und deshalb ging ich schnurstracks darauf zu. Er trug noch Samenkapseln. Ich schüttelte ihn und hatte kurz darauf eine Samenkapsel und dann Senfkörner in meiner Hand. Es waren ein paar winzige schwarze Kügelchen und ich musste sie mir vor die Augen halten, um sie zu sehen. Sie waren wie kleine Staubkörner und aus nur einem solchen Korn war dieser Baum gewachsen. Wirklich erstaunlich! Aus dem kleinsten Samenkorn, das man im Nahen Osten verwendet, war einer der größten Bäume in diesem Garten gewachsen. Die Vögel lieben ihn wegen seiner Samen und Samenkapseln.

Jesus sagte: *„Womit sollen wir das Reich Gottes vergleichen, oder durch was für ein Gleichnis sollen wir es darlegen?"* (Mk 4,30; Schlachter 2000) Das Reich Gottes mag am Anfang gering aussehen, aber man sehe sich das Endprodukt an. Das „Samenkorn", aus dem das Christentum wuchs, waren zwölf Männer (wovon einer scheiterte, also waren es nur elf). Das ist, auf die gesamte Erdoberfläche gerechnet, wirklich ein winziger Same. Im Angesicht der Menschheitsgeschichte erscheint er viel zu klein, um irgendetwas bewirken zu können. Doch heute zählt die Gemeinde Jesu Christi Millionen und jede Minute gibt es weltweit fünfzehn neue Christen, wobei die Todesfälle schon abgezogen sind. Ein Senfkorn? Ja! Ein junger Mensch bekehrt sich in Ihrer Stadt. Nur ein Senfkorn? Ja! Ein alter Mensch bekehrt sich. Ein Senfkorn? Ja! Was ist schon einer angesichts der Millionen um uns herum? Verloren wie eine Person in einem Fußballstadion voller Fans. Doch aus diesen Senfkörnern wächst das größte Reich, das die Welt je gesehen hat – das Reich Christi.

Wir können sogar noch einen Schritt weiter gehen, weil wir aus der Bibel wissen, dass es damals gang und gäbe war, einen Baum mit Ästen, auf denen Vögel sitzen, als Bild für ein politisches Reich zu verwenden. Der Baum selbst ist das Reich, die Äste sind die verschiedenen Länder in diesem Reich, und die Vögel die verschiedenen Völker, die in dieses Reich kommen. Hesekiel vergleicht das assyrische Reich mit einem Baum mit Ästen, auf dem sich Vögel niederlassen. Auch das römische Reich wurde als Baum mit Ästen bezeichnet und verschiedene Länder und Nationen kamen wie Vögel in dieses Reich hinein. Aus dem Samen, den Jesus gesät hat, wird ein Reich entstehen, zu dem alle Nationen der Welt kommen werden; alle Vögel werden sich auf diesem Baum niederlassen. Es ist schon ein wunderbarer Gedanke, dass Sie, wenn Sie in den Himmel kommen, eine Menschenmenge erblicken werden, wie Sie sie noch nie zuvor gesehen haben, eine Menge ohne Zahl, Menschen, soweit das Auge reicht. In dieser Menge werden Sie jeden Stamm, jede Volksgruppe, jede Sprachgruppe und jede Nation sehen. Das alles nahm seinen Anfang mit dem Senfkorn, das Jesus in die Herzen von paar Fischern säte.

Warum predigen? Keine dauerhaften Auswirkungen? Wenn es keine gibt, dann liegt es am Boden. Im guten Boden hat die Predigt dauerhafte Auswirkungen, die allen Verlust kompensieren. Keine sichtbaren Auswirkungen? Wen kümmert's? Wenn Sie den Samen in das Herz eines Menschen gesät haben, wird er keimen und wachsen. Seien Sie geduldig und voller Vertrauen. Gott wird das Wachstum schenken. Keine großen Auswirkungen? Das Reich Christi ist jetzt schon das größte Reich überhaupt, ein Reich, das sich über Himmel und Erde erstreckt und immer weiter wächst.

Die Gleichnisse spiegeln das eigene Wirken Jesu wieder – wie er die Dinge anpackte und dass er selbst den Wunsch hatte, das Predigen an erste Stelle zu setzen und dem dann alle anderen Dinge hinzufügen. So als wollte er unterstreichen, dass es eine doppelte Auswirkung auf die Menschen haben würde, wenn man ihnen diese Dinge sagt, etabliert er in ein paar Versen, die ich nicht eigens kommentiert habe, zwei Prinzipien.

Erstens: Licht muss offenbar und sichtbar sein. Wenn man die Wahrheit kennt, muss man sie weitersagen. Was hat es für einen Sinn, wenn ich die Wahrheit finde und dann nicht darüber predige, sie nicht weitersage, sie für mich behalte und in mein Bücherregal stelle? Wer kauft sich eine Lampe und stellt sie dann unters Bett? Warum predigen wir? Weil das Licht für jedermann sichtbar werden muss: Wenn Sie das Licht gesehen haben, müssen Sie es den anderen sagen.

Das zweite Prinzip, das Jesus festlegt, lautet: Wahrheit muss man *annehmen*. Wenn Sie beim Zuhören einer Predigt keinerlei Wahrheit annehmen, werden Sie einen Teil dessen, was Sie haben, verlieren. Aber wenn Sie empfangen, wird Ihnen mehr gegeben werden. Das gilt auch in anderen Lebensbereichen; warum sollte es dann hier nicht gelten? Das gilt zum Beispiel für alle Studierenden: Wenn ich an einer Universität studiere, lerne ich umso mehr, je mehr ich mich meinem Studium widme; wenn ich das nicht tue, verliere ich auch das Wissen, das ich bereits habe.

Diese Verse enthalten auch jenen denkwürdigen Satz aus dem Mund Jesu: *„Wenn jemand Ohren hat zu hören, der höre!"* Manche Leute hören sehr gut, doch mit dem Zuhören haben sie Schwierigkeiten. Manche hören die Worte des Predigers, aber sie sinken nicht in die Tiefe des Herzens, wo sie keimen und reifen können; die Worte werden nicht eingepflanzt. Andere hingegen öffnen ihr Herz und sagen: „Herr, redest du jetzt zu mir? Ist mein Herz harter Boden? Hat mein Herz ,eine dünne Krume'? Ist mein Herz übervoll mit so vielen anderen Dingen, dass mein Glaube gar nicht wachsen kann? Bin ich gemeint, Herr? Herr, ich möchte guter Boden sein. Ich möchte den Samen nicht nur aufnehmen, sondern vervielfachen. Ich möchte andere gewinnen. Ich möchte ihnen die Wahrheit sagen. Ich möchte mithelfen, diese kleinen Senfkörner zu säen, wo ich nur kann. Wo auch immer ich tätig bin, möchte ich die Samen der Wahrheit säen." Können Sie sich für diese Möglichkeit begeistern? Kommt es Ihnen verwunderlich vor, dass ich bis in die Tiefe meines Daseins ergriffen und völlig aus dem Häuschen war, als Gott zu mir sagte: „Ich möchte, dass du predigst. Ich möchte, dass du dein Leben dem Säen widmest – nicht mit natürlichem Samen draußen auf dem Feld, sondern mit geistlichem Samen im Herzen der Menschen."? Und das werde ich tun, solange er Atem in mir sein lässt.

Kapitel 6

Furcht und Glaube

Markus 4,35-5,43

Im ersten Teil von Markus 4 geht es um Gleichnisse. Im nun folgenden Abschnitt geht es um Wunder. Das sind zwei ganz entscheidende Dinge, die das Leben unseres Herrn charakterisieren: seine Gleichnisse und seine Wunder; seine Worte und seine Werke; was er sagte und was er tat. Wer ein umfassendes und ausgewogenes Bild von Jesus haben möchte, muss beide Aspekte betrachten, denn er sagte bestimmte Dinge und tat bestimmte Dinge und beides war von grundlegender Bedeutung. Für die Wunder gilt dasselbe wie für die Gleichnisse: Wenn man sie nicht eingehend studiert, bleibt einem die Wahrheit verborgen. In beiden Fällen erschließt sich die verborgene Bedeutung denen, die Ohren haben, um zu hören, und Augen, um zu sehen.

Wir sehen uns nun die Wunder an und greifen vier davon heraus, die demonstrieren, dass Jesus in einzigartiger Weise jede Situation im Griff hat. Es gibt keine der Menschheit bekannte Not, gegen die Jesus nichts unternehmen könnte. Und die vier Wunder, die wir uns herausgesucht haben, stehen im Kontext echter Schwierigkeiten. Zunächst einmal Gefahr, echte physische Gefahr, Todesgefahr. Zweitens: dämonische Besessenheit, ein seltener, aber grauenhafter Zustand. Drittens: eine seit zwölf Jahren andauernde Krankheit, die die Ärzte nicht behandeln können. Viertens: der Tod, der uns allen widerfährt. Beinahe zufällig wird Jesus mit diesen vier Dingen konfrontiert, als er von Ort zu Ort geht, doch wo er diesen Problemen begegnet, weicht nicht er vor ihnen, sondern sie vor ihm.

Ich fasse die Art und Weise, wie Menschen auf solche Dinge

reagieren, mit zwei Schlagworten zusammen, denn auf Krisen, wie wir ihnen hier begegnen, gibt es grundsätzlich nur zwei Reaktionen: entweder reagiert man mit *Furcht* oder mit *Glauben*. In diesen vier Fällen reagieren die Menschen ganz unterschiedlich. Die erste Geschichte beginnt mit Furcht und endet mit Furcht. Die zweite beginnt mit Furcht, endet aber mit Glauben. Die dritte beginnt mit Glauben und endet mit Furcht. Die vierte beginnt und endet mit Glauben. Wir sehen hier wunderbare Entwicklungen und ich denke, dass Markus, vom Heiligen Geist geführt, genau diese vier Begebenheiten ausgewählt hat, um die ganze Bandbreite aufzuzeigen.

Ab diesem Zeitpunkt sucht unser Herr in seinem Leben ständig nach einer „Privatsphäre", die ihm anscheinend nur sehr selten vergönnt war. Ab diesem Zeitpunkt versucht er permanent, sich von den Menschenmengen abzusetzen, mit seinen Jüngern allein zu sein oder für sich selbst zu sein, doch irgendwie scheint ihm dies nie zu gelingen. Er braucht diese Gelegenheiten nicht nur – wie die Jünger –, um sich auszuruhen, sondern um seine Nachfolger zu schulen. Er will mit den Zwölfen allein sein, um ihnen zu sagen, was ihn bewegt.

Er befindet sich in einem Boot auf dem See. Dieses Bild ist so bekannt, dass ich die Geschichte an dieser Stelle nicht noch einmal erzählen werde. Es sei lediglich darauf hingewiesen, dass es sehr aufschlussreich ist, dass Jesus schlief. In diesem Bericht gibt es kein einziges überflüssiges Wort und wenn es heißt, Jesus habe geschlafen, dann steht das aus einem bestimmten Grund da. Warum? Das sagt uns zunächst einmal, dass Jesus Mensch genug war, um auch mal richtig müde zu sein. Es war noch nicht ganz dunkel und doch schläft er schon tief und fest. Manche Leute können wirklich überall schlafen und Jesus war einer von ihnen. Diese Situation macht aber auch deutlich, dass unser Herr absolutes Vertrauen hatte. Man muss schon wirklich viel Vertrauen haben, um inmitten eines Sturms, wenn alle anderen wach sind, zu schlafen. Hier wird ein Sturm geschildert, der so schrecklich und gefährlich ist, dass die Jünger beinahe „durchdrehen" – doch hinten im Heck schläft Jesus. Das Heck eines Bootes ist kein gemütlicher Schlafplatz. Er hat zwar ein Kopfkissen, doch sein Körper liegt auf den harten Bohlen. Da schläft er, während der Sturm tobt, müde und voller Vertrauen.

Der See Genezareth liegt etwa zweihundert Meter unter dem Meeresspiegel. Die Hügel Galiläas sind von tiefen Schluchten zerfurcht, die zum See hinführen. Vom kalten Gipfel des Hermon im Norden, wo immer Schnee liegt, weht, wenn zur Mittagszeit die heiße Luft aufsteigt, ein kühler Wind hinunter ins Jordantal. Das Zusammentreffen dieser beiden Faktoren – die aufsteigende heiße Luft und die einströmende kühle Luft – wühlt den kleinen, nur 21 auf 12 Kilometer großen See auf und macht ihn zu einem äußerst unwirtlichen Ort. Ich war selbst nie Zeuge, aber mir ist zu Ohren gekommen, dass Touristen ertranken, weil sie nachmittags in einem kleinen Boot auf den See Genezareth hinausfuhren. Wenn Sie auf den See hinausfahren möchten, dann gleich morgens oder in einem großen Schiff, aber gehen Sie kein Risiko ein! Ja, inzwischen ist es sogar offiziell verboten, in einem kleinen Boot auf den See hinauszufahren, da schon so viele Leute ertrunken sind. Dieser herrliche See sieht so friedlich aus und kann doch mit einem Schlag sehr gefährlich werden. Die Jünger Jesu waren Fischer und es muss schon Einiges geschehen, damit Fischer die Fassung verlieren. Ich begann meinen geistlichen Dienst unter Fischern auf den Shetland Inseln und es musste schon ein gewaltiger Sturm kommen, damit sich diese Leute irgendwie Sorgen machten. Die Situation hier in Markus 4 muss also wirklich grauenvoll gewesen sein.

Interessant an dieser Geschichte ist meines Erachtens, dass hier dreimal jemand angeherrscht bzw. getadelt wird – erst Jesus, dann der Sturm und dann die Jünger. Von Zeit zu Zeit ist ein Tadel erforderlich, doch manchmal ist er richtig und manchmal falsch. Nehmen wir nur den ersten: „Kümmert es dich nicht?" Wer würde es wagen, so etwas zu Jesus zu sagen?! Und doch gibt es auch heute noch viele, die das tun. Wenn Schwierigkeiten kommen, sagen sie zu Gott: „Kümmert es dich nicht?" Es gibt kaum etwas Schrecklicheres, was man über den Gott sagen kann, der die Welt so geliebt hat, dass er seinen eingeborenen Sohn gab. Es ist ein schlimmer Tadel und die Jünger weckten Jesus. Ich weiß nicht, was sie in diesem Augenblick von ihm erwarteten – wohl alles andere als das, was er tat. Ich denke, sie verübelten es ihm ganz einfach, dass er schlief, während sie vor Angst ganz krank waren. Mir fällt immer wieder auf, dass Leute, die sich Sorgen machen und vom Leben gebeutelt werden und Angst vor dem haben, was kommt, es anderen übel nehmen, wenn sie ruhig und friedlich durchs Leben gehen. Es gibt diese Reaktion auf andere, die scheinbar sorglos und unbekümmert sind. Die Jünger sagten: *„Lehrer, kümmert es dich nicht, dass wir umkommen?"* Natürlich kümmerte es ihn, aber es herrschte keine akute Gefahr. Wenn sie Jesus wirklich verstanden hätten, hätten sie auch gewusst, dass er unmöglich ertrinken konnte – seine Zeit war noch nicht gekommen. Es war nicht der Wille des Vaters, dass er durch Ertrinken den Tod finden würde. Er hatte versucht, darüber mit ihnen zu reden, und sollte später wieder darüber mit ihnen reden. Hätten sie ihn wirklich verstanden, hätten sie auch gewusst, dass sie bei Jesus im Boot absolut sicher waren. Natürlich verstanden sie ihn nicht, also herrschten sie ihn an.

Aber auch der Sturm wurde angeherrscht. Ich muss zugeben, dass ich mit der englischen Übersetzung „Peace. Be still." (wörtl. „Friede. Werde still.") nicht sonderlich glücklich bin. Das sind nette, tröstliche Worte, aber so hat Jesus nicht geredet. Seine Worte waren scharf: „Ruhe! Lege dich!" oder wörtlich: „Sei mundtot!" Das sind Worte, die Sie zu einem kleinen Hund sagen würden, der an Ihnen hochspringt. Und er sagt: „Hör auf, an meinen Jüngern hochzuspringen. Zurück auf deinen Platz" – so wie wir es manchmal zu unseren Hunden sagen müssen, wenn Besucher kommen (die vielleicht keine Hunde mögen): „Platz! Ruhig!" So sprach Jesus zum Sturm. Und diesen Tonfall vermitteln sowohl der Urtext als auch modernere Übersetzungen. „Ruhe! Verstumme!" Es sind starke Worte. Interessanterweise verwendet Jesus in Markus, Kapitel 1, dieselben Worte gegenüber einem Besessenen, der drauf und dran war auszuplaudern, wer Jesus tatsächlich war. Ich denke „Halt den Mund!" würde es im Deutschen wohl am ehesten wiedergeben. So konnte Jesus zum Wind und zu den Wellen reden!

Der dritte Tadel in dieser Geschichte richtet sich an die Jünger. Man kann sich die Szene sehr gut vorstellen. Nachdem der See gleichsam aus dem Nichts heraus aufgewühlt worden war, liegt er nun völlig still wie ein Spiegel zwischen den Hügeln. Sie können sich vorstellen, wie sich die Jünger gefühlt haben müssen. Jetzt tadelt Jesus sie und sagt: *„Warum seid ihr furchtsam? Habt ihr noch keinen Glauben?"* (Mk 4,40). Sie fragten ihn, ob es ihn nicht kümmere, und er fragt sie, ob sie ihm nicht vertrauten. Sie wunderten sich, warum er sich keine Sorgen machte.

Das ist ein Tadel Jesu, den wir des Öfteren hören müssen. Wir sagen: „Kümmert es dich nicht? Machst du dir keine Sorgen um uns?" Und er fragt zurück, warum wir Angst haben. Glauben wir etwa nicht, dass er sich kümmert? Damit führt er uns ein grundlegendes Prinzip vor Augen: Man kann nicht gleichzeitig Furcht und Glauben im Herzen haben, sondern entweder das eine oder das andere! Wenn Sie sich fürchten, haben Sie keinen Glauben; wenn Sie Glauben haben, fürchten Sie sich nicht. Doch die Jünger hatten am Ende nicht mehr Glauben, sondern noch mehr Furcht. Jetzt fürchteten sie sich mehr vor Jesus als gerade eben noch vor dem Sturm! Warum? Weil hier etwas Übernatürliches geschah und sie sagten: *„Wer ist denn dieser, dass auch der Wind und der See ihm gehorchen?"* (Mk 4,41). Er war ein Mensch wie sie, doch welcher Mensch kann zum Wind und zu den Wellen sprechen wie Sie und ich zu einem kleinen Hund und sie gehorchen? Das flößte ihnen Angst ein. Ich sehe sie förmlich vor mir: Sie waren alle vorne im Bug des Bootes; Jesus war am anderen Ende, im Heck; sie wünschten sich, das Boot wäre größer, damit sie noch etwas weiter von ihm wegrücken könnten. Jetzt hatten sie Angst vor Jesus – ein Mann, der solche Macht hatte, war ein Mann, dem man besser nicht zu nahe kam, weil er außergewöhnliche Dinge tun konnte.

In der zweiten Geschichte geht es um einen Besessenen – von Furcht zu Glauben. Jesu Wunsch, allein zu sein, wird in dem Augenblick vereitelt, als sie am anderen Ufer ankommen. Am jenseitigen, südöstlichen Ufer des Sees Genezareth reichen knapp 250 Meter hohe, sehr steile Hügel direkt bis ans Wasser. Oberhalb liegt eine Hochebene, auf der zehn Städte angesiedelt sind, die als „Dekapolis" bezeichnet werden. Es sind keine jüdischen, sondern griechische Städte, ein Überbleibsel des Feldzugs von Alexander dem Großen. In diesen Städten wohnen keine Juden, sondern Leute, die einen griechischen Lebensstil pflegen. Noch heute kann man dort griechische Theater, Plätze und Architektur besichtigen. Doch zwischen diesen Städten auf der Hochebene und dem See Genezareth liegt eine schroffe Kalksteinlandschaft, die mit Höhlen übersät ist, in denen die Toten beigesetzt wurden. Man kann es sich sparen, ein Grab auszuheben, wenn man den Toten einfach in so eine Höhle legt und sie verschließt.

Inzwischen ist es dunkel geworden. Jesus und die Jünger kommen am Fuße dieses „Friedhofs" an Land – eine unheimliche Zeit und ein unheimlicher Ort. Ich weiß nicht, wie es Ihnen ergehen würde, wenn ein Besessener kurz nach Einbruch der Dunkelheit an einem Ort, an dem weit und breit kein Mensch ist, schreiend auf Sie zu rennen würde. Ich nehme an, dass die Jünger ins Boot flüchten und so rasch wie möglich wieder auf den See hinaus wollen. Jesus bleibt einfach stehen. Dieser Mann rennt schreiend auf ihn zu – splitternackt, blutend und mit Narben übersät. An seinen Hand- und Fußgelenken sieht man noch die Abdrücke von eisernen Fesseln, von denen er sich losgerissen hat. Er hat langes, ungepflegtes Haar und lange Fingernägel. Was für ein Anblick!

Hier lag keine psychische Erkrankung vor, sondern eine Besessenheit mit allen Symptomen, die dazu gehören: übernatürliche Kraft (ein Besessener ist zehnmal so stark wie ein normaler Mensch), übernatürliche Erkenntnis (hellseherische Fähigkeiten), geistliche Erkenntnis über Jesus und die Fähigkeit, mit einer Sprache zu sprechen, die zwar aus dem Mund des Betreffenden kommt, aber aus Worten besteht, die nicht von ihm selbst stammen, sondern von jemand anderem.

Es war ein echter Kampf für Jesus, diesen Menschen heil zu machen. Er sagte zu ihm: „Fahre aus!" und anfangs widerstanden ihm die Dämonen noch. Als Jesus anfing, mit ihnen zu reden, gaben sie ihm recht schlaue Antworten. Wenn Sie es mit einem Dämon zu tun haben, müssen Sie den Namen Jesu gebrauchen; häufig werden Sie allerdings auch den Namen des Dämons herausfinden und ihn im Namen Jesu namentlich ansprechen müssen – womit Sie einen Namen mit dem noch mächtigeren Namen konfrontieren: „Jesus, dem Namen hoch über allem in der Hölle, auf Erden und im Himmel, vor dem Engel und Menschen niederfallen, und vor dem sich Teufel fürchten und flüchten." Deshalb fragte Jesus diesen Mann nach seinem Namen. Seine Antwort war clever: *Legion ist mein Name, denn wir sind viele.* Fällt Ihnen auf, dass er in der Mehrzahl sprach – „wir"? In diesem Mann steckte mehr als nur ein Dämon. Eine römische Legion bestand aus 6000 Soldaten. Der Dämon wollte damit sagen: „Zu viele, als dass du es herausfinden könntest."

Schließlich trifft Jesus eine Abmachung mit ihnen. Sie bitten ihn: „Schicke uns in die Schweine." Das beweist, dass wir uns hier nicht mehr auf jüdischem Gebiet befinden, denn auf jüdischem Gebiet würde man nie eine Herde Schweine vorfinden; Schweine gibt es nur in diesem „fernen Land" der zehn Städte. Und es könnte auch gut sein, dass diese zehn griechischen Städte, wo alles mögliche geboten war, das „ferne Land" aus dem Gleichnis vom verlorenen Sohn waren, denn wenn sich ein junger Jude aus Galiläa aus dem Staub machen und „einen drauf" machen wollte, würde er die nächstgelegenen griechischen Städte ansteuern. In diesem „fernen Land" gab es Schweine und der verlorene Sohn endete ja bei den Schweinen.

In dieser Geschichte ist es eine Herde mit zweitausend Schweinen. Ich berichtete Ihnen ja schon von Dämonen, die aus einem Jungen ausfuhren und in die Schweine eines Bauern fuhren. Daraufhin fingen diese an, sich gegenseitig umzubringen, und der Bauer holte sein Gewehr und erschoss die Tiere. Hier stürzt sich die riesige Schweineherde den felsigen Abhang hinab in den See. Daraus lernen wir übrigens auch, dass für Jesus ein Mensch wichtiger war als viele Tiere. Er zeigt keine Anzeichen falscher Sentimentalität. Er nahm es in Kauf, dass die Herde vernichtet würde, damit dieser eine Mensch errettet würde, denn schließlich ist der Mensch nach dem Bild Gottes geschaffen, das Schwein nicht. Hier erfahren wir etwas über die Wertmaßstäbe Jesu.

Der springende Punkt dieses Wunders ist meines Erachtens, wie die Umwelt darauf reagiert, also sowohl die Menschen, die aus den Städten herbeigelaufen kommen, um zu sehen, was los sei, als auch der Mann selbst. Versetzen Sie sich einmal in die Bewohner der nahe gelegenen Städte hinein: Sie bitten Jesus, wegzugehen. Was läuft hier falsch, wenn Leute, die sehen, dass jemand von seiner Besessenheit geheilt wurde und wieder bei klarem Verstand ist, wollen, dass Jesus die Gegend verlässt? Das ist wirklich außergewöhnlich. Die Antwort könnte darin zu suchen sein, dass sie vielleicht zu sehr an ihre Schweine denken. Ich frage mich, wie Sie reagieren würden, wenn Sie eine Herde mit zweitausend Schweinen hätten und man ihnen sagen würde: „Dieser religiöse Anführer, der hierher gekommen ist, hat sie allesamt in den See rennen lassen!" Ich denke, es wäre Ihnen sehr viel daran gelegen, dass dieser Mann den nächsten Bus nimmt und die Stadt verlässt! Was er tut, ist geschäftsschädigend.

Aber ich denke, ihre Reaktion hatte noch einen tieferen Grund: Sie hatten Angst. Da lief etwas Seltsames ab, etwas Übernatürliches. Eine Frau sagte einmal zu mir (und sie meinte es wirklich so): „Ich hoffe, dass in unserer Gemeinde nie etwas

Übernatürliches geschehen wird." In Anbetracht dessen, warum wir uns als Gemeinde trafen, nämlich um Gott zu begegnen, hatte es diese Aussage schon in sich! (Ich weiß natürlich genau, was sie damit sagen wollte.) Das Übernatürliche irritiert und beunruhigt. Gott irritiert und beunruhigt uns, wenn er hereinbricht; wenn Gott etwas mit Menschen macht, stört uns das irgendwie, und wir wollen nur sehr ungern gestört werden. Wir haben gerne alles unter Kontrolle, was ja auch verständlich ist.

Ich bin mir nicht sicher, wo der Mann, der soeben geheilt worden war, Kleider herbekommen hatte. Vermutlich mussten die Jünger ihm etwas abgeben. Aber hier sieht man ihn *„vernünftig sitzen"* (was an sich schon ein Wunder ist). Und er hat auch noch etwas an, dieser Mann, der früher immer nackt herumgelaufen und nicht zu bändigen gewesen war, dieser Mann, der voll übernatürlicher Energie geschrieen hatte. Vermutlich hatte er nur selten geschlafen und sich nie ruhig hingesetzt. Jetzt sitzt er friedlich da und bittet Jesus, ihm nachfolgen zu dürfen. Er wollte Jesus auf Schritt und Tritt begleiten. Er wäre wohl Missionar geworden und für Jesus bis ans Ende der Welt gegangen. Doch Jesus sagte: *„Geh in dein Haus zu den Deinen und verkünde ihnen, wie viel der Herr an dir getan und wie er sich deiner erbarmt hat"* (Mk 5,19). Ist es Ihnen auch schon mal so ergangen? Manchmal ist es viel schwieriger, nach Hause zu unseren Familienmitgliedern zu gehen als nach China in die Mission. Damit möchte ich jene, die in die Mission gehen, nicht kleinreden. Doch manchmal wäre es einfacher, irgendetwas Großes für den Herrn zu tun – bis an die Enden der Erde gehen oder ein großes Opfer bringen –, als vom Herrn zu hören, man solle nach Hause zu den Leuten gehen, mit denen man lebt, zu Freunden und Nachbarn, und ihnen von IHM erzählen. Doch dieser Mann ging nach Hause und berichtete den Seinen. Und als Jesus später wieder in die Dekapolis kam, waren dort viertausend Leute, die ihn hören wollten! Wenn Sie beten: „Herr, ich tue alles für dich, wirklich alles", dann sagt er vielleicht zu Ihnen: „Geh nach Hause und erzähl deiner Familie und deinen Arbeitskollegen von mir." Erzählen Sie anderen, was unser guter Gott für Sie getan hat.

Nun zur dritten Geschichte, in der es um Krankheit geht. Warum kam diese Frau zu Jesus? Er war ihre letzte Hoffnung. Das Tragische daran ist, dass sie vorher alles andere probiert hat. Es ist schon erstaunlich, dass wir im Gebet oft den letzten Ausweg sehen. Nachdem wir alles andere probiert und jeden anderen um Rat gefragt haben, sagen wir: „Da hilft nur noch Gebet." Warum haben wir nicht als Erstes gebetet? Natürlich war der Heilungsdienst Jesu noch nicht so lange am Laufen wie diese Frau krank gewesen war, nämlich zwölf Jahre. Aber für sie war Jesus wirklich die letzte Hoffnung. Und noch mehr: In ihren Augen war er die *beste* Hoffnung für sie. Der Glaube dieser Frau strahlte wie das Licht, noch bevor sie Jesus begegnete. Sie sagte nicht: „Ich werde als letzten Ausweg noch zu Jesus gehen. Mal sehen, ob er mir helfen kann." Sie sagte vielmehr, sie wisse, dass er es könne. Sie musste von ihm gehört haben; sie musste gehört haben, dass er anderen Leuten geholfen hatte, und sie war sich seiner absolut sicher.

Natürlich war sie aufgrund ihrer Krankheit sowohl in religiöser als auch in gesellschaftlicher Hinsicht unrein und durfte sich nicht so ohne weiteres unter die Leute mischen. Wie konnte sie zu Jesus durchkommen? Sie dachte sich: „Ich warte, bis er mitten in der Menge ist, und es ist mir egal, ob ich unrein bin. Ich drängle mich bis zu ihm durch." Sie dachte: *„Wenn ich nur sein Gewand anrühre, werde ich geheilt werden."* Das Wort für „Gewand", das hier verwendet wird, bedeutet eigentlich „Quaste" und weist darauf hin, dass Jesus die Kleidung frommer Juden trug – ein großes viereckiges Tuch mit Quasten an den vier Ecken, so wie es im 4. Buch Mose beschrieben wird. Die Frau glaubte, es würde ausreichen, sich irgendwie durch die Menschenmenge zu kämpfen und Jesus so nahe zu kommen, dass sie die Quasten seiner Kleidung berühren könnte. Sie war wirklich fest entschlossen, ans Ziel zu kommen! Und so kam sie zu ihm.

Als Nächstes geschahen zwei markante Dinge: Ihre Schmerzen wurden weniger und seine Kraft wurde weniger. Wir halten fest, dass beides Hand in Hand ging. Es wurde etwas von Jesus auf sie übertragen. Wenn Jesus heilt, müssen wir uns vergegenwärtigen, dass dabei etwas übertragen wird: Gesundheit, Heil-Sein und Kraft. Er gab ihr keine Gesundheit, die in ihr selbst begründet war; er gab ihr seine eigene Gesundheit. An diesem Punkt stoßen wir auf ein elementares Geheimnis des Christenlebens: Wenn ich Geduld brauche, brauche ich nicht mehr von meiner Geduld, sondern *seine* Geduld in mir. Er ist meine Weisheit. Er ist meine Gerechtigkeit. Er ist meine Heiligung. Er ist mein Leben. Wenn ich zu ihm durchkomme, kann ich das Seine für mich bekommen.

Die Frau kam und ihr war eines klar: Käme sie Jesus nahe genug, könnte sie von ihm bekommen, was sie brauchte – wir müssen uns darüber im Klaren sein, dass dies auch für uns gilt!

Instinktiv und augenblicklich spürte sie etwas in ihrem Körper – Gesundheit, die in ihren Körper hineingekommen war. Jesus hingegen spürte, dass etwas von seinem Körper weggegangen war. Man könnte sagen, sie lebte aus Jesus. Das ist die Beziehung zu ihm, wie sie sein sollte. Ich sollte nicht versuchen, so freundlich wie Jesus zu sein, sondern vielmehr aus der Freundlichkeit Jesu leben. Das ist das Geheimnis der Christusähnlichkeit: nicht versuchen, ihn nachzuahmen, sondern aus ihm leben. Das will Jesus uns mit dem Bild vom Weinstock und den Reben sagen: *„Ich bin der Weinstock, ihr seid die Triebe"* (Joh 15,5; wörtl. a. d. Engl.). Die Triebe ziehen alles, was sie brauchen, aus dem Weinstock. Sie sind nicht imstande, aus sich selbst heraus Frucht zu bringen. Sie holen alles aus dem Stamm, d. h. aus dem Weinstock, und wir müssen es genauso machen.

Jesus wandte sich um und fragte, wer ihn berührt habe. Die Reaktion der Jünger zeigt, dass diese Frage ihrer Meinung nach lächerlich war. Mitten in einer Menschenmenge stehen und dann so etwas fragen?! Doch Jesus wiederholte seine Frage. Irgendjemand hatte ihn berührt. Man kann inmitten einer Menschenmenge Jesus sehr nahe sein, ohne ihn zu berühren. Das kann ich bestätigen. Sie sitzen in der Gemeinde als Teil einer großen Versammlung und Jesus ist da; er ist in Ihrer Mitte. Er hat gesagt, dass es so sei, und er ist da, ob Sie sich dessen bewusst sind oder nicht. Aber Sie können in einer Menschenmenge regelrecht zu ihm hingedrängt werden und anschließend doch nach Hause gehen, ohne ihn im Glauben berührt zu haben. Ich möchte es folgendermaßen formulieren: Mit welcher Not, mit welchem Mangel kommen Sie in den Gottesdienst? Welche Last liegt auf Ihren Schultern? Was genau fehlt Ihnen? Was brauchen Sie? Ich möchte Ihnen einen Vorschlag machen: Strecken Sie in der Menschenmenge, also in der Versammlung, die Hand des Glaubens aus, berühren Sie Jesus und sagen Sie: „Wenn ich zu ihm durchkommen kann, werde ich von ihm bekommen, was ich brauche. Er hat mehr als genug für mich." Sie können das in der Gemeinde in einem Augenblick der Stille tun, ja sogar während der Pastor predigt! Strecken Sie sich inmitten der Menschenmenge nach Jesus aus und sagen Sie: „Jesus, im Glauben nehme ich von dir, was ich brauche."

Warum wollte Jesus wissen, wer ihn berührt hatte? Weil er sich darüber ärgerte, dass ihm nun etwas fehlte? Ganz sicher nicht! Er wollte mit der betreffenden Person Kontakt aufnehmen. Er wollte sich mit ihr unterhalten. Er wollte, dass die Wahrheit rauskommt, und die Wahrheit will rauskommen, also drehte er sich um und sie kam. Sie sagte ihm die Wahrheit. Das ist das Beste, was man Jesus gegenüber tun kann: Sagen Sie ihm die ganze Wahrheit. Sagen Sie ihm, wie es um Sie bestellt ist. Sagen Sie ihm, was Ihnen fehlt. Sagen Sie ihm, wie Sie sich fühlen. Sagen Sie ihm die ganze Wahrheit. Und als sie ihm die Wahrheit gesagt hatte, sagte auch er ihr die Wahrheit. Die Quasten hatten nichts Magisches an sich. Sein Gewand unterschied sich nicht von dem anderer Menschen. Ausschlaggebend war gewesen, dass sie sich ihm im Glauben genähert hatte.

Das können wir auf das Abendmahl übertragen: Wenn wir Brot und Wein nehmen, ist das ganz gewöhnliches Brot und ganz normaler Wein, doch im Glauben können wir Gemeinschaft mit Christus haben, indem wir es zu uns nehmen. Weder Brot noch Wein haben magische Eigenschaften – durch unseren Glauben an Christus durch Brot und Wein wird das Ganze für uns zur Realität und zum Sakrament. Dasselbe gilt für die Taufe: Es ist ganz normales Wasser, das aus dem Wasserhahn ins Taufbecken fließt und nach der Taufe im Abfluss verschwindet. Wodurch wird die Taufe zu einem Mittel der Gnade und zu etwas Bedeutsamem für uns? Dadurch, dass wir in der Taufe Christus erreichen und mit ihm begraben werden; im Glauben berühren wir ihn.

Jesus wollte der Frau klar machen, dass seine Kleidung nichts Magisches an sich habe, und erklärte ihr: *„Tochter, dein Glaube hat dich geheilt. Geh hin in Frieden und sei gesund von deiner Plage!"* (Mk 5,34) Ihr Glaube an Jesus war das Entscheidende. Nicht durch die Berührung seiner Kleidung wurde sie heil, sondern durch ihren Glauben, der fest entschlossen war, ans Ziel zu kommen. Das war die Wahrheit, die Jesus ihr nun sagte.

Kommen wir nun zur letzten Geschichte in diesem Abschnitt, die mir als Junge immer ganz besonders gut gefiel. Ich glaube, es war damals meine Lieblingsgeschichte in der Bibel. Ich weiß nicht, warum, aber sie ist einfach so dramatisch! Ich habe hier die Reihenfolge des biblischen Berichts etwas verändert, weil diese Geschichte eigentlich in die vorige eingebettet ist. Sie handelt von einem prominenten Bürger, der all seine Würde, seinen Stolz und seine Vorurteile über Bord wirft und einem Reiseprediger zu Füßen fällt. Man muss schon ziemlich verzweifelt sein, um so etwas zu tun, und er war verzweifelt! Er hatte ein zwölfjähriges Mädchen, das fast schon eine Frau war, denn im Nahen Osten wurde ein Mädchen mit zwölf zur Frau. Bald darauf würde sie mit einem Mann verlobt werden und dann mit vierzehn oder fünfzehn heiraten. Zwölf Jahre zur damaligen Zeit entspricht heute also etwa einem Alter von achtzehn oder einundzwanzig. Dieses Mädchen würde bald eine Frau sein und heiraten und alle Chancen, die das Leben bietet, lagen noch vor ihr. Aber sie ist schwer krank. Ein Vater würde in einer solchen Situation alles versuchen. Dieser Mann, der normalerweise erhöht auf einer Art Plattform auf einem Sessel saß, kam nun und kniete in aller Öffentlichkeit vor Jesus nieder. Es war ihm egal – er wollte, dass Jesus seiner Tochter hilft.

Dieser Mann hatte gewaltigen Glauben. Er kam nicht mit Furcht; er hatte von Anfang an Glauben und sagte: *„Mein Töchterchen liegt in den letzten Zügen. Komm, und lege ihr die Hände auf, damit sie gerettet wird und lebt!"* (Mk 5,23) Und dann folgt zunächst noch die Begebenheit mit jener Frau, die schon seit zwölf Jahren krank war. Ich kann mir gut vorstellen, was dieser Mann dachte: „Beeil dich! Mach schnell! Die Frau da ist doch schon seit zwölf Jahren krank. Da kann sie doch noch bis morgen warten, oder nicht? Was machen da vierundzwanzig Stunden aus?" Doch Jesus bleibt ganz ruhig stehen und redet mit der Frau.

Wie würde es Ihnen ergehen, wenn Ihr Kind schwer krank wäre, Sie den Arzt holen und dieser auf dem Weg zu Ihnen nach Hause noch mit allen möglichen anderen Patienten redet – noch dazu recht gemächlich und mit Muße (so sieht es zumindest aus)? Sie wären innerlich auf 180! Vor dem Haus laufen ihnen Trauernde über den Weg. Anscheinend ist es zu spät! In diesem Moment hätte Furcht in das Herz des Mannes eindringen können, doch sein Glaube hielt die Furcht ab.

In unserem Land wird anders getrauert als im Nahen Osten. Ich erinnere mich, wie ich manchmal in einem Stadtviertel von Aden, das „Crater" genannt wird, vom Balkon meiner Wohnung auf die Straße hinab sah und Beerdigungen mit verfolgte, wie sie dort üblich sind. Unter Klagegeschrei wird der Leichnam wenige Stunden, nachdem der Tod eingetreten ist, zum Friedhof getragen. Die Menschen steigern sich hinein, bis sie weinen, und sagen der ganzen Welt, dass jemand gestorben ist und dass dies das

Ende ist. Was für einen Lärm sie machen, wenn jemand gestorben ist! Jeder muss es wissen! Doch Jesus sagte zu ihnen dasselbe wie zuvor zum Sturm. Sie sollten ruhig sein. Ihr Verhalten sei unangemessen.

Dann sagte er: *„Das Kind ist nicht gestorben, sondern es schläft"* (Mk 5,39). Manche Leute sind der Auffassung, er wollte damit sagen, dass sie gar nicht wirklich gestorben sei, sondern nur im Koma lag und ihr Zustand falsch diagnostiziert worden sei. Doch Jesus bezeichnete den Tod nun mal gern als „Schlaf", was wirklich sehr interessant ist. Von Lazarus sagte er, er sei „eingeschlafen". Warum verwendet Jesus das Wort „eingeschlafen"? Nun, wenn jemand eingeschlafen ist, kann er auch wieder aufgeweckt werden! Für Jesus war der Tod wie Schlaf, weil der Tote anschließend wieder aufgeweckt wurde. Deshalb verwenden Christen auf Inschriften von Grabsteinen gern das Wort „entschlafen", denn wenn jemand „entschlafen" ist, geht man davon aus, dass er wieder aufwachen wird. So sieht der Christ den Tod: Dieses Mädchen ist eingeschlafen; wir können es wieder aufwecken.

Kennen Sie die Biografie von Peter Marshall, dem ehemaligen Kaplan des Senats der Vereinigten Staaten? Er ging als schottischer Prediger nach Washington und wurde dort ein ziemlich berühmter Diener des Evangeliums. In dem Buch gibt es eine Stelle, in der er einen Herzinfarkt bekommt und noch am Vormittag ins Krankenhaus gebracht wird. Man geht davon aus, dass er nur noch wenige Stunden zu leben habe. Seine letzten Worte an seine Frau Catherine lauteten: „Wir sehen uns am Morgen!" Sie verfasste diese bewegende Biografie über ihren Mann, in der sie sagt, dass sie sich an dieser Aussage festhalte. Und deshalb sagen wir, wenn jemand in Christus gestorben ist, er sei „entschlafen": Das bedeutet, dass er am „Morgen" der Auferstehung wieder aufwachen wird.

Jesus schickt die Trauergemeinde hinaus, nimmt drei Jünger (vermutlich wissen wir das von Petrus und über Markus gelangte es dann zu uns) und die Eltern und geht ins Schlafzimmer. Dann sagt er etwas so Bewegendes, dass es uns noch heute in der Originalsprache überliefert ist und niemand es übersetzen wollte: „Talita kum!" Jahre später sagt derselbe Petrus, der hier im Schlafzimmer mit dabei ist und diese Worte hört, genau dasselbe zu einer Frau namens Dorkas, woraufhin auch diese aufwacht. Diese Worte brennen sich tief ins Gedächtnis der drei Männer ein. „Mädchen, ich sage dir, steh auf!" (Mk 5,41) und sie steht auf.

Und mit göttlichem Einfühlungsvermögen und Bedacht sagt Jesus dann noch, man solle ihr etwas zu essen geben. Warum hat er das gesagt? Weil sie schon so lange dagelegen hatte, ohne etwas zu essen? Ich kann mir vorstellen, dass das einen anderen Grund hatte. Tat er es vielleicht um der Mutter willen? Rein aus Rücksichtnahme heraus wollte er der Mutter etwas zu tun geben. Das war etwas zutiefst Tröstliches und ist im Evangelium überliefert. Es zeigt wieder einmal, wie sehr sich Jesus in so einer Situation in Menschen hineinversetzen kann. Die Mutter muss ihre Aufmerksamkeit jetzt darauf richten, in der Küche für die anderen etwas zum Essen zuzubereiten. Das gibt ihr Gelegenheit, allmählich wieder etwas „herunterzukommen". Schließlich wäre sie vor Staunen und Begeisterung beinahe durchgedreht. Wenn sie jetzt etwas auf den Herd stellen würde, würde alles wieder ins Lot kommen.

Nachdem wir nun diese vier Geschichten betrachtet haben, möchte ich gegen Ende des Kapitels noch eine abschließende Bemerkung nachschieben.

Jede einzelne dieser vier Situationen entzieht sich ausdrücklich der menschlichen Kontrolle. Der Mensch hat weder Kontrolle über den Sturm noch über Besessenheit; die Frau war bei jedem Arzt gewesen, der in ihrer Nähe war, doch kein Mensch konnte ihr helfen. Und auch der Tod ist etwas, wogegen der Mensch nichts auszurichten vermag. Diese vier Geschichten sagen uns Folgendes: Wenn Sie mit Ihren menschlichen Ressourcen am Ende sind, sind Sie erst am Anfang der Ressourcen unseres Herrn.

Diese vier Geschichten haben auch eine verborgene Bedeutung: In Jesus haben wir es nicht mit einem großen Menschen zu tun, sondern mit Gott. So groß er auch war – er war nicht allein ein menschliches Wesen. Wir haben es mit etwas zu tun, das in eine andere Kategorie fällt: Er ist Gott selbst. Deshalb hat jeder, der das Evangelium liest und dann sagt: „Jesus war der größte Mensch, der je gelebt hat", die Geschichte nicht richtig gelesen und die verborgene Bedeutung der Wunder nicht verstanden. Und diese verborgene Bedeutung ist: Hier haben wir eine Person, die die absolute Kontrolle über jede Situation hatte, die sich der menschlichen Kontrolle entzog. Das bedeutet, dass er mehr als nur ein Mensch gewesen sein muss. Deshalb kann ich Ihnen sagen, dass es nicht ausschlaggebend ist, in welcher Situation Sie sich befinden und ob Ihnen Menschen noch helfen können oder nicht: „Wenn andere Helfer versagen und es keinen Trost mehr gibt, dann bleibe bei mir, Jesus, Hilfe der Hilflosen" – Jesus kann helfen.

Ich möchte das noch einmal unterstreichen: Furcht und Glaube passen nicht zusammen, aber Glaube muss Glaube an etwas oder *jemanden* sein. Und wenn Jesus Gott ist und immer noch lebt und immer noch helfen kann, habe ich eine Basis für meinen Glauben und somit auch eine Basis, um meine Furcht zu überwinden.

Kapitel 7

Aktionen und Reaktionen

Markus 6,1-56

Ab Kapitel 6 des Markusevangeliums brauchen wir neben der Bibel unbedingt auch noch einen Atlas, weil unser Herr nun ständig auf Wanderschaft ist. Er ist immer unterwegs, vom diesseitigen ans jenseitige Ufer des Sees Genezareth (womit er auch Galiläa verlässt) und wieder zurück. Allerdings wandert er nicht ziellos umher. Wenn wir einen Blick in den Atlas werfen, wird uns bewusst, warum er sich nirgends niederließ. Damals war das Land in kleine Königreiche bzw. Territorien unterteilt: Den einen Teil kontrollierten die Römer, den anderen Herodes und wieder ein anderer war in griechischer Hand. Und so gehörten auch drei Uferabschnitte des Sees Genezareth zu drei verschiedenen Herrschern. Wenn Jesus den See überquerte, diente dies jedes Mal dazu, ein Territorium zu verlassen und ein anderes zu betreten. Er tat dies aus Sicherheitsgründen. Er spielte auf Zeit. Er brauchte mehr Zeit mit seinen Jüngern, um sie viele Dinge zu lehren. Deshalb war er ständig unterwegs, verließ das eine Territorium und betrat das andere, und sobald ein Herrscher auf ihn aufmerksam wurde, der ihm hätte schaden können, bevor seine Zeit gekommen war, stieg er einfach in ein Boot und setzte über. Manchmal wollte er auch den Menschenmassen entkommen. Jedenfalls ging er nie irgendwo hin, ohne dass er seine Gründe dafür hatte.

Wenn es einen Wettbewerb gäbe, wer der am meisten missverstandene Mensch auf Erden sei, würde Jesus gewinnen. Wenn ich die zentralen Kapitel des Markusevangeliums lese, sticht mir ins Auge, dass ihn eigentlich keiner wirklich verstanden hat und er deshalb sehr einsam gewesen sein muss. Manchmal fühlt man sich einsam, weil man das Gefühl hat, von niemandem verstanden zu werden, aber vergessen Sie dabei nicht, dass Jesus in viel höherem Maße missverstanden wurde als jeder andere.

In diesem Abschnitt des Evangeliums werden sechs Begebenheiten berichtet und in fast allen wird er in irgendeinem Punkt missverstanden. Meistens legen die Leute ihm gegenüber eine Haltung an den Tag, die falsch ist, obwohl er sehr populär ist. Sehen wir uns diese sechs Begebenheiten nun an.

Es gibt etwas, was wir im Laufe unseres Lebens wieder aus unserem Kopf und aus unserem Herzen hinaus bekommen müssen, nämlich das Bild von Jesus, das uns in Kinderstunden und in der Sonntagsschule nahe gebracht wurde. Ich hatte als Junge so ein Bild und es wahrscheinlich genau dort in mich aufgenommen, denn schließlich kann man kleinen Kindern nicht die ganze Wahrheit über Jesus sagen. In meinen Augen war Jesus jemand, der ausgesprochen populär war, jemand, den alle Welt mochte, jemand, der schrecklich nett war, und alle, die ihn kennen lernten, fanden ihn auf Anhieb gut. Wo er auch hinging, kamen die Leute auf ihn zu und freundeten sich binnen kurzem mit ihm an. Ich befürchte jedoch, dass dies ganz und gar nicht der Wahrheit entspricht! Nur drei Jahre, nachdem er sein Wirken begonnen hatte, sagte er: „Die Welt hat mich gehasst." Und etwas davon sehen wir auch in diesem sechsten Kapitel des Markusevangeliums.

Eines Tages kehrte Jesus nach Nazareth zurück. Das erforderte Mut, denn schließlich war er zuvor schon einmal dort gewesen und man hatte versucht, ihn umzubringen. Es spricht für das Erbarmen Jesu, dass er, obwohl man ihn bei seinem ersten Besuch töten wollte, noch einmal kommen und den Leuten noch eine Chance geben wollte. Also ging er noch einmal dorthin. Er ging zurück zu den Leuten, die ihn schon als Junge gekannt hatten, als er barfuß in den Straßen herumlief und die Hügel rund um die Stadt hochkletterte. Er ging zurück zu den Leuten, die ihm früher ihre Möbel zum Reparieren gebracht hatten. Er kam zurück als der berühmteste Mann des Landes und sie nahmen Anstoß an ihm. Sie reagierten gereizt und aufgebracht. Auf sie traf die alte Redensart zu, dass der Mensch dazu neige, das Bekannte und Vertraute zu verachten.

Dass einem die Dinge Gottes so vertraut sind, dass man sich ihrer gar nicht mehr bewusst ist, ist mit das Schrecklichste, was einem Menschen widerfahren kann. Wer Jahr für Jahr sonntags zweimal in den Gottesdienst geht, dem kann es passieren, dass ihm heilige Dinge so vertraut sind, dass er Gott darin gar nicht mehr erkennt.

„Ist dieser nicht der Zimmermann ...?" Sie konnten weder die Worte seines Mundes noch die Werke seiner Hände akzeptieren. In ihren Augen hätten diese Hände bei Hammer und Stechbeitel bleiben sollen. Ja, sie ärgerten sich fast darüber, dass er ihrer Meinung nach Schuhe angezogen hatten, die ihm „eine Nummer zu groß" waren. Wahrscheinlich sagten sie: „Er ist doch nur ein Handwerker. Für wen hält er sich jetzt? Er macht bloß Tische und Stühle – was bildet er sich ein, jetzt mit so einer großen Gefolgschaft und mit diesem Renommee zurückzukommen!" Und Jesus erwiderte: *„Ein Prophet ist nicht ohne Ehre, außer in seiner Vaterstadt und unter seinen Verwandten und in seinem Haus"* (Mk 6,4). Das muss ein bisschen weh getan haben.

Am auffälligsten für mich ist jedoch, wie sehr es ihnen an Glauben mangelte und wie sehr sie dadurch seiner Kraft Grenzen setzten. Es heißt nicht, er habe in Nazareth keine Wunder gewirkt; es heißt lediglich: *„Und er konnte dort kein Wunderwerk tun, außer dass er wenigen Schwachen die Hände auflegte und sie heilte. Und er wunderte sich über ihren Unglauben"* (Mk 5,5f). Der Unglaube blockierte ihn. Er konnte an diesem Ort seine Kraft nicht zur Entfaltung bringen. Und vermutlich sagten sie dort zueinander, als er wieder weg war: „Was soll bloß die ganze Aufregung um ihn? Ich habe nichts gesehen. Ich weiß nicht, warum die anderen sagen, dieser Zimmermann sei so eine große Nummer, denn in unserer Synagoge hat er nichts gemacht."

Könnte man das auch über unsere Gemeinden schreiben: „Er konnte dort kein Wunderwerk tun, weil sie es nicht erwartet haben. Sie haben nicht geglaubt, dass so etwas geschehen kann"? Ich möchte mein eigenes Herz hinterfragen – und Ihres: Denken wir einmal an einen schwierigen Menschen. Wir würden es gerne sehen, dass er Christ wird. Wir haben für ihn gebetet, aber dann wieder aufgegeben, weil er dem Glauben offenbar nicht näher kam. Wir konnten es uns einfach nicht vorstellen, dass dieser Mensch Christ wird. *„Und er konnte dort kein Wunderwerk tun ..."* wegen ihres Unglaubens! Was ihn blockierte, war ihr Mangel an Glauben, und es fehlte ihnen an Glauben, weil er ihnen so vertraut war. Sie kannten ihn schon so lange und so gut, dass sie nichts von ihm erwarteten. Und so ist es durchaus möglich, dass einem die Gemeinde und die Bibel so vertraut sind, dass man nichts mehr von ihnen erwartet – und dann geschieht auch nichts! Für mich ist es eine Tragödie, was die Leute in Nazareth verpassten und was sie verloren. Nur ein paar Kranke dort konnten sagen: „Er hat mich geheilt und gesegnet und mir geholfen." Doch der Rest erklärte: „Als Jesus hierher kam, geschah nicht allzu viel."

Wenden wir uns nun der zweiten Begebenheit in Markus 6 zu. Es heißt, Jesus habe Nazareth verlassen und sei durch die Dörfer ringsum gezogen und habe dort gelehrt. Dann berief er die Zwölf und fing an, sie zu zweit auszusenden. Unser Herr wollte, dass sich sein Dienst multipliziere und dorthin käme, wo er selbst nicht hinkommen konnte. So beschloss er, andere zu schicken, die dasselbe wie er tun würden. Das war der Anfang des Wirkens der Gemeinde Jesu.

In diesem Zusammenhang eine wichtige Anmerkung: Man lernt am besten, wie man die Dinge Christi tut, indem man sie tut! Als ich schwimmen lernte, hat man es mir nicht leicht gemacht. Ich weiß noch, wie ich in der Schule am Rand des Beckens stand. Uns allen schauderte vor dem Wasser. Doch dann kam der Schwimmlehrer und schubste uns, einen nach dem anderen, hinein. Soweit ich weiß, gilt das heute nicht mehr als die beste Methode und sie ist auch nicht mehr gebräuchlich, aber irgendwie schafften wir es damals, an den Beckenrand zu kommen. Das war eine heftige Lektion! Aber man lernt etwas, indem man es tut, und Jesus wusste, dass die Jünger nur durch Predigen das Predigen lernen würden und wie man gegen Dämonen vorgeht, nur dadurch, dass man gegen sie vorgeht. Deshalb sandte er sie aus, damit sie es tun.

Ein Problem mit uns Christen besteht darin, dass wir immer eine Schulung haben wollen, bevor wir etwas tun. Wenn man eine Schulung ankündigt, wie man am besten evangelisiert und von Haus zu Haus geht, kommen die Leute. Doch wie man von Haus zu Haus geht, lernt man am besten, indem man einfach raus und die Straße runter geht und bei den Leuten an die Tür klopft. Die praktische Erfahrung ist die beste Schulung! Jesus nahm die Zwölf und ließ sie wissen, dass es an ihnen lag, sein Wirken zu multiplizieren. Er wollte, dass sie hinausgehen und tun, was er tat. Er wollte, dass sie predigen, heilen und Dämonen austreiben.

Als sie ausgesandt wurden, wurden sie in *schlichter Einfachheit*, aber mit *Autorität* ausgesandt. Ich erinnere mich noch, wie Dr. Billy Graham darüber sprach, was ihn am meisten in Verlegenheit brachte und herausforderte. Als er sich darauf vorbereitete, nach Indien zu gehen, traf er sich vorab mit einer Gruppe indischer Christen und bat sie um ihren Rat. Er sagte zu ihnen: „Sagt mir, wie ich mich verhalten soll, wenn ich nach Indien komme. Sagt es mir, damit ich den Leuten keinen Anstoß bereite und in kein Fettnäpfchen trete." Ein alter Inder sah ihn an und sagte: „Dr. Graham, ich hoffe, Sie nehmen es mir nicht übel, wenn ich das sage, aber jeder Inder erwartet von einem heiligen Mann Schlichtheit und strenge Einfachheit." Dr. Graham sagte, nichts habe ihn je so herausgefordert wie diese Aussage.

Jesus sandte diese Männer aus und sagte ihnen, sie sollen weder Kleidung zum Wechseln mitnehmen, noch Geld, noch eine Tasche, noch etwas zu essen. Sie sollten so, wie sie waren, hinausgehen. Sie sollten „mit leichtem Gepäck" reisen; so wären sie rasch und flink von Dorf zu Dorf unterwegs. Es wäre für sie quasi überlebensnotwendig, dass sie von den Menschen aufgenommen werden – sie wären abhängig von ihrer Gastfreundschaft. Er sandte sie in eben dieser *schlichten Einfachheit* aus. Das bedeutete natürlich verschiedenes, aber es bedeutete vor allem, dass die Weiterführung ihrer Mission komplett von ihrem Erfolg abhängig war. Das war wirklich eine ernste Herausforderung. Sie nahmen sie an und gingen hinaus.

Jesus verlieh ihnen außerdem noch *Autorität.* Schlichte Einfachheit und Autorität – das waren die Kennzeichen eines von Jesus ausgesandten Missionars. Er gab ihnen Autorität, Dämonen auszutreiben und Kranke zu heilen. Versetzen wir uns einmal in die Situation hinein: Da gehen zwei von ihnen, sagen wir Jakobus und Johannes, die Straße entlang und hoffen vielleicht sogar, dass ihnen kein Besessener oder Kranker über den Weg läuft. Sie kommen in ein fremdes Dorf und denken sich: „Wie fangen wir am besten an?" Sie haben so etwas noch nie zuvor gemacht. Sie haben gesehen, wie Jesus es tat, aber das war Jesus. Plötzlich brüllt sie ein Besessener an. Können Sie sich vorstellen, wie sehr die beiden gezögert haben? Zweifellos waren sie unsicher und hatten Angst, doch dann sagte einer von ihnen: „Im Namen Jesu ..." und es war geschehen. Stellen Sie sich vor, mit welcher Begeisterung sie nun zum nächsten „Kandidaten" liefen! Können Sie sich vorstellen, mit welchem Eifer sie die Sache nun anpackten? Es hat funktioniert! An anderer Stelle lesen wir, sie seien nach ihrer Mission restlos begeistert zurückgekommen („... *auch die Dämonen sind uns untertan in deinem Namen ...*"). Ich habe das immer und immer wieder erlebt: Leute gehen scheu und unsicher hinaus und haben Angst davor, in unpassenden

Situationen den Mund aufzumachen und etwas zu sagen, doch dann kommen sie wieder zurück und sagen: „Es hat geklappt!"

Ich werde nie vergessen, was ich mit achtzehn erlebt habe. Ein bekehrter Buchmacher nahm mich gegen halb zehn mit in ein Pub in Cannock Chase in Staffordshire, stellte mich in den Clubraum und sagte zu mir: „Sprich zu ihnen!" So fing ich an zu reden und es ist die einzige Möglichkeit, das zu lernen, aber man ist wirklich unglaublich furchtsam und ängstlich, wenn man anfängt! Doch man kommt voller Freude zurück.

Ich werde diesen Abend nie vergessen, denn dort im Pub traf ich einen Jungen, der aus einer Besserungsanstalt geflohen war; sein Leben war ein komplettes Durcheinander. Gegen Mitternacht knieten wir beide gemeinsam in einer kleinen Kirche in Staffordshire und er kam zu Christus. Er ging nach Hause und erzählte noch in derselben Nacht seinen Eltern davon. Er kam gegen 1:30 Uhr heim. Seine Eltern schliefen fest, aber er platzte in ihr Schlafzimmer und weckte sie auf, um es ihnen zu erzählen. Seine Eltern standen auf und knieten neben dem Bett nieder, um Gott dafür zu danken!

So fing es bei mir an! Einfach ins kalte Wasser geworfen werden – so fängt man an! Beachten Sie jedoch, dass die Jünger zu zweit hinausgingen. Der Herr, den Sie nicht sehen, begleitet Sie, aber es ist eine große Hilfe, noch eine zweite Person dabei zu haben, die man sieht. Es steckt eine tiefe Bedeutung darin, dass die Jünger paarweise ausgesandt wurden: Wir sollen keine Individualisten sein; wir sollen in kleinen Gruppen im Teamwork zusammenarbeiten und einander helfen.

Jesus sandte seine Jünger gewissermaßen „als Ersatz für sich selbst" aus, damit sie ihn repräsentieren. Die Nachricht von dieser Aussendung verbreitete sich rasch. Nun war es nicht mehr nur ein Mann, der predigte, heilte und Dämonen austrieb – es waren zwölf, mit Jesus dreizehn (wir dürfen nicht vergessen, dass zu diesem Zeitpunkt Judas ebenfalls noch zu ihnen zählte).

Sie traten ihre Mission an. Das schlug Wellen – bis hinab zur

Festung Machaerus, die hoch auf einem Felsen oberhalb des Toten Meeres stand. Die Gegend dort war ausgesprochen öde, tro-
cken und schrecklich. Und es lebte auch ein schrecklicher Mann
dort – Herodes, der Marionettenkönig der Römer. Er kontrollierte
den Landstreifen entlang des Jordans nach Norden sowie ganz
Galiläa. Herodes war zu Ohren gekommen, dass ein Mann und
noch zwölf weitere im Begriff seien, sein ganzes Reich auf den
Kopf zu stellen, und die Leute schon scharenweise zu ihnen
strömten. Das bereitete ihm Sorgen, nicht weil er darin eine Be-
drohung im engeren Sinne sah, sondern weil er ein schlechtes
Gewissen hatte, was durchaus nachvollziehbar war: Die Geschichte seiner Familie ist eine Geschichte von Mord und Inzest,
wie man sie wohl kein zweites Mal findet. Es ist praktisch unmöglich, den Stammbaum des Herodes zu rekonstruieren, weil dieser
beispielsweise seine Nichte und seine Schwägerin Herodias hei-
ratete. Salome wurde mit ihrem Onkel und Großonkel verheiratet. Diese in Mord und Inzest verstrickte Familie war verrufen wie
kaum eine andere in der Geschichte. Sie endete, als der letzte
Herodes von den Würmern gefressen wurde (wovon das Neue
Testament berichtet).

Was Herodes da hörte, flößte ihm Angst ein, und er hatte eine
unglaubliche und zutiefst abergläubische Vorstellung. Er sagte:
„Johannes, den ich enthauptet habe, der ist auferweckt worden" (Mk
6,16). Er muss in einer wirklich schlechten Verfassung gewesen
sein, dass er glauben konnte, dies sei der Mann, dessen Kopf er in
seinem eigenen Speisezimmer in einer Schale gesehen hatte;
dennoch kam er zu dieser abergläubischen Schlussfolgerung.

Erinnern wir uns an dieser Stelle an die entsetzliche Geschichte vom Tod des Johannes. Wer meint, er werde ein einfaches und
angenehmes Leben führen, wenn er ein Mann Gottes wird, der
lese die Geschichte von Johannes, dem, wie Jesus sagte, größten
Menschen, der je gelebt hat. Dieser Mann schwieg nicht; als er
sagte, was er auf dem Herzen hatte, kostete ihn das den Kopf.
Manchmal kommen Leute zu mir, die es gut mit mir meinen

(und deren Kritik wahrscheinlich sogar gerechtfertigt ist), und sagen: „Konzentriere dich auf das Positive. Greife nie jemanden von der Kanzel aus an. Predige einfach nur die positive Seite." Zweifellos ist das viel sicherer, doch manchmal sind wir – ungeachtet dessen, was es uns kostet – aufgerufen, anzuprangern, was falsch ist, und zu verkünden, was richtig ist. Johannes war so ein Prediger. Er griff an. „Tut Buße und glaubt!" Er sagte in aller Öffentlichkeit, dass ein Mann das Land, in dem er taufte, regiere, der unrechtmäßig verheiratet sei, was eine Beleidigung des öffentlichen Anstands sei. Indem er das sagte, machte er sich nicht den Mann selbst zum Feind, sondern dessen Frau. Herodias gefiel das überhaupt nicht. Wo sie hinging, zeigten die Leute nun mit dem Finger auf sie und riefen: „Die lebt in Sünde." In den Augen der Bevölkerung war sie eine besudelte Frau. Sie hasste diesen Prediger und beschloss, dass er sterben müsse.

Sie schaffte es, ihren Mann davon zu überzeugen, dass er ihn ins Verlies werfen solle. Noch heute kann man die Verliese und eisernen Fesseln an der Wand sehen, wo Johannes der Täufer angekettet war. Diesen grauenhaften Ort gibt es heute immer noch. Obwohl verhindert werden konnte, dass Johannes, der nun im Verlies saß, öffentlich predigte, muss Herodias jedes Mal, wenn sie weiter oben im Gebäude ein Fest feierten, an den Mann dort unten gedacht haben. Wenn man ein schlechtes Gewissen hat, fällt es oft schwer, bestimmte Dinge zu vergessen.

Eines Tages lud Herodes all seine Freunde ein, um mit ihnen einen unterhaltsamen Abend zu verbringen. Er ließ eine seiner eigenen Verwandten etwas tun, was normalerweise nur Frauen von der Straße tun: Sie führte einen erotischen und obszönen Tanz vor. Herodes muss betrunken gewesen sein, denn er sagte: „Ich gebe dir, was du willst, sogar den Thron der Königin." Das ist mit „die Hälfte meines Reiches" gemeint. Wenn ein Herrscher im Orient zu einer Frau sagte: „Ich biete dir die Hälfte meines Reiches an", meinte er damit: „Ich mache dich zu meiner Königin." Und Herodias saß daneben! Er sagte nichts anderes als: Ich schaffe mir Herodias vom Hals und du kannst an ihrer Stelle Königin werden, woraufhin sie sich mit ihrer Mutter (Herodias) beriet. Können Sie sich vorstellen, wie viel Hass im Herzen einer Frau gewesen sein muss, die sagte: „Ich möchte lieber den Kopf eines Mannes als irgendetwas sonst." Was für eine bösartige Frau! Das zeigt, was ihr im Leben wichtig war.

Und über den weiteren Verlauf dieser Szene möchte man am liebsten den Mantel des Schweigens hüllen. Der Kopf eines Gottesmannes wird herein getragen, eines Predigers, der jahrelang furchtlos das Wort Gottes gepredigt hatte, eines Mannes, der in der Wüste gelebt und ein hartes Leben geführt hatte. Und zuletzt wurde er durch die Heimtücke und Bosheit einer Frau getötet!

Eines war seltsam an Herodes: Einerseits hörte er dem Prediger gerne zu, andererseits gefiel ihm nicht, was er da hörte. Das ist typisch für viele Männer. Sie haben etwas für eine gute Predigt übrig und dennoch mögen sie es nicht, wenn es bei ihnen „ans Eingemachte" geht. So war es auch bei Herodes.

Er war ein abergläubischer Mann. Warum? Er war ein sinnesfreudiger, sinnlicher Mensch und von dort ist es nicht mehr weit zum Aberglauben. Wenn man sich den Sinneseindrücken und der Sinnlichkeit hingegeben hat, verliert man die Vernunft und das Urteilsvermögen. Wenn man einmal angefangen hat, in diesem Stil zu leben, kann man nicht mehr geradeaus denken. Herodes gefiel Johannes' Predigt, aber andererseits gefiel sie ihm auch nicht. Er hielt ihn im Verlies gefangen und holte ihn gelegentlich heraus, damit er predige, doch dann schloss er ihn wieder weg, so wie ein Mann, der am Sonntag einem Prediger zuhört und in seinem Gewissen aufgerüttelt wird und dann alles bis zum nächsten Sonntag in ein Verlies sperrt. Herodes war wie viele von uns. Herodes begriff nicht. Johannes der Täufer wurde getötet, weil Herodes sein Gesicht wahren musste.

Wissen Sie, was Jesus über Herodes dachte? Wir wissen, was Herodes über Jesus dachte. Herodes dachte, Jesus sei dieser Mann, von den Toten auferstanden und wieder mit Kopf – eine unglaubliche Vorstellung, aber so dachte er. Doch Jesus sagte über Herodes, er sei ein „Fuchs" – was nicht so recht zum sanften, lieben Jesus passt.

Jesus verließ das Territorium des Herodes und überquerte den See in der Hoffnung, etwas Ruhe und Frieden zu finden. Auf diesem See muss ein Boot manchmal gegen starken Gegenwind ankämpfen. Die Menschenmenge sah, in welche Richtung das Boot fuhr, und lief ans andere Seeufer. Das waren vielleicht zehn Kilometer, doch wegen des Gegenwinds waren sie noch vor dem Boot dort. Jesus, der eigentlich Rast und Ruhe sucht, ist erneut mit einer Menschenmenge konfrontiert.

Jeder normale Mensch hätte gesagt: „Ich hab' heut meinen freien Tag!" Jeder normale Mensch hätte gesagt: „Ich habe gepredigt. Ich habe gearbeitet. Ich war bei euch. Ich brauche jetzt etwas Ruhe." Jesus nicht. Er sah sie und wir lesen, dass er „innerlich bewegt" war, d. h. er hatte Erbarmen mit ihnen, weil sie wie Schafe ohne einen Hirten waren. Was brauchen Schafe von einem Hirten? Wir wissen, dass es im Nahen Osten das Wichtigste für sie war, dass sie etwas zum Fressen hatten. Die wichtigste Aufgabe eines Hirten (oder „Pastors") besteht darin, Nahrung zu besorgen, um die Herde füttern zu können. Also lehrte Jesus sie. Er hatte Erbarmen mit ihnen – er erbarmte sich ihrer Seele, die Nahrung brauchte.

Und so kommen wir nun zu jenem gewaltigen Wunder der Brotvermehrung. Ich werde mich nicht auf das Wunder an sich konzentrieren. Es war ein echtes Wunder, ein schöpferisches Wirken Jesu. Mir geht es vor allem um die Umsicht, die Jesus an den Tag legte. Die Jünger wollten die Leute wegschicken, damit sie sich etwas zu essen besorgen, doch Jesus sagte zu ihnen: „Gebt ihr ihnen zu essen." Wie umsichtig er doch war!

Beachten Sie, wie sorgfältig Jesus hier vorgeht. Als Erstes stellte er fest, wie viel Essen vorhanden war. Ich habe zu Hause eine kleine Dose Sardinen aus Galiläa, die ich demnächst aufmachen werde. Sie hatten damals nur zwei Sardinen. Eingesalzene Sardinen aus Kapernaum waren damals ein köstlicher „Exportartikel". Sie hatten auch fünf Brote, allerdings keine Brote, wie wir sie kennen. Es waren kleine, dünne Fladenbrote, etwa so groß wie ein Eierkuchen. Fünf Fladenbrote, zwei kleine Fische – mehr hatten sie nicht. In den Augen der Jünger war dies viel zu wenig, um überhaupt daran zu denken, es unter den Leuten aufteilen zu können. Sie sagten, um all den Menschen zu essen zu geben, bräuchte man acht Monatslöhne! Doch Jesus sagte, sie sollten das, was sie hatten, austeilen.

Als Nächstes machte er sich daran, alles ordentlich zu organisieren. Unser Herr war nicht töricht. Obwohl ihm unendliche Ressourcen zur Verfügung standen, teilte er die Menge in Gruppen auf und sie lagerten sich zu je hundert und je fünfzig *nach Tischgemeinschaften auf dem grünen Grase"*. Dann begann etwas, über das man eigentlich nur mutmaßen kann. Er nahm einen Fisch in seine Hände, brach ihn auseinander und dann schien er sich verdoppelt zu haben. Er gab etwas davon den Jüngern, damit sie es den Leuten vorsetzten; er brach weiterhin die Fische und es wurden immer mehr. Nur Gott kann so etwas tun. Nur Gott kann etwas aus nichts schaffen; der Mensch ist dazu nicht imstande. Dann nahm er die Fladenbrote und brach einige davon und brach immer mehr. Erst streckten die Jünger die Hände aus und schließlich trugen sie immer einen ganzen Arm voll Brot zu den Gruppen, die im Gras lagerten.

Jesus hat nicht nur die Ressourcen, die ihnen zur Verfügung standen, abgeschätzt und genutzt; er hat das Ganze nicht nur sorgfältig organisiert, damit alles glatt lief; zuletzt konnten sie überdies auch noch die Reste einsammeln. Es heißt im Text, die Jünger hätten am Ende zwölf Körbe voll Brot- und Fischbrocken eingesammelt! Das ist wirklich ein netter kleiner Seitenhieb gegen die Jünger. Was hatten sie eigentlich zum Einsammeln? Ihre eigenen Essenskörbe! Darin steckt eine sehr feinsinnige Aussage. Jeder Jünger hatte immer einen Korb mit Essen dabei, wenn sie auf Wanderschaft gingen oder ein Boot bestiegen. Die Reste waren so viel, dass sie ihre eigenen Körbe zum Einsammeln nehmen mussten. So wurden sie ganz dezent daran erinnert, dass ihre eigenen Körbe leer waren. Zuvor waren sie hinter irgendeinem Busch gesessen und hatten gegessen, während Jesus predigte. Und als er sie dann aufgefordert hatte, den Leuten zu essen zu geben, wagten sie es nicht, ihm direkt ins Gesicht zu sagen, dass sie bereits alles aufgegessen hatten. Auf jeden Fall hatten sie zwölf leere Körbe!

Haben Sie nicht auch schon diese Erfahrung gemacht? Es kam Ihnen so vor, als ob das Wenige, das Sie tun könnten, niemandem so recht helfen würde, doch als Sie es dann doch taten und jemandem halfen, blieb am Ende mehr Segen für Sie selbst übrig. Natürlich haben Sie das schon erlebt! Gott rechnet anders als wir. Seine Mathematik entspricht nicht der, die wir in der Schule lernen. Seine Mathematik besagt: Was man weggibt, gewinnt man; was man festzuhalten versucht, verliert man. Zwei Fische, fünf Brote. Gottes Mathematik sagt: Gib sie her und du wirst genug zu essen für dich selbst haben.

Was könnten Sie mit jemand anderem teilen? Ist es so wenig, dass Sie meistens sagen: „Das teile ich mit niemandem. Es ist einfach zu wenig"? Teilen Sie es und warten Sie ab, was geschieht.

Diese Geschichte ist also eine Demonstration der Umsicht und Barmherzigkeit unseres Herrn. Es gibt keine Entschuldigung dafür, nicht umsichtig zu handeln, die eigenen Ressourcen nicht richtig einzuschätzen, die Verteilung nicht ordentlich zu organisieren und nicht darauf zu achten, dass nichts vergeudet wird. Und obwohl unser Gott auf tausend Hügeln Vieh hat und über unendliche Ressourcen verfügt, muss die Gemeinde Jesu stets geschäftstüchtig und effizient im Umgang mit Gottes Ressourcen sein.

Aber eines an der Sache mit den Broten hatten die Jünger nicht verstanden: Es müssen auch weiterhin Gottes Hände sein, die dies vollbringen. Sie hielten die Brotvermehrung für etwas

Wunderbares, begriffen aber nicht, dass sie etwas Übernatürliches war. Ihre Herzen waren verhärtet. Ich nehme an, dass sie am liebsten zu Jesus gesagt hätten: „Tu's noch mal!" Ist das nicht unsere instinktive Reaktion auf etwas Wunderbares: „Tu's noch mal. Zeig mal, was du so drauf hast!" Doch eigentlich sollten wir darüber nachdenken und sagen: „Wie hat er das gemacht? Wer hat das getan?" Und so verpassten sie auch diese Gelegenheit, die Wahrheit zu erkennen.

Und mit dieser Verhärtung ihrer Herzen werden wir gleich wieder konfrontiert. Jesus besteht nun auf Rast und Ruhe. Er verabschiedet sich von ihnen und geht in die Berge, um zu beten. Warum betet er? Weil die Probleme immer mehr werden. Er ist bei den Menschen einfach zu beliebt. Sie wollen ihn zum König krönen. Er hat sich bereits ernst zu nehmende Feinde aus dem religiösen Lager gemacht. Er weiß nun auch, dass Herodes seinetwegen beunruhigt ist und dies seinen Tod bedeuten könnte. Deshalb geht er in die Berge, um zu beten.

Führen wir uns vor Augen, was einstweilen unten am See geschieht. Die Jünger stechen vielleicht gegen fünf Uhr nachmittags mit einem kleinen Boot in See, aber gegen drei Uhr morgens sind sie, obwohl sie mit voller Kraft rudern, immer noch mitten auf dem Wasser, weil der Gegenwind so stark ist. Jesus sieht ihnen vom Berg herab zu. Er denkt, es würde sie vielleicht ermutigen, wenn sie sähen, dass er nicht fern sei. Also geht er zum See hinunter und hinaus aufs Wasser. Das sollte uns nicht überraschen. Das sollte auch für die Jünger keine Überraschung sein. Wer imstande ist, Brote und Fische zu vermehren, kann sicher auch auf dem Wasser gehen. Diese übernatürliche Kraft hätte sie nicht im Mindesten aus dem Konzept bringen dürfen. Nichts, was Gott tut, sollte uns überraschen – tut es aber, und wenn unser Gebet erhört wird, reden wir darüber, als seien wir völlig überrascht, ja sogar ein wenig schockiert: „Weißt du, wir haben erst letzten Samstag dafür gebetet und jetzt ist es schon eingetroffen!" Allein schon, wie wir es sagen, zeigt, wie überrascht wir sind.

Warum ist es für uns eine Überraschung, wenn etwas Übernatürliches geschieht?

Jesus wollte auf dem Wasser an ihnen vorbeigehen. Er wollte nur, dass sie ihn sehen. Als ihm jedoch bewusst wurde, dass sie Angst bekamen, musste er zu ihnen hin. Hier wiederholte sich, was wir zuvor schon gesehen haben: Kaum war Jesus bei ihnen, war irgendwie wieder alles gut und die Jünger fanden Frieden. Ich weiß aus eigener Erfahrung, dass man manchmal, wenn man Angst hat und aus voller Kraft rudert, ohne vorwärts zu kommen, einfach dadurch Ruhe und Frieden findet, dass einem bewusst wird: Jesus ist nahe. Jesus ist an Bord. Eigentlich sehe ich in diesen wie wild rudernden Jüngern, die nicht vom Fleck kommen, weil Jesus nicht an Bord ist, auch ein Bild für die Gemeinde. Vielleicht können wir daraus etwas lernen!

So kam Jesus erneut ans andere Ufer, wo es wieder eine Reaktion der Leute auf ihn gab. Warum waren hier so viele Kranke? Weil Tiberias ein Heilbad war und die Leute wegen des Wassers von überallher kamen. Nun geschieht das Gegenteil dessen, was wir zu Beginn des Kapitels sahen. In Nazareth fehlte es den Leuten an Glauben, weil ihnen Jesus so vertraut war, doch hier bewirkt genau diese Vertrautheit Glauben. Warum? Weil sie ihn nicht gesehen hatten, wie er Stühle repariert, sondern wie er Menschen gesund macht, und sie erkannten ihn wieder. Deshalb beeilten sie sich, ihre Kranken zu ihm zu bringen. Vielleicht brachten sie in verschiedenen Dörfern die Kranken sogar auf Liegen zu ihm, die er selbst gemacht hatte. Doch Jesus macht nicht nur Liegen; er erschafft den Körper; eines Tages wird er ein völlig neues Universum erschaffen; ohne ihn wären die Sterne nie entstanden; ohne ihn ist nichts, was jemals geschaffen wurde. Seine Hände, die Brote und Fische vermehren konnten, konnten auch heilen und neu machen.

Bitte beachten Sie, dass die Menschen nach wie vor einfach nur gesund werden wollten. Es ist tragisch, dass es ihnen nur darum ging, was sie von ihm bekommen konnten. Niemand sagte: „Was können wir ihm geben?" Niemand sagte: „Kommt, folgen wir ihm nach. Helfen wir ihm in seiner Mission." Sie alle kamen und sagten: „Er kann uns gesund machen." Das zeigt, dass sie ihn falsch verstanden hatten. Sie dachten, er sei nur gekommen, um zu heilen; aber er kam, um zu vergeben und die Menschen zu Gott zu führen.

Wenn wir dieses Kapitel, in dem vieles, was Jesus tat, geschildert wird, Revue passieren lassen, fällt uns eines ganz besonders auf: Das Wirken Jesu umfasste sowohl Dinge, die er geplant und zu denen er sich entschieden hatte, aber auch Dinge, die anscheinend spontan entstanden. Ich bete dafür, dass es in meinem und Ihrem Leben genau dieselbe Mischung geben möge, dass es Dinge gibt, die wir planen und die wir für andere im Namen Jesu tun wollen, aber dass es auch viele ungeplante Gelegenheiten geben möge, z. B. wenn uns jemand begegnet, den wir gar nicht erwartet hatten oder uns unerwartet in einer bestimmten Situation wieder finden. Mögen wir dann dieselbe ruhige und hilfreiche Gegenwart Jesu verspüren. Er kann in und durch uns Nöten anderer Menschen Abhilfe verschaffen und wir können hinausgehen, vielleicht zu zweit, Mann und Frau oder zwei Freunde oder Freundinnen, die für den Herrn zusammenarbeiten.

Das Wirken unseres Herrn in Galiläa geht nun seinem Ende zu. Es sind vielleicht etwas mehr als zwei Jahre und dann ist es vorbei. Schon bald wird er Galiläa verlassen. Er wird gehen, weil er nicht kam, um einfach nur ein Heiler zu sein; er kam, um ein Heiland zu sein. Nun ziehen Gewitterwolken auf, die Dunkelheit wird stärker, die Feindseligkeit nimmt zu und Jesus wird zur unbeliebtesten Person der Menschheitsgeschichte, der Mann, über den gesagt werden wird: „Kreuzigt ihn! Weg mit ihm. Raus aus dieser Welt mit ihm!"

Wie es dazu kommt, werden wir im weiteren Verlauf des Markusevangeliums sehen.

Kapitel 8

Orte und Menschen

Markus 7,1-8,26

Wirklich verblüffend am Wirken unseres Herrn ist die Tatsache, dass ihm ausgerechnet jene Leute, von denen man erwartet hätte, dass sie ihn unterstützen und willkommen heißen würden, am heftigsten widerstanden; dafür wurden die unwahrscheinlichsten Kandidaten seine eifrigsten Nachfolger. Man würde meinen, dass die religiösen Anführer der Juden ihren Messias begrüßen und die Nichtjuden ihn ablehnen, doch das genaue Gegenteil war der Fall.

Von den fünf Begebenheiten, die in diesem Abschnitt berichtet werden, ereignen sich drei auf nichtjüdischem und zwei auf jüdischem Gebiet. Auf nichtjüdischem Gebiet wurde Jesus gerühmt und berühmt, doch auf jüdischem Gebiet kam er in Bedrängnis.

Als Erstes wird von etwas berichtet, das sich an einem kleinen Uferstreifen des Sees Genezareth zutrug. Es gab offensichtlich Schwierigkeiten, als die Frage nach jüdischen Ritualen aufgeworfen wurde. Doch in diesem einen Vorfall, bei dem es darum ging, ob man sich vor dem Essen die Hände waschen müsse, entlädt sich in komprimierter Form der ganze Konflikt zwischen Religion und Christsein.

Ich sollte einmal in einer Schule im Rahmen einer Vortragsreihe über die Weltreligionen sprechen. Vor mir wurde über den Buddhismus referiert und ich sollte über das Christentum sprechen. Das wollte ich sehr gern tun und sagte: „Als Erstes möchte ich über das Christentum sagen, dass es gar keine Religion ist, und solange wir das nicht begreifen, haben wir es komplett missverstanden. Alle anderen sind Religionen – das Christentum nicht." Und hier, in diesem einen kleinen Vorfall in Markus 7, wird der Gegensatz zwischen Religion und Christsein offenkundig. Die Pharisäer hatten Religion – bis zum Abwinken, wenn ich das mal so sagen darf; doch was Jesus hatte, war Realität. Sie hatten Rituale; sie hatten all die Äußerlichkeiten, doch er hatte den inneren Kern und das ist der entscheidende Unterschied.

Sehen wir uns an, was hier geschah. Aus Jerusalem war eine theologische Kommission entsandt worden, die sich ein Bild von Jesus machen und darüber Bericht erstatten sollte. Sie kamen und beobachteten ihn. Sie fanden nichts an ihm, was sie hätten kritisieren können; dafür gelang es ihnen, etwas an seinen Nachfolgern zu beanstanden. Es steckt viel psychologische Wahrheit in diesem Bericht. Er zeigt, wie der Mensch denkt.

Den Beobachtern war aufgefallen, dass sich die Jünger vor dem Essen nicht die Hände wuschen. Für Sie und mich wäre das nicht so tragisch – für diese Leute schon. Einige Juden würden lieber sterben, als gegen ihre Essensvorschriften zu verstoßen. In diesem Zusammenhang sei ein grauenhafter Bericht von etwas erwähnt, das sich während der Amtszeit von Antiochus Epiphanes, dem griechischen Eroberer Israels, zutrug. Man hatte versucht, sieben Brüder zu zwingen, Schweinefleisch zu essen, was ihre Religion nicht gestattete. Ihre Mutter, die in die Jahre gekommen war, musste daneben stehen und zusehen. Als sich die Brüder weigerten, wurden sie vor den Augen ihrer Mutter zu Tode gefoltert; diese flehte sie an, standhaft zu bleiben und lieber zu sterben als Schweinefleisch zu essen. So eine eminente Bedeutung hatten die Essensvorschriften der Juden erlangt! Und den grundlegenden Gesetzen, die man im Alten Testament findet und Teil des Wortes Gottes sind, hatten sie noch viele andere hinzugefügt, die nicht in Gottes Wort stehen, denen sie jedoch denselben Stellenwert beimaßen. Beunruhigend und irritierend an religiösen Traditionen ist, dass immer mehr Traditionen dazukommen, die sich Schritt für Schritt immer mehr verfestigen und immer wichtiger werden und immer mehr als Beleg dafür gelten, ob jemand wahrhaft religiös ist – bis man an den Punkt gelangt, an dem das, was man hinzugefügt hat, wichtiger ist als das, was am Anfang vorhanden war, und dann ist es soweit, dass Tradition zum Ersatz für das Ursprüngliche geworden ist. Darunter leiden Baptisten wie Katholiken. Unsere Traditionen definieren, wie wir es immer gemacht haben, und wer es nicht genau so macht, ist draußen.

Dem widersetzte sich Jesus. Die spezielle Tradition, um die es hier ging, war das Händewaschen (nicht um sich physisch die Hände zu reinigen, sondern für den Fall, dass man als Jude auf dem Markt versehentlich das Gewand eines Nichtjuden berührt hatte). Es war eine durch und durch rituelle Handlung der Juden, die sie vor Verunreinigung schützen sollte. Sie kamen nach Hause und wuschen sich die Hände. Dann wuschen sie sich auch noch zwischen den einzelnen Gängen die Hände, für den Fall, dass sie gemäß ihrer religiösen Tradition rituell unrein wären.

Jesus wurde darauf hingewiesen, dass seine Jünger sich nicht die Hände gewaschen hätten, worauf er mit scharfen Worten reagierte. Doch er hatte Recht mit dem, was er sagte: Diese Art Religion und seine Lehre sind nicht miteinander vereinbar. Er wies als Erstes darauf hin, dass jene die Religion zu etwas Äußerlichem gemacht hätten und nicht zu etwas Innerlichem. Deshalb gehe es ihnen ständig nur um äußerliche Erscheinungsformen und Verhaltensweisen. Das sei Heuchelei. Zudem sagt Jesus, Jesaja habe dies schon fünfhundert Jahre vor ihm an jenen Leuten gesehen: *„Treffend hat Jesaja über euch Heuchler geweissagt, wie geschrieben steht: ‚Dieses Volk ehrt mich mit den Lippen, aber ihr Herz ist weit entfernt von mir. Vergeblich aber verehren sie mich, indem sie als Lehren Menschengebote lehren.‘"* (Mk 7,6ff) Das sollte heißen: „Ihr ehrt Gott nach außen hin. Ihr singt eure Hymnen, ihr sprecht eure Gebete, aber euer Herz ist meilenweit entfernt. Ihr befolgt die Rituale, ihr beachtet die Verhaltensweisen und Äußerlichkeiten der Religion, doch wessen Herz fern von Gott ist, der ist nichts anderes als ein Heuchler."

Jesus wies sie darauf hin, dass es ihnen so wichtig geworden sei, reine Hände zu haben, dass sie darüber die Reinigung des Herzens vergessen hätten. Wir wollen diese Kritik des Herrn akzeptieren und auf uns selbst beziehen: Wenn es uns, bevor wir am Sonntag in die Gemeinde gehen, wichtiger ist, unsere beste Kleidung anzuziehen, eine korrekte Frisur zu haben und unser Gesicht zu waschen als unser Herz zu reinigen und Dinge zu bereinigen, bevor wir in die Anbetung gehen, dann haben wir genau dieselbe Kritik verdient. Ich beziehe das auf mein eigenes Herz, denn es ist keine Kunst, die Pharisäer zu beschuldigen, sie seien schreckliche Menschen gewesen, während doch jeder von uns ein kleines Stück „Pharisäer" in sich trägt.

Der zweite Kritikpunkt an die Adresse der Pharisäer: Sie hätten das göttliche Gebot durch eine menschliche Idee ersetzt. Er sagt ihnen, dass sie dies immer so täten und nennt dann ein besonders negatives Beispiel. Die Pharisäer waren sehr großzügig in dem, was sie Gott gaben. Problematisch war allerdings, dass sie lehrten, man sei von allen anderen Verpflichtungen entbunden, wenn man Gott etwas gebe. Diesem Verständnis zufolge könne man zu seinen Eltern, wenn sie alt geworden sind, sagen: „Es tut mir leid. Ich kann euch nicht versorgen, weil ich dieses Geld Gott gebe." Auf diese Weise ersetzten sie ein Gebot Gottes durch eine menschliche Idee.

Man hat mich schon mehrmals daraufhin angesprochen und meine Antwort lautet: Unsere Familie zu unterstützen, seien es unsere Kinder oder unsere Eltern, ist eine göttliche Pflicht und wir sollten nicht in dem Maße für das Werk Gottes spenden, dass alle jene, die direkt von uns abhängig sind, verarmen. Hierzu ein Zitat aus dem Neuen Testament: *„Wenn aber jemand für die Seinen und besonders für die Hausgenossen nicht sorgt, so hat er den Glauben verleugnet und ist schlechter als ein Ungläubiger"* (1 Tim 5,8). Das ist unsere erste Verantwortung. Und Jesus weist darauf hin, dass Mose im Gesetz, das ja Wort Gottes ist, gesagt habe, wir sollten Vater und Mutter ehren. Doch die Pharisäer sagten im Grunde: „Das kann ich nicht, weil ich mein ganzes Geld in das Werk Gottes hineinstecke." Dadurch rücken sie eine Idee der Menschen an die Stelle des Wortes Gottes.

Der dritte Kritikpunkt war noch extremer: Für die Pharisäer und Schriftgelehrten war Religion eine Frage der physischen Aktion, obwohl es dabei ja eigentlich um eine geistliche Haltung geht. An die Stelle dieser äußerlichen Tradition, d. h. der Äußerlichkeit der Religion, setzte Jesus die innere Wahrheit und sagte in diesem Zusammenhang etwas, das manche als das revolutionärste Statement des Neuen Testaments bezeichnet haben: *„Nichts, was außerhalb des Menschen ist und in ihn hineinkommt, kann ihn verunreinigen; sondern was aus ihm herauskommt, das ist es, was den Menschen verunreinigt."* (Mk 7,15; Schlachter 2000). Bei einem Gott wohlgefälligen Leben geht es ums Herz. Unser Herr ist hier sehr direkt und lehrt Folgendes: Wenn etwas Schmutziges über den Mund in uns hineinkommt, dann weiß der Körper, wie er sich dessen entledigen kann; es geht durch den Bauch und kommt wieder heraus. Doch das, was wirklich schmutzig ist, beginnt im Inneren und kommt dann heraus.

Sehen wir uns an, welche innerlichen Dinge Jesus hier erwähnt. Es ist eine grauenhafte Auflistung und deshalb möchte ich mich nicht allzu lange damit aufhalten, sondern die Punkte nur kurz anschneiden. „Böse Gedanken" – damit ist jemand gemeint, der plant, welche falschen und schlechten Dinge er als Nächstes tun könne. „Unzucht" – das sind voreheliche sexuelle Beziehungen. „Dieberei" – kleine Klauereien. Das Wort, das hier verwendet wird, bezieht sich nicht auf Diebstahl im großen Stil, sondern vielleicht auf einen kleinen Ladendiebstahl oder dass man etwas aus dem Büro „mitgehen" lässt. Das beginnt in unserem Inneren und ist schmutzig. „Mord" – beginnt mit Zorn. „Ehebruch" – ein Verstoß gegen den Ehebund. „Habsucht" – das ist schlicht und einfach die Gier nach Dingen, die andere haben, aber ich nicht. „Bosheit" – der Wunsch, jemand anderem weh zu tun, ihn zu schikanieren oder ihm Schaden zuzufügen. „Arglist" – jemand anderen aufs Kreuz legen. „Ausschweifung" – umschreibt jemanden, der sich in keinster Weise zurückhalten oder disziplinieren will. „Neid" – das ist der böse Blick, der anderen Leuten nicht gönnt, was man selbst nicht hat. „Lästerung" – üble Nachrede, tratschen und andere Leute beleidigen. „Hochmut" – dazu zählt auch die Verachtung von Mitmenschen. „Torheit" – das bedeutet, dass man sich zum Narren macht.

Jesus sagt, dies seien die schmutzigen Dinge, die man loswerden müsse, die Dinge, die aus einem Menschen einen schmutzigen Menschen machen. Es ist nichts, was man in sich aufnimmt, sondern etwas, das man aus sich herauslässt. Es beginnt innen und arbeitet sich nach außen vor und nicht umgekehrt! Jesus hat eine grundsätzlich andere Sicht vom Menschen als die Pharisäer. Ich habe die Feststellung gemacht, dass die Sichtweise der Pharisäer heute in der westlichen Welt weit verbreitet ist.

Die Pharisäer glaubten, der Mensch sei im Grunde gut und rein; deshalb müsse er darauf achten, welche Außeneinflüsse auf ihn einwirken. Jesus lehrte, der Mensch sei im Grund schlecht und schmutzig und deshalb müsse er sich über sein Inneres Gedanken machen. Das sind zwei verschiedene Sichtweisen, die sich sehr unterschiedlich darauf auswirken, wie man ganz allgemein über sich selbst und die anderen Menschen denkt – glaubt man, der Mensch sei rein und werde von Dingen, die von außen kommen, schmutzig gemacht, oder glaubt man, der Mensch sei schmutzig und müsse rein gemacht werden. Wenn unser Herr all diese Dinge aufzählt, dann sagt er, man bekomme oder übernehme sie nicht von anderen Leuten, sondern sie seien schon von Anfang an in uns vorhanden – nicht gerade eine hohe Meinung von der menschlichen Natur. Doch wenn ich in mein eigenes Herz hineinsehe, entspricht diese Sichtweise den Tatsachen. Wenn es Ihnen um die Traditionen im Hinblick auf äußerliche Dinge geht, wenn es Ihnen darum geht, was Sie tun, wenn der ganze äußerliche Bereich bei Ihnen im Vordergrund steht, haben Sie verkannt, worum es eigentlich geht und was eigentlich angepackt werden muss, nämlich der innere Kern von alledem. Es ist eine völlig andere Sicht der Dinge. Jesus lehrte: Das Händewaschen ist euch so wichtig, aber euer Herz habt ihr vergessen. Sie ehrten Gott mit ihren Lippen, doch ihr Herz war weit weg von ihm.

Deshalb brauchen wir auch keine Religion, sondern eine innere Erneuerung, eine Wiedergeburt. Deshalb nützt es auch nichts zu versuchen, den Menschen zu reformieren und zu einer Verhaltensänderung zu bewegen. Als ich noch auf dem Bauernhof arbeitete, hatten wir einen „dänischen" Schweinestall, der speziell dafür konzipiert war, die Schweine sauber zu halten. Wenn man einen dänischen Schweinestall hat, sind die Schweine die saubersten Tiere auf dem Hof. Man kann das Tier zu einem anderen Verhalten zwingen und es adrett aussehen lassen, doch sobald man es aus dem Schweinestall herauslässt und der Misthaufen irgendwo in der Nähe ist, dauert es keine fünf Minuten, bis sich die eigentliche Natur des Tiers wieder durchgesetzt hat. Deshalb wird es auch nie genügen, einem Menschen Religion „aufzusetzen" oder wie einen Sticker aufzukleben. Auf diese Weise schafft man es womöglich, dass er sich respektabel und anständig benimmt, doch in seinem Inneren befindet sich nach wie vor sein altes Herz und all das alte Zeug ist immer noch da.

Darin liegt auch die Gefahr übermäßigen Alkoholkonsums, denn der Alkohol setzt frei, was bereits in unserem Inneren vorhanden ist, so dass es leichter herauskommt. Das ist auch der Grund, warum manchmal Dinge aus uns herauskommen, wenn wir müde sind, über die wir nur so staunen, z. B. gereizte Worte oder lockere Reden. Auch wenn wir unter Stress stehen, treten diese Dinge zutage. Warum? Weil sie in uns sind. Deshalb brauchen wir ein neues Herz und ein sauberes Herz.

Das wunderbare Evangelium Jesu Christi besagt nun, dass er nicht kommt, um Sie zu reformieren; er kommt nicht, um von außen etwas Neues auf Sie draufzukleben; er kommt nicht, um Sie religiös zu machen; er kommt vielmehr, um Ihr Herz zu reinigen und diesen Dingen an die Wurzel zu gehen und Ihnen eine neue Natur zu verleihen – das bedeutet es, „von Neuem geboren" zu werden.

Es ist schon interessant: Nachdem Jesus mit diesen Pharisäern, die die Juden für rein und die Nichtjuden für unrein hielten, über „rein" und „unrein" diskutiert hat, sehen wir ihn in der nächsten Szene im Gebiet von Tyrus, also in einer nichtjüdischen, in einer „unreinen" Gegend. Tyrus hätte eigentlich zum verheißenen Land gehören sollen, doch dem Stamm Asher gelang es nie, die Leute zu besiegen, die dort lebten. Es war Teil jenes Landes, das Gott seinem Volk gegeben hatte. Jesus verließ also das verheißene Land nicht, begab sich aber auf nichtjüdisches Gebiet – den Pharisäern zufolge ein unreines Gebiet, doch das kümmerte Jesus wenig. Er setzte sich von den Pharisäern ab, um mit seinen Jüngern etwas Ruhe zu finden und den Widerstand hinter sich zu lassen. So kam er zu einem Haus.

Eine Frau erfuhr, dass er dort sei, obwohl er seinem Gastwirt aufgetragen hatte, niemandem davon zu erzählen. Und in dieser Episode stoßen wir auf einen der denkwürdigsten Sätze, die je aus dem Mund Jesu kamen. Die Frau kam zu ihm ins Haus und es heißt, sie habe Jesus angefleht, einen Dämon aus ihrer Tochter auszutreiben. Darauf erwidert Jesus etwas, das wir ihm nie zuschreiben würden, wenn es nicht so im Evangelium stehen würde. Das ist ein Beweis, dass die Überlieferung der Evangelien wahr ist, denn niemand hätte sich den folgenden Satz ausgedacht und dann Jesus zugeschrieben: *„Lass zuvor die Kinder satt werden! Denn es ist nicht recht, dass man das Brot der Kinder nimmt und es den Hunden hinwirft!"* (Mk 7,27; Schlachter 2000). In unseren Ohren hört sich das gar nicht so schlimm an, weil wir Hunde mögen. Wir haben Hunde als Haustiere. Hunde leben bei uns im Haus. Doch wenn man im Nahen Osten jemanden einen „Hund" nennt, denkt jeder an diese ausgezehrten Köter, die in

Mülltonnen nach Fressen wühlen, Tiere, vor denen man Reißaus nimmt, wenn sie auf einen zukommen, wirklich schlimme Kreaturen. Deshalb spricht die Bibel oft so verächtlich von Hunden. *„Gebt nicht das Heilige den Hunden"*, sagte Jesus zum Beispiel. Oder: *„Nehmt euch in Acht vor den ‚unreinen' Hunden! Nehmt euch in Acht vor den Unheilstiftern! Nehmt euch in Acht vor denen, die letztlich nicht beschneiden, sondern verstümmeln"* (Phil 3,2; NGÜ).

Warum wählte Jesus diese Worte? Ich kann es nur so verstehen – und ich möchte Ihnen lediglich sagen, wie ich es verstehe, und nichts weiter –, dass er ihr klar machen wollte, er sei zu den Juden gekommen und als Erstes dem Volk Gottes verpflichtet. Er habe ihr Gebiet nicht verlassen, um eine Mission unter Nichtjuden zu beginnen – noch nicht! Er sei zu den verlorenen Schafen des Hauses Israel gesandt worden (das sagt er in einem anderen Evangelium) und als Erstes sei er dem eigenen Volk Gottes verpflichtet. Er sagte das, weil er die Frau davon abhalten wollte, für ihn eine Mission unter den Nichtjuden anzuzetteln. Dazu war er nicht gekommen. Damit wollte er ihr ganz bewusst den Wind aus den Segeln nehmen. Aber er ließ eine Hintertür offen, indem er das Wort „zuvor" einfügte. „Zuvor" sollen die Kinder satt werden. Damit sagte er im Endeffekt: Die Juden sind die Kinder, ihr seid die Hunde. Alles Weitere würde davon abhängen, wie sie mit dieser Aussage umgehen würde.

Und es ist wirklich erstaunlich, dass sie diesen Satz mit der richtigen Herzenshaltung aufnahm. Sie hätte ja auch, wie es sehr häufig der Fall ist, mit einer umgekehrten Form von Hochnäsigkeit reagieren und sagen können: „Gut, wenn sie glauben, wir seien Hunde – auch recht. Und wenn du einer dieser Juden bist, die uns für Hunde halten, dann sag ich dir, dass wir euch für Hunde halten!" Groll hätte aus ihr hervorbrechen können; sie hätte stolz oder aufgebracht reagieren können. Ich würde es nie wagen, so mit einer Frau zu reden! Sie hätte auch weggehen und kein Wort mehr mit ihm reden können. Doch stattdessen gab sie ihm eine überaus gewitzte Antwort: *„Ja, Herr; und doch essen die*

Hunde unter dem Tisch von den Brosamen der Kinder!" (Mk 7,28; Schlachter 2000) Aber es war mehr als ihre Gewitztheit, die Jesus dazu veranlasste, schließlich zu sagen: *„Um dieses Wortes willen geh hin; der Dämon ist aus deiner Tochter ausgefahren!"* Sie war demütig! Sie akzeptierte, was er über sie sagte, und hörte nicht auf, ihn zu bitten.

Ihre Antwort zeugte von einem immensen Glauben, weil sie damit nämlich sagte, nur ein paar Brosamen von ihm würden ihre Tochter heilen. Und Jesus sagte zu ihr: „Weil du das gesagt hast, wird deine Tochter heil." Sie hatte seine Herausforderung angenommen; sie hatte ihm nicht gegrollt; sie war nicht hochmütig gewesen; sie ließ nicht locker und in einer demütigen Haltung rang sie um das Wenige, das sie benötigte und das ihr gegeben werden würde. Es ist wirklich eine sehr beeindruckende Geschichte. Offen gesagt müssen wir, wenn wir kommen, um im Abendmahl Brot und Wein zu uns zu nehmen, mit genau derselben Haltung kommen wie diese Frau: „Wir sind nicht einmal würdig, die Brosamen unter deinem Tisch aufzusammeln."

Jesus reist von Tyrus weiter Richtung Nordwesten zu jenen zehn griechischen Städten, die als „Dekapolis" bezeichnet werden. Er befindet sich immer noch auf nichtjüdischem Gebiet; er hält sich jetzt von den Juden fern. Er braucht Zeit und jedes Mal, wenn er jüdisches Gebiet betritt, gerät er in Schwierigkeiten. Im nächsten Kapitel werden Sie sehen, worauf er wartete. Vorläufig kann er einfach nur Not lindern.

Zunächst wird ein Mann zu ihm gebracht, der von Geburt an taub und deshalb auch stumm ist. Ich liebe diese Geschichte, weil Jesus tat, was er konnte, um dem Taubstummen in sechsfacher Weise mit Mimik und Gestik zu vermitteln, was er gerade tat. Als Erstes steckte er seine Finger in die Ohren des Mannes. Dieser konnte weder hören noch sprechen, aber er spürte die Finger. Dann spuckte Jesus – auch etwas, das der Taubstumme erfassen konnte. Dann berührte Jesus dessen Zunge mit seinem Speichel. Sehen Sie, wie wunderbar Jesus auf den Menschen eingeht und ihm in einer Art und Weise begegnet, dass dieser es auch zu verstehen vermag! Als Nächstes blickt er hinauf zum Himmel und gibt dem Mann dadurch zu verstehen: „Gott wird uns helfen." Jesus hat kein einziges Wort gesagt und dennoch zu einem Mann gepredigt, der taub und stumm ist. Dann seufzt er, ein Seufzer der Erleichterung, ein Seufzer, der aus dem Mund dieses Mannes kommen wird, sobald er geheilt worden ist, ein Seufzer, der sagt: „Endlich ist es vorbei." Zuletzt verwendet er noch ein Wort, das man so gut an den Lippen ablesen kann, dass es nicht weiter verwunderlich ist, dass es uns noch heute in der Sprache unseres Herrn überliefert ist: *„Ephata!"* Der Mann konnte wahrscheinlich von den Lippen Jesu ablesen. „Tu dich auf!" Wirklich eine wunderschöne Szene: Wie predigt man jemandem, der taubstumm ist? Wie dringt man zu ihm durch? Wie holt man jemanden genau dort ab, wo er gerade ist? Wie vermittelt man ihm, dass Gott ihm in seiner Not helfen will?

Als der Mann geheilt worden war, sagten die Leute etwas wirklich Bemerkenswertes: *„Er hat alles wohl gemacht."* Genau dasselbe hatte Gott gesagt, als er die Welt erschuf: *„Es werde Licht! Und es wurde Licht. Und Gott sah das Licht, dass es gut war ... Gott sah alles, was er gemacht hatte, und siehe, es war sehr gut"* (1 Mose 1,3ff;31). Was mit „wohl" und „gut" ins Deutsche übertragen worden ist, ist hier im Hebräischen und im Griechischen exakt dasselbe. Sie sagten über Jesus, was Gott über seine Schöpfung gesagt hatte. Sie erkannten an, dass Jesus der Schöpfer war. Es mag ihnen vielleicht nicht bewusst gewesen sein, aber im Endeffekt sagten sie: Wenn du etwas machst, dann machst du es gut. Du kannst mit einem Menschen etwas wirklich gut machen. Du machst es wohl – wirklich ein wunderbarer Text.

Als Nächstes folgt die Speisung der Viertausend. Eine riesige Menschenmenge kommt zusammen – zum Teil wegen der Heilung des Taubstummen, aber ich denke vor allem, weil ein anderer Mann schon seit Monaten über Jesus spricht, der Mann, aus dem die Legion Dämonen ausgetrieben worden war und dem Jesus aufgetragen hatte, nach Hause zu gehen und zu berichten, was ihm widerfahren war. Als Jesus das nächste Mal kommt, möchten ihn viertausend Leute sehen. Sie sind bereit, drei Tage lang einer Predigt zuzuhören (was keines weiteren Kommentars bedarf!). Danach sind sie auf jeden Fall hungrig. Jesus sagt: *„Ich bin innerlich bewegt über die Volksmenge, denn schon drei Tage harren sie bei mir aus und haben nichts zu essen; und wenn ich sie hungrig nach Hause entlasse, so werden sie auf dem Weg verschmachten; und einige von ihnen sind von weit her gekommen"* (Mk 8,2-3). Würden Sie drei Tage lang zuhören, wenn Jesus bei Ihnen in der Nähe wäre? Ich liebend gern!

Es gibt etliche Parallelen zur Speisung der Fünftausend, aber auch einige Unterschiede. Hier stehen ihnen sieben Brote zur Verfügung; beim letzten Mal waren es fünf. Hier werden nach dem Mahl sieben Körbe mit Resten aufgesammelt; beim letzten Mal waren es zwölf. Und es wird ein anderes Wort für „Körbe" verwendet.

Ich möchte Sie jedoch auf das hinweisen, was meines Erachtens das wirklich Bemerkenswerte an dieser Geschichte ist. Die Jünger sagen: *„Woher wird jemand diese hier in der Einöde mit Brot sättigen können?"* (V.4) Das ist etwas, was ich partout nicht verstehen kann. Sie hatten miterlebt, wie fünftausend Männer (mit Frauen und Kindern waren es wohl insgesamt eher zehntausend Leute) mit nur fünf Broten und zwei Fischen satt gemacht wurden und jetzt, vielleicht eine oder zwei Wochen später, wagen sie zu fragen, ob und wie sie dieser Menschenmenge zu essen geben könnten. Jemand sagte einmal, die Jünger seien erneut selbstsüchtig gewesen: Sie hätten immer noch ihre eigenen Brote gehabt und seien nicht bereit gewesen, sie herzugeben. Das mag sein, aber in meinen Augen erklärt das ihre Reaktion nicht.

Der eigentliche Grund ist folgender: Man kann ein Wunder miterleben und dennoch so hart im Herzen sein, dass man nicht an eine Wiederholung glaubt. Ich möchte Sie und mich an dieser Stelle herausfordern: Wir haben über etwas Bestimmtes gebetet, eine sehr wichtige Sache, und Gott hat unsere Gebete erhört. Normalerweise sind wir so überrascht davon, dass wir anderen dies vermitteln, wenn wir berichten, dass unsere Gebete erhört wurden. Wenn wir dann ein paar Monate oder vielleicht ein oder zwei Jahre später wieder in dieselbe Situation kommen und beten, fragen wir uns wieder, ob unser Gebet erhört werden wird, nicht wahr? Ich schon. Das ist die Verhärtung unseres Herzens. Man sieht das wunderbare Eingreifen Gottes, doch nur wenige Monate später fragt man sich, ob er in der aktuellen Situation imstande sei, das Blatt zu wenden: „Wie er mich da wohl durchtragen wird?" Das entspricht der Realität, ist zutiefst menschlich und so typisch für uns! Und aus demselben Grund fragten sich die Jünger, wie sie dieser Menschenmenge nun zu essen geben sollen. Das ist der Beweis dafür, dass man durch ein Wunder nicht von der Wahrheit überzeugt wird – und damit kommen wir zur vierten Begebenheit in diesem Abschnitt.

Jesus kehrt zurück auf jüdisches Gebiet und wird sofort mit einer Gruppe von Pharisäern konfrontiert, die schon am Ufer auf ihn warten. Sie verlangen von ihm einen Beweis, ein Zeichen vom Himmel, damit sie glauben können. Jesus ist so frustriert, so verzweifelt, dass er tief seufzt und sagt: *„Was begehrt dieses Geschlecht ein Zeichen? Wahrlich, ich sage euch: Nimmermehr wird diesem Geschlecht ein Zeichen gegeben werden!"* (Mk 8,12) Warum ist er nicht bereit, ihnen einen sichtbaren Beweis zu liefern? Weil er ganz genau weiß, dass sie skeptisch sind – sie sind argwöhnisch und würden doch nicht glauben und wenn er ihnen noch so viele Wunder zeigen würde.

Gelegentlich sagen Leute zu mir: „Können Sie mir einen Beweis für die Existenz Gottes liefern?" Wenn sie einen Beweis bekämen, würden sie trotzdem nicht glauben, wenn sie nicht glauben wollen. Das sind die Barrieren, die wir gegenüber der Wahrheit aufrichten: Wenn wir in einer bestimmten Weise einen Beweis für Gottes Existenz bekommen, finden wir irgendeine andere Erklärung dafür; wir erklären das, was wir bekommen haben, einfach weg und fordern statt dessen wieder etwas anderes. Deshalb gab Jesus ihnen das Zeichen nicht, das sie haben wollten.

Auf der einen Seite haben wir also die Torheit seiner Jünger, auf der anderen Seite die feindselige Skepsis seiner Gegner. Also stiegen sie wieder ins Boot. Sie mussten das jüdische Gebiet wieder verlassen, obwohl sie es kaum betreten hatten. Während der Überfahrt sprach Jesus eine Warnung aus. Die Jünger hörten das und meinten, er spiele damit auf die Tatsache an, dass sie für die Fahrt nur ein Brot mitgenommen hatten. Das ist ganz typisch für ein schlechtes Gewissen: Man meint Anspielungen auf die eigene Person wahrzunehmen, obwohl dies niemand beabsichtigt. Vielleicht fühlen Sie sich wegen irgendeiner Sache schuldig und meinen, der Prediger wisse davon und spiele in seiner Predigt fortwährend darauf an. Das geschieht recht häufig. Immer wieder sagen Leute nach einer Predigt zu mir: „Wer hat Ihnen das von mir erzählt?" Niemand! Mir ist es selbst schon so ergangen, als ich Predigten hörte!

Jesus sagte zu den Jüngern während der Überfahrt: *„Seht zu, hütet euch vor dem Sauerteig der Pharisäer und dem Sauerteig des Herodes!"* Kaum hatten sie „Sauerteig" gehört, dachten sie, er spiele darauf an, dass sie vergessen hatten, Brot mitzunehmen. Doch Jesus meinte etwas ganz anderes. Was meinte er? Was hatten Pharisäer und Herodianer gemeinsam? Man müsste eigentlich meinen, dass diese beiden Gruppierungen – die religiösen Anführer und die einem sinnlichen Lebensstil zugetanen politischen Anführer – völlig unterschiedliche Denkweisen hätten. Aber sie hatten etwas gemeinsam: Beide verlangten sichtbare Beweise! Als Jesus später in Ketten vor Herodes geführt wurde, freute sich dieser, weil er hoffte, Jesus würde für ihn ein paar Tricks machen oder Zeichen tun. Die Pharisäer forderten dasselbe. Beide Gruppierungen waren von ihren Sinnen dominiert. Sie konnten sich nicht im Glauben über ihre Sinne erheben und deshalb wollten sie Sensationen und Sinneseindrücke. Jesus sagte seinen

Jüngern, sie sollten sich vor so einer Haltung hüten, die nur die materiellen Dinge sieht, die nicht über diese Ebene hinauskommen und die geistliche Bedeutung erfassen kann.

Jesus kommentiert die Interpretation seiner Worte durch die Jünger folgendermaßen: *„Was überlegt ihr, weil ihr keine Brote habt? Begreift ihr noch nicht und versteht ihr nicht? Habt ihr euer Herz verhärtet? Augen habt ihr und seht nicht? Und Ohren habt ihr und hört nicht? Und erinnert ihr euch nicht, als ich die fünf Brote unter die Fünftausend brach, wie viele Handkörbe voll Brocken ihr aufgehoben habt?"* (Mk 8,17ff) Sie sahen nur das Brot und begriffen nicht, was das alles zu bedeuten hatte. Ihre Gedanken drehten sich um Brot, obwohl sie Jesus dabeihatten, der Wunder mit Brot gewirkt hatte. Die Pharisäer verlangten sichtbare Zeichen, die Jünger dachten offenbar an nichts anderes als an Brot.

Es ist schon interessant, dass er, nachdem er *„Augen habt ihr und seht nicht?"* zu ihnen gesagt hatte, einen Blinden heilte. Es ist kein Zufall, dass diese beiden Geschichten zusammenhängen. Ich kenne Menschen, die völlig blind sind, aber geistliche Dinge klarer sehen als viele Sehende.

In Betsaida, außerhalb des jüdischen Gebiets, am Nordostufer des Sees Genezareth, wurde nun dieser Blinde zu ihm gebracht. Wiederum holte Jesus ihn dort ab, wo er war, allerdings ging er ganz anders mit ihm um als mit dem Taubstummen. Er nahm ihn bei der Hand und machte mit ihm einen Spaziergang an einen ruhigen Ort außerhalb des Dorfs. Dort spie er in seine Augen und legte seine Hände darauf. Der Mann blickte auf und sah Schatten, die sich bewegten. Bis dahin hatte er noch nie einen Menschen oder Baum gesehen, sondern nur ertastet. Deshalb ist es kein Wunder, dass er jetzt aufsah und sagte: *„Ich sehe die Menschen, denn ich sehe sie wie Bäume umhergehen"* (Mk 8,24). Jesus blieb dran und legte dem Mann noch einmal die Hände auf die Augen, woraufhin dessen Sehvermögen komplett wiederhergestellt wurde.

Bemerkenswert an diesem Wunder ist, dass es das einzige ist, das sich nicht auf einen Schlag vollzog, sondern schrittweise. Ein andermal berührte der Herr einen Blinden und dieser wurde augenblicklich sehend. Wenn ein Blinder geheilt wird, ist es dann entscheidend, ob ihm die Hände ein- oder zweimal aufgelegt wurden? Überhaupt nicht. Das Wunderbare an der Geschichte ist, dass Jesus erst aufhört, wenn der Blinde wieder perfekt sehen kann. Bei einigen Leuten dauert es länger als bei anderen, bis sie das Licht sehen, aber Jesus gibt nicht auf, bis es soweit ist.

Kapitel 9

Prüfungen und Verklärung

Markus 8,27-9,13

Mit dieser Passage sind wir, wenn ich so sagen darf, an der „Wasserscheide" des Markusevangeliums angelangt: Bis hierher baut sich alles auf; alles Weitere „strömt" von hier aus. Es sieht so aus, als habe Jesus zwei Jahre lang auf etwas gewartet, und sobald es geschah, befand er sich auch schon auf dem Weg zum Kreuz. Alles strebt auf einen Höhepunkt zu.

Dies gilt nicht nur für den Textinhalt, sondern auch im physischen Sinne: Das Markusevangelium beginnt am tiefsten Punkt der Erde (am Jordan); in dieser Passage erreichen wir nun den höchsten Berg der ganzen Region (den Hermon). Und vom Gipfel dieses Berges geht er hinab zum Kreuz. Vorher wanderte er herum, überquerte den See Genezareth, heilte hier und lehrte dort; doch plötzlich erkennen wir eine enorme Zielstrebigkeit und kurz darauf sehen wir, wie unser Herr den Weg nach Jerusalem einschlägt.

Wir können das alles auch anders formulieren: Sicher ist Ihnen bewusst, dass wir die erste Hälfte des Evangeliums nun hinter uns haben. In der zweiten Hälfte registrieren wir einige markante Veränderungen, genauer gesagt sind es fünf (das ist der Vorteil, wenn man größere Abschnitte der Bibel im Zusammenhang betrachtet. Wenn man immer nur ein paar Verse pro Tag liest, entgeht einem all das, doch wenn man die Bibel in größeren Blöcken liest, fällt es einem auf):

1) Ab hier verschwinden Wunder und Gleichnisse fast völlig. Das ist Ihnen vielleicht noch nie aufgefallen, aber jetzt werden Sie es sehen.

2) Jesus hört auf, über das Reich Gottes zu lehren, und spricht viel häufiger über den „Sohn des Menschen".

3) Er beschäftigt sich nun vor allem mit seinen Jüngern und nicht mehr mit den Menschenmengen, obwohl diese von Zeit zu Zeit wieder auftauchen.

4) Während die ersten acht Kapitel im Norden spielen (Galiläa), ist der Süden (Judäa) Schauplatz der zweiten acht Kapitel.

5) Ab jetzt hat man das Gefühl, dass die Sonne verblasst und die Dunkelheit hereinbricht. Sicher waren Sie schon einmal an einem strahlend blauen Tag beim Wandern. Auf einmal zeigte sich eine kleine Wolke am Himmel; sie wurde größer und immer größer, bis sie die Sonne verdeckte und es wurde immer dunkler am Himmel, bis man ein Gewitter herannahen spürte. Genau das geschieht ab diesem Kapitel des Markusevangeliums: Bislang spielte alles im strahlenden Sonnenschein; Menschen wurden geheilt und alles lief großartig. Doch nun sieht man erste Wolken; Gewitterwolken ziehen auf und es ist nur mehr eine Frage der Zeit, bis die Tragödie ihren Lauf nimmt. Das ist wirklich dramatisch. Alles hat sich bis zu diesem Punkt aufgebaut, doch ab jetzt ändert sich alles von Grund auf.

Worauf hat Jesus gewartet? Worauf hat er gewartet, während er die ganze Zeit durch Galiläa zog? Warum konnte er nicht einfach mit dem weitermachen, wozu er gekommen war? An diesem Punkt sieht es so aus, als sei er frustriert. Warum? Die Antwort ist sehr einfach: Er hat auf eine Antwort auf eine Frage gewartet und solange er nicht die richtige Antwort auf die richtige Frage bekäme, könnte er sein Wirken nicht fortsetzen. In der ersten Passage dieses Abschnitts wird die Frage formuliert und auch die richtige Antwort gegeben.

Ich möchte Ihre Aufmerksamkeit auf den Ort lenken, wo diese Frage gestellt wurde. Im entlegensten Winkel des verheißenen Landes, ganz oben im Norden, am Fuß eines 3000 Meter hohen, stets schneebedeckten Berges lag ein kleines Dorf, das im Alten Testament „Dan" genannt wurde. Der Berg zieht sich nicht allmählich hinab in die Ebene, sondern fällt steil ab und dieses Dorf befindet sich unterhalb jener Felswand. Am Fuß der Wand entspringt unerklärlicherweise ein Fluss. Man sieht kein Loch; er sprudelt einfach aus dem Fels hervor, was auf unterirdische Risse im Gestein schließen lässt. Dieser Fluss ist der Jordan. Er scheint aus dem Nirgendwo zu kommen und im Nirgendwo zu enden – ein wirklich dramatisches Gewässer.

Unmittelbar oberhalb der Quelle des Jordan liegt das Dorf Dan. Ursprünglich war es nach dem Gott Baal benannt. Weil die Anbetung Baals eine Anbetung der Fruchtbarkeit und dieser Fluss für die Menschen ein Symbol für Leben und Fruchtbarkeit war, wurde hier Baal angebetet. Doch später, zur Zeit des Alten Testaments, wurde hier Gott angebetet. Noch später, als die Griechen hierher kamen, fand man neben dem Fluss eine kleine Höhle, sagte, in dieser Höhle sei die Naturgottheit Pan geboren worden, und benannte den Ort nach diesem Gott. Noch später kamen die Römer und Philippus, der diese Gegend für sie regierte, benannte den Ort erneut um in „Cäsarea Philippi". Philippus ließ an eben dieser Stelle einen grandiosen Tempel aus weißem Marmor errichten und weihte ihn dem als Gott verehrten Cäsar. Dieser Ort ist also ein Schnittpunkt vieler Religionen. Als ich dort zu Besuch war, war es das kleine arabische Dorf Banias, das seit dem Sechs-Tage-Krieg in jüdischer Hand ist. Und genau an diesen Ort führte Jesus nun seine zwölf Jünger.

Er stellte ihnen eine zweiteilige Frage. Der erste Teil lautete: *„Was sagen die Menschen, wer ich bin?"* Er wusste es ganz genau, wollte es aber aus ihrem Mund hören. Einige Leute – darunter auch einige Mitglieder seiner Familie – hielten Jesus für verrückt. In den Augen anderer war er bei gesundem Verstand; sie hielten ihn für einen großen Gottesmann, für einen der Propheten. Doch die meisten Menschen sagten in etwa Folgendes über ihn: Ein junger dreißigjähriger Mann kann unmöglich sein, was dieser Mann ist. Ein junger dreißigjähriger Mann kann nicht so klug sein wie er. Ein junger dreißigjähriger Mann kann nicht so mächtig sein wie er. Das ist völlig unmöglich. Er muss vorher schon einmal existiert haben. Er muss die Reinkarnation einer Person sein, die vor langer Zeit schon einmal gelebt hat. Deshalb glaubten einige, er sei vielleicht der zurückgekehrte Elia. Andere hielten ihn für einen noch größeren – möglicherweise für Johannes den Täufer. Das war es, wofür die Menschen ihn hielten.

Darauf folgt die Frage, die jeder Mensch früher oder später in seinem Leben beantworten muss: *„Ihr aber, was sagt ihr, wer ich bin?"* Die Meinung anderer ist für Jesus keine Grundlage, auf der man bauen kann. Ihre Mutter, Ihr Vater und Ihre Großeltern hatten vielleicht die richtigen Vorstellungen, aber es ist nutzlos, Jesus zu sagen, was andere denken oder welche Worte sie Ihnen in den Mund gelegt haben. Was sagen *Sie*? Was denken *Sie*? Und da standen die Jünger, fassungslos und geknickt: Ja, was denken wir eigentlich? Wir haben mit ihm gelebt, wir haben mit ihm geredet, wir haben mit ihm gegessen – zweieinhalb Jahre lang. Was denken wir? Für wen halten wir ihn? Wer ist er?

Sie hatten einige außergewöhnliche Fakten, nach denen sie gehen konnten, eigene Beobachtungen, die sie gemacht hatten. Jesus war ein Mann, der nie eine Auseinandersetzung verlor. Das ist an sich schon bemerkenswert. Er wurde nie von irgendjemandem oder irgendetwas in die Knie gezwungen. Es gab nie eine Situation, die ihm entglitten wäre. Er hatte keine Charakterfehler. Er hatte erstaunliche Einblicke in die Seele anderer Menschen. Er hatte uneingeschränkte Selbstsicherheit und Autorität. Er kannte Gott besser als irgendjemand sonst. *„Ihr aber, was sagt ihr, wer ich bin?"*

Als alle schwiegen, ergriff Petrus das Wort. Manchmal machte er den Mund auf und trat in ein Fettnäpfchen. Diesmal nicht. Er machte seinen Mund auf und erklärte nicht, dass Jesus ein Prophet sei, sondern sagte: *„Du bist der Christus."* Beachten Sie das Wörtchen „der". Jesus ist einzigartig.

Man muss Jude sein, um nachempfinden zu können, was in diesem Wort „Christus" mitschwingt. Seit Jahrhunderten hatten sie darauf gewartet, dass der Christus, der Heiland, der Messias, der, der all ihre Probleme lösen würde, vom Himmel auf die Erde gesandt werden würde. Petrus sagte: *„Du bist der Christus"* und mit diesem Schlüssel wurde die Tür aufgesperrt und sie erkannten die Wahrheit. Die Frage war richtig beantwortet worden. Jetzt waren sie imstande, viel mehr über ihn zu begreifen, und zum ersten Mal sprach Jesus über das Kreuz.

Lassen Sie mich ein paar Aspekte dieser Passage hervorheben, bevor wir im Text weitergehen.

1) Sie werden erst dann verstehen, was Jesus für Sie getan hat, wenn Sie wissen, *wer er ist.* Es ist sinnlos, mit Ihnen über das Kreuz zu sprechen, solange Sie glauben, der Jesus, der daran starb, sei nur ein Mensch gewesen. Wenn er nur ein Mensch war, der für Sie gestorben ist, ergibt das Ganze keinen Sinn; dann hat das Kreuz keine Bedeutung und kann auch nichts für Sie tun. Deshalb erwähnt Jesus auch das Kreuz nicht, solange die Jünger diese Frage nicht korrekt beantwortet hatten. Denn wenn Jesus nur ein Mensch wäre – selbst wenn er der allergrößte gewesen wäre –, ist er tot und alles ist vorbei, wenn er an einem Kreuz sterben würde; aber wenn er der Sonn Gottes ist, lebt er heute immer noch.

2) Es bringt nichts, sich aus zweiter Hand eine Meinung über Jesus Christus zu bilden. Als ich ein Junge war, brachte man mir die richtige Meinung über Jesus nahe, weil meine Eltern die richtige Meinung über ihn hatten und sie mir beibrachten; und so ging ich in die Sonntagsschule und in die Kirche. Doch mit sechzehn ging ich von zu Hause weg, kehrte damit auch dieser „Meinung aus zweiter Hand" den Rücken und fand rasch heraus, dass ich keine eigene Meinung, also „aus erster Hand", über Jesus hatte. Ich hatte das Ganze nie selbst durchgedacht. Wenn man mich gefragt hätte, wer Jesus sei, hätte ich die richtige Antwort gegeben: „Der Sohn Gottes, der Heiland der Welt", aber es wäre eine Meinung aus zweiter Hand gewesen und nicht meine eigene; es hätte wiedergegeben, was andere in meiner Gegenwart

über ihn gesagt hatten; es wäre etwas gewesen, das ich in meinem Umfeld aufgeschnappt hatte. Die entscheidende Frage lautet jedoch: *„Ihr aber, was sagt **ihr**, wer ich bin?"*

Haben Sie selbst das Ganze schon durchgedacht? Haben Sie das Markusevangelium schon einmal ganz durchgelesen und dann gesagt: Wer ist er? Wer ist er im Sturm? Wer ist er in großer Not? Wer ist er, der von den Toten auferstand? Wer *ist* er? Niemand kann Ihnen die Beantwortung dieser Fragen abnehmen!

An dieser Stelle gibt es noch zwei weitere Hinweise, die wirklich niederschmetternd sind.

1) Jesus gebietet seinen Jüngern, niemandem etwas von alledem zu sagen, obwohl sie beinahe geplatzt wären! Die Menschen hatten viele hundert Jahre darauf gewartet, dem Christus, dem Sohn Gottes, zu begegnen. Jetzt war er da. Sie wollten es der ganzen Welt sagen, aber er trug ihnen auf, es für sich zu behalten. Warum? Die Antwort ist sehr einfach: Weil die Menschen falsche Vorstellungen von Christus hatten. Sie wollten einen politischen Heilsbringer. Sie wollten jemanden, der kommen und all ihre Probleme aus dem Weg räumen würde – mit einer Ausnahme: ihre eigene Sünde. Sie wollten jemanden, der sie von den Römern befreien würde und von ihrer Angst, aber nicht von sich selbst.

2) Der Christus muss leiden und getötet werden. Daran hatten sie nicht gedacht. Was ist das für ein Anführer, was ist das für ein Befreier, was ist das für ein Held, der sagt, er werde leiden müssen und getötet werden? Die Jünger hatten die Schriften wohl in etwa so gelesen wie die meisten anderen Leute: Die schönen Stellen waren ihnen hängen geblieben, doch die „hässlichen" waren ihnen entgangen. Sie erinnerten sich an die wunderbaren Passagen über den Christus, aber nicht an jene Stellen, die besagten, was er durchmachen und erleiden müsse.

Petrus hatte eben noch etwas ganz Wunderbares gesagt, doch jetzt ergreift er das Wort und tritt gewaltig in ein Fettnäpfchen. Es heißt, Petrus habe Jesus beiseite genommen und getadelt. Doch dann muss Jesus seinen Freund Petrus tadeln – eine wirklich tragische Szene.

Käme der Teufel in Gestalt eines kleinen schwarzen Kobolds zu mir mit Hörnern und spitzem Schwanz und wollte mich in Versuchung führen, sollte ich ihn auf Anhieb erkennen und sagen: „Verschwinde!" Ich sollte reagieren wie Martin Luther und ihm mein Tintenfass hinterherwerfen. Aber ich bin noch nie einem Teufel begegnet, der so daherkam. Viel eher begegnet man einem Teufel, der sich als Botschafter des Lichts ausgeben kann; einem Teufel, der durch Ihre Familie zu Ihnen reden kann, durch die Menschen in Ihrer unmittelbaren Nähe, durch Leute, die Sie am liebsten mögen, durch Ihre Freunde! Und als Jesus sich umdrehte und auf den Fischer blickte, sah er durch diesen den Teufel zu sich sprechen. Daraufhin rief er: *„Geh weg hinter mich, Satan!"*

Können Sie sich in Petrus hineinversetzen? Wie es ihm wohl erging, als er das hörte? Er war zutiefst menschlich, ungestüm und impulsiv. Sind wir nicht alle manchmal so? Nachdem wir etwas Gutes, Wahres und Hilfreiches gesagt haben, können wir unsere Klappe nicht halten und müssen weiterreden und als Nächstes kommt das genaue Gegenteil aus unserem Mund heraus! Weil er wenige Augenblicke zuvor das Richtige gesagt hatte, meinte Petrus nun, er könne noch einmal das Wort ergreifen und es würde wieder etwas Richtiges aus seinem Mund hervorkommen – Fehlanzeige! Man kann von Gott inspiriert sein und schon im nächsten Moment etwas sagen, das vom Teufel kommt! Deshalb gibt es eine Zeit zu reden und eine Zeit zu schweigen.

Petrus ist der menschlichen Logik zum Opfer gefallen. Er denkt wie ein Mensch. Er steht jetzt nicht auf der Seite Gottes, sondern auf der Seite der Menschen. Der Mensch will den Weg des geringsten Widerstandes gehen. Der Mensch will nicht leiden. Der Mensch mag den unproblematischen und komfortablen Weg zur Herrlichkeit, ja er mag zuerst die Herrlichkeit, vor allem anderen. Der Mensch ist nicht damit zufrieden, die Kämpfe in diesem Leben zu fechten und die Freude im kommenden Leben zu genießen – er möchte die Freude in diesem Leben haben. So denkt der Mensch: kein Leid, keine Schwierigkeiten, keine unbequemen und unbehaglichen Dinge, nicht getötet werden, sondern Leben, Genuss und Glück *und zwar jetzt gleich!*

Deshalb ruft Jesus die Leute zusammen, die ihn kennen, um ihnen etwas zu sagen, was sie begreifen müssen: *„Wer mir nachfolgen will, der verleugne sich selbst und nehme sein Kreuz auf sich und folge mir nach. Denn wer sein Leben erhalten will, der wird's verlieren; und wer sein Leben verliert um meinetwillen und um des Evangeliums willen, der wird's erhalten"* (Mk 8,34f).

Ihm nachfolgen bedeutet, Leid mit ihm teilen. Es ist weder einfach noch bequem, ihm nachzufolgen. Wenn der Christus durch Leiden in die Herrlichkeit eingehen muss, dann auch die Christen. Wir sollten dankbar dafür sein, dass Jesus ehrlich war, weil mir heutzutage so viele Christen begegnen – ich würde sie gerne „Minichristen" nennen –, denen entweder nie gesagt wurde oder die nie realisiert haben, dass es ein echt hartes Leben ist, wenn man Christ ist; dass es hart und schwer werden kann und uns bis zum Zeitpunkt des Todes Leid widerfahren wird. Das Neue Testament sagt: Wer ein Gott wohlgefälliges Leben in Christus Jesus führen will, wird leiden. Bevor irgendein junger Heißsporn sagt: „Ich will Christ werden", frage ich ihn: „Hast du die Kosten überschlagen? Ist dir bewusst, dass du Jesus, dem Christus, folgen wirst, und er sagt, dass zwar Herrlichkeit auf uns wartet, aber hier auf Erden auch Leid? ‚In der Welt habt ihr Bedrängnis', sagt er, und wenn wir ihm nachfolgen wollen, werden wir nicht auf Rosen gebettet, sondern bekommen Anteil an der Dornenkrone." Jesus vermittelt seinen Zuhörern dasselbe, was er schon zu seinen Jüngern gesagt hatte: Der Weg zur Herrlichkeit führt über Leiden in dieser Welt. Er lässt jeden, der mit dem Gedanken spielt, ihm nachzufolgen, wissen, dass es vier Dinge gibt, die man sich dabei vor Augen führen müsse.

1) Wenn Sie ihm nachfolgen, werden Sie sich selbst verleug-

nen müssen. Sie müssen Ihr Ego nehmen und ans Kreuz schlagen. Dieses Leben führt übers Kreuz und Sie werden gekreuzigt werden.

Ich unterhielt mich einmal mit einer Afrikamissionarin. Kurz nach unserem Gespräch wurde sie von Banditen getötet. Ich fragte sie nach den Gefahren, die auf sie lauerten, wenn sie allein auf diesen riskanten Straßen unterwegs sei. Ich fragte sie, ob sie Angst vor dem Tod habe. Ihre Antwort werde ich nie vergessen. Sie sagte: „Ich bin vor zehn Jahren gestorben." Einige Wochen später, als man sie wegen des Inhalts ihrer Handtasche umbrachte, musste ich an diese Antwort denken. Christ sein heißt, seiner selbst zu sterben und das Ego auszutilgen. Jesus lehrt, dass man den Verlust des eigenen Egos erleiden wird, wenn man ihm nachfolgt – weil es gekreuzigt werden muss.

2) Wenn Ihnen Sicherheit wichtiger ist als alles andere, dann sollten Sie ihm nicht nachfolgen. Vor vielen Jahren bekam ich einmal einen hochinteressanten Brief, in dem man mir sagte, es sei grundfalsch, in den vollzeitlichen Dienst bei den Baptisten zu gehen, weil dieser Job keine Sicherheit böte. Der Brief stammte von einem geistlichen Leiter einer anderen Denomination. Ist es das, worauf wir im Leben aus sind? Wollen wir Sicherheit haben? Wollen wir Schutz und Sorglosigkeit? Geht es nur darum, die eigene Existenz zu sichern? Müssen wir uns vor allem um uns selbst kümmern? Werden wir doch Narren um Christi willen! Wer lebt, um sein eigenes Leben zu bewahren, wird es verlieren, doch wer sein Leben um Christi willen verloren hat und sich nicht mehr um Sicherheit, Schutz und Sorglosigkeit dreht, wird sein Leben finden. Die Geschichte ist voller Beispiele von Christen, die in den Augen der Welt ihr Leben verloren, aber es in Christus fanden.

3) Erfolg muss eine Abwertung erfahren. Jemand kann die ganze Welt gewinnen; er baut sich ein Geschäft auf, eröffnet immer mehr Zweigstellen und „geht seinen Weg", wie man so schön sagt. Doch Jesus erklärt: *„Was nützt es einem Menschen, die*

ganze Welt zu gewinnen und sein Leben einzubüßen?" (Mk 8,36) Man kann so sehr damit beschäftigt sein, seinen Lebensunterhalt zu verdienen, dass man nie wirklich lebt. Ein Christ, der Christus nachfolgen will, muss den Begriff „Erfolg" überdenken. In den Augen der Welt sind Sie als Christ vielleicht ein elender Versager, doch in den Augen Jesu haben Sie vielleicht den einzig wahren Erfolg, nämlich für ihn zu leben.

4) Sie dürfen sich nicht für Jesus schämen. Unser Herr spricht in diesem Abschnitt von einem ehebrecherischen und sündigen Geschlecht. Das bedeutet: Sobald Sie ihm nachfolgen, werden Sie ein Außenseiter sein. Die Leute werden Sie auslachen. Sie werden in der Minderheit sein. Sie werden versucht sein, sich für ihn zu schämen; Sie werden versucht sein, es für sich zu behalten, dass Sie zu ihm gehören – weil man Gott in unserer Welt nicht mag. Die Welt läuft anderen Göttern nach. Doch Jesus sagte: *„Denn wer sich meiner und meiner Worte schämt unter diesem ehebrecherischen und sündigen Geschlecht, dessen wird sich auch der Sohn des Menschen schämen, wenn er kommen wird in der Herrlichkeit seines Vaters mit den heiligen Engeln"* (Mk 8,38).

Vor einiger Zeit kam ein Mann zu mir und sagte: „Wissen Sie was: Ich habe bei uns im Büro einen anderen Christen entdeckt." Ich erwiderte: „Das ist ja großartig!" Er meinte: „Ich bin Laienprediger und er ist auch Laienprediger, das ist doch wirklich toll." Ich sagte: „Ja, wirklich." Dann fügte er hinzu: „Ist es nicht erstaunlich, dass wir seit zwölf Jahren im Büro zusammenarbeiten und keiner das vom anderen wusste?!" Nach dieser Bemerkung stellte sich seine wunderbare Entdeckung allerdings in einem ganz anderen Licht dar!

Wie soll das aussehen, dass sich Jesus unserer schämen wird, wenn wir uns jetzt seiner schämen? Stellen Sie sich folgende Szene vor: Jesus kommt wieder und jedermann wird ihn sehen und auch alle anderen Leute an Ihrem Arbeitsplatz werden ihn sehen. Plötzlich bemerken sie, dass Sie neben ihm stehen, und sagen dann: „Ich wusste gar nicht, dass du mit dem irgendetwas zu tun hast." Wie würde es Ihnen dabei ergehen? Wenn Jesus in Herrlichkeit wiederkommt, werden wir stolz auf ihn sein; es wird uns begeistern, dass die Menschen nun seine Herrlichkeit sehen und erkennen, dass er tatsächlich Herr der Herrn und König der Könige ist. Aber wie werden wir uns fühlen, wenn die Leute uns auf seiner Seite sehen, und sagen: „Ich wusste gar nicht, dass du mit ihm irgendetwas zu tun hast." Jesus machte denen gegenüber, die ihm nachfolgten, keinen Hehl daraus, dass der Weg recht steinig werden würde.

Aber es gibt einen doppelten Anreiz: Der erste liegt in der Zukunft. Eines Tages werden Sie Jesus in Herrlichkeit kommen sehen. Das ist es wert, nicht wahr? Das ist es wert zu leiden, Kämpfe zu haben, ausgelacht und verspottet zu werden und in Bedrängnis zu leben – wenn Sie dann sehen, wie er mit all seinen Engeln in den Wolken in Herrlichkeit kommt und wissen, dass er wegen Ihnen kommt!

Der zweite Anreiz ist, dass seine Nachfolger gar nicht auf sein Kommen in Herrlichkeit warten müssen, um ermutigt zu werden, denn Jesus sagt: „*Wahrlich, ich sage euch: Es sind einige unter denen, die hier stehen, die den Tod nicht schmecken werden, bis sie das Reich Gottes in Kraft haben kommen sehen!*" (Mk 9,1; Schlachter 2000). Was meint er damit? „Kraft" ist das Schlüsselwort. Wann kam die Kraft? An Pfingsten, als der Heilige Geist kam. Und die Gegenwart und Kraft des Heiligen Geistes ist ein wesentlicher Anreiz und eine zentrale Ermutigung für den Christen, diesen Kampf durchzustehen und auf diesem steinigen Weg zu bleiben. Das Reich Gottes ist Gerechtigkeit und Friede und Freude und die Gegenwart des Heiligen Geistes – *jetzt*! Deshalb lohnt es sich. Können wir den Kampf etwa nicht aufnehmen mit der Kraft jetzt und der Herrlichkeit später? Können wir ihm etwa nicht nachfolgen?

Kommen wir nun zum dritten und letzten Teil dieses Abschnitts. Petrus hatte bereits gesagt: „*Du bist der Christus*", doch jetzt sollte er es sehen. Die große Bestätigung, Phase zwei – sie beginnt eigentlich ähnlich wie Phase eins, mit einem Reden Gottes. Bei der Taufe im Jordan hatte Gott gesagt: *„Du bist mein geliebter Sohn, an dir habe ich Wohlgefallen gefunden"* (Mk 1,11). Phase zwei beginnt nun wieder mit einer Stimme vom Himmel, allerdings oben auf einem Berg: *„Dies ist mein geliebter Sohn; auf ihn sollt ihr hören!"* (Mk 9,7; Schlachter 2000).

Es ist eine Woche später. Sie sind zu viert auf diesem Berg. Nur Jesus, Petrus, Jakobus und Johannes. Es wird Abend. Der Schnee schimmert im fahlen Licht des verlöschenden Tages. Sie sind sehr müde, deshalb richten sich die drei Jünger für die Nacht ein. Sie hüllen sich in ihr Gewand, um sich warm zu halten. Sie möchten schlafen. Jesus steht ein wenig abseits und betet. Doch meine Bibel sagt, dass aus dem Schlafen nichts wurde, denn es geschah etwas, das sie wach hielt.

Es wurde nicht dunkler am Himmel, sondern auf einmal sah es so aus, als ob es dort oben immer heller werden würde. Als sich die Jünger umsahen, bot sich ihnen ein spektakulärer Anblick. Sie erblickten Jesus, so hell, dass sie ihn kaum ansehen konnten. Der Text sagt, sein Gewand sei hell geworden, d. h. Licht sei aus ihm herausgekommen. Es war also kein Licht, das ihn von außen anstrahlte, sondern ein Licht, das aus ihm hervorkam, und seine Kleidung war im Grunde transparent. Haben Sie schon einmal eine Taschenlampe hinter ein Stück Stoff gehalten? So etwas wird hier beschrieben. Petrus war es, der dies in seiner bodenständigen Art Jahre später Markus gegenüber folgendermaßen schilderte: *„Seine Kleider wurden glänzend, sehr weiß wie Schnee, wie kein Bleicher auf Erden sie weiß machen kann."* Kein Mittel auf Erden hätte seine Kleidung so weiß machen können. Sie strahlte grell weiß. Waschen Sie Ihre Kleidung bei der nächsten Wäsche so weiß wie es geht und hängen Sie sie dann in einem Schneesturm hinaus, damit sie sich gegen den Schnee abhebt und Sie werden den Unterschied sehen! Doch Jesus strahlte noch heller als der Schnee auf dem Hermon. Es war eine atemberaubende, geheimnisvolle, ja fast schon unheimliche Erfahrung, und zunächst fuhr den Jüngern der Schreck in die Knochen.

Dann sahen sie genauer hin und erblickten noch zwei andere Personen: Mose und Elia, die sich mit Jesus unterhielten. Haben Sie sich schon einmal gefragt, woher sie wussten, wer von beiden Mose und wer Elia war oder überhaupt, wer die beiden waren? Für mich ist das ein Beweis dafür, dass wir, wenn wir in die Herrlichkeit kommen, jeden Menschen direkt erkennen werden. Ich wurde schon gefragt: „Wie werde ich meinen geliebten Partner wieder erkennen? Ich bin älter geworden, seit er oder sie heimgegangen ist. Wie wird er oder sie mich erkennen?" Genau so, wie Petrus, Jakobus und Johannes wussten, dass die beiden Personen Mose und Elia waren.

Freuen Sie sich nicht auf den Himmel? Denken Sie nicht manchmal daran, dass Sie dort sagen werden: „Ach, da ist ja Simon Petrus! Ich wollte schon immer wissen, wie er aussah, und hier ist er"? Oder: „Da ist auch Paulus. Er sieht ganz anders aus, als ich vermutet hatte. Aber da ist er!" Und haben Sie sich schon einmal gefragt, wie Sie Jesus erkennen werden? Sie werden es instinktiv und auf Anhieb wissen, denn dann werden wir erkennen, wie wir jetzt erkannt worden sind. Die Jünger wussten, dass da Mose und Elia mit Jesus redeten. Sie standen am Rand des Universums. Sie standen an der Schwelle zur Ewigkeit. Sie bekamen Einblick in eine andere Welt.

Was bedeutet das alles? Das bedeutet zunächst, dass Mose und Elia nicht tot, sondern am Leben waren. Gott ist der Gott Abrahams, Isaaks und Jakobs. Als ich in Hebron war und mir die Gräber dieser drei Patriarchen ansah, dachte ich: „Sie sind nicht hier – ihre verwesten Knochen schon, aber sie leben." Gott ist immer noch der Gott Abrahams. Abraham liebt Gott noch immer – Mose und Elia genauso. Manche Leute versuchen, einen Keil zwischen das Alte und das Neue Testament zu treiben, so als ob das Alte unwahr und das Neue wahr wäre. Mose und Elia und Christus gehören zusammen. Man kann keinen Keil zwischen sie treiben.

Sie reden miteinander. Dieses Ereignis schafft die Verbindung zwischen Vergangenheit und Zukunft und offenbart den umfassenden Plan Gottes durch alle Zeitalter hindurch.

Es sagt auch etwas über die Zukunft aus. Die Jünger sahen etwas, das eines Tages jeder Christ (ja eigentlich jeder Mensch) sehen wird: Jesus in Herrlichkeit. Sie erhaschten einen kurzen Blick darauf, wie Jesus im Himmel aussieht; sie erhaschten einen Blick auf seine Herrlichkeit, die er zurückließ, als er in Bethlehem geboren wurde.

Noch Jahre später sprachen sie von diesem Ereignis so, als sei es gestern gewesen. So schreibt Johannes mindestens sechzig Jahre danach: *„Wir sahen seine Herrlichkeit, eine Herrlichkeit voller Gnade und Wahrheit, wie nur er als der einzige Sohn sie besitzt, er, der vom Vater kommt"* (Joh 1,14; NGÜ). Nach etlichen Jahren schreibt auch Petrus: *„Und diese Stimme hörten wir vom Himmel her ergehen, als wir mit ihm auf dem heiligen Berg waren"* (2 Petr 1,18). Sie erblickten die Herrlichkeit Jesu. Man könnte auch sagen: Petrus hatte „Du bist der Christus" gesagt und jetzt bestätigte Gott, wie wahr diese Worte waren. Zwischen den Zeilen sagte Petrus damit ja, dass er glaubte, Jesus habe zuvor schon gelebt, nicht als Mensch auf Erden, sondern als der Sohn Gottes im Himmel. Es war die Bestätigung dieses gewaltigen Bekenntnisses aus dem Mund des Petrus. Das war der Beweis für ihn.

Und dann reißt Petrus wieder seinen Mund auf. Armer Petrus! Wollte er an dem Gespräch der drei Personen teilnehmen? Warum sonst ließ er sich zu der nun folgenden Äußerung hinreißen? Hielt er eine kleine Rede für angebracht? Es gibt immer irgendjemanden, der glaubt, eine Rede halten zu müssen, und vielleicht war es in dieser Situation Petrus. Er sagte: *„Wir wollen drei Hütten machen, dir eine und Mose eine und Elia eine."* Dann könnten die Leute auf den Berg hochkommen und dieses Ereignisses gedenken.

Petrus hatte zwei gravierende Fehler gemacht. Er wurde nicht von Jesus getadelt (der nicht mit ihm sprach) und auch nicht von

Mose oder Elia, sondern von Gott selbst. Zum ersten Mal hörte Petrus direkt die Stimme Gottes – sie muss in seinen Ohren wie Donner geklungen haben. Gott donnerte vom Himmel herab: *„Dies ist mein geliebter Sohn; auf ihn sollt ihr hören!"* (Mk 9,7; Schlachter 2000). Dieses Reden Gottes offenbart, was Petrus falsch gemacht hatte: Am Fuße des Bergs hatte das Bekenntnis des Petrus klar gemacht, dass Jesus in eine eigene Kategorie gehört; er hatte anerkannt, dass Jesus einzigartig war – der Christus! Doch was sagt Petrus jetzt? Er deutet an, Jesus sei einer der Drei, die er jetzt sieht. Worin liegt der Fehler? Er setzt Jesus mit anderen großen Männern der Weltgeschichte gleich; er reiht ihn bei den großen Propheten ein; er setzt Jesus herab, so als sei er einer aus der Menge. Und Gott sagt: *„Dies ist mein geliebter Sohn!"*, während die Wolke die beiden anderen ausblendet, so dass die Jünger nur mehr Jesus sehen. Petrus wird klar gemacht, dass er aufhören soll, über diese drei Personen zu reden. Im Grunde ging er zurück auf eine niedrigere Ebene als die seines früheren Bekenntnisses, indem er Jesus mit anderen Menschen gleichsetzte.

Außerdem hatte Petrus nicht zugehört – das war der nächste Fehler, den Gott tadelte. Er hätte in diesem Augenblick nicht reden, sondern hören sollen, was der Herr zu sagen hat. Hätte Petrus zugehört, was wäre ihm dann zu Ohren gekommen? Worüber sprach Jesus mit Mose und Elia? Über das Kreuz und seinen Tod. Jesus musste mit jemandem darüber sprechen. Seine Jünger würden das allerdings nicht verstehen. Deshalb musste er im Himmel jemanden suchen, der Verständnis hätte. Er musste sich an zwei Heilige Gottes vergangener Jahrhunderte halten, um über das Kreuz zu sprechen. Mose verstand und Elia auch. Deshalb sagt Gott zu Petrus, er solle Jesus zuhören. Er sagt im Grunde: Wenn du irgendetwas verstehen willst, musst du auf Jesus hören. Wir Christen reden manchmal zu viel und hören nicht gut genug zu. Manchmal müssen wir uns in unserer persönlichen Gebetszeit daran erinnern, dass wir aufhören zu reden und auf ihn hören – dann wird er uns Dinge sagen, die wir wissen müssen.

Anschließend wendet sich Jesus an seine Jünger und sagt ihnen noch einmal, dass sie niemandem erzählen dürften, was sie soeben gesehen hatten; erst wenn er von den Toten auferstanden wäre, dürften sie das – dann könnten sie der ganzen Welt davon erzählen. Vor seinem Tod hätte die Welt es nicht verstanden. Doch nach seinem Tod und seiner Auferstehung werden sie davon berichten können, wie sie ihn in seiner Herrlichkeit sahen.

Dann stellen sie ihm eine Frage, bei der es um die auf dem Alten Testament beruhende jüdische Überlieferung geht, dass dem Christus, dem Messias, ein Bote vorausgehen müsse, der ihm den Weg bereiten würde. Viele Juden dachten, es sei Elia, der zuvor noch kommen müsse, und deshalb fragen die Jünger nach: Wenn Jesus wirklich der Christus sei, warum sei dann nicht zuvor dieser Bote gekommen? Jesus entgegnet, er sei sehr wohl gekommen.

Über Johannes den Täufer heißt es, er habe Kleidung aus Kamelhaar und einen Ledergürtel getragen. Haben Sie gewusst, dass es in der Bibel nur einen anderen Mann gab, der genau so gekleidet war? Und haben Sie gewusst, dass in der Bibel neben Johannes nur ein Mann erwähnt wird, von dem es heißt, er habe Heuschrecken und wilden Honig gegessen? Elia! Lesen Sie nach in 1. Könige 19. „Elia" ist gekommen – nicht der Elia, der Jahrhunderte zuvor lebte, sondern der Bote. Alles läuft nach Plan. Jesus sagt allerdings auch, dass die Schriften, die von jenem Boten berichten, ankündigen, dass der Messias leiden werde. Wenn der Bote getötet wurde, würde auch der Messias getötet werden. Ist Ihnen klar, was er den Jüngern hier erklärt? Nicht nur in Kapitel 9, sondern auch in Kapitel 10, 11, 12, 13 und 14. Jesus versucht, den Jüngern begreiflich zu machen, dass Leiden der Weg zur Herrlichkeit, Bedrängnis der Weg zum Triumph und offensichtliche Niederlage der Weg zum Sieg ist – es steht alles so in der Schrift! Man denke nur an Johannes. Konnten die Jünger nicht begreifen, dass ein wirklich guter Mensch zwangsläufig leiden muss, wenn er in dieser bösen Welt lebt? Es ist tragisch, aber sie verstanden es nicht.

Bevor wir dieses Kapitel verlassen, müssen wir noch zwei sehr schöne Punkte ansprechen. Zunächst einmal, dass Jesus überhaupt wieder vom Berg herabkam. Ist Ihnen bewusst, dass er ohne weiteres und nach Belieben mit Mose und Elia wieder in den Himmel hätte zurückgehen können? Er hätte einen Bogen um das Kreuz und das damit verbundene Leid machen können; er hätte in die Herrlichkeit heimkehren können. Aber er stieg aus freien Stücken wieder vom Hermon herab, um den Weg nach Golgatha zu Ende zu gehen.

Aber es steckt etwas in dieser Geschichte, was mich noch mehr begeistert: Jesus wird eines Tages wieder vom Himmel zurückkehren; dann wird er in dieser Herrlichkeit, in diesem hellen, strahlenden Licht kommen. Es heißt: *„Wie der Blitz ausfährt von Osten und bis nach Westen leuchtet, so wird die Ankunft des Sohnes des Menschen sein"* (Mt 24,27). Der Himmel wird leuchten. Ich kann mir eigentlich gar nicht vorstellen, wie das sein wird. Aber zwei Dinge weiß ich: Wir werden ihn sehen, wie er wirklich ist. Jene Erfahrung, die Petrus, Jakobus und Johannes an diesem Abend machten, können auch Sie machen. Ist Ihnen bewusst, dass eines Tages auch Ihre Kleidung so strahlen könnte? Ist Ihnen bewusst, dass die Bibel lehrt, wen Jesus beruft, den rechtfertigt er, und wen er rechtfertigt, den verherrlicht er? Es ist absolut legitim für einen Christen, sich auf jenen Tag zu freuen, an dem wir verwandelt werden; Tag für Tag werden wir verändert, damit eines Tages die Herrlichkeit Jesu aus uns erstrahlt.

Kapitel 10

Lektionen und Leben

Markus 9,14-50

Im vorigen Kapitel waren wir oben auf dem Berg; in diesem sind wir unten im Tal. Jeder Christ muss eine Lektion lernen, die vermutlich zu den schwierigsten überhaupt zählt, nämlich wie man in der rechten Weise wieder vom Berg ins Tal hinab kommt. Wir machen Erfahrungen, bei denen wir am absoluten Höhepunkt sind, doch dort oben auf dem Gipfel können wir nicht leben (dies wird erst im Himmel der Fall sein). Es gibt Augenblicke, in denen wir nicht wissen, wie uns geschieht, weil alles so wunderbar ist und wir mit einem Bein in der Herrlichkeit stehen; aber es gibt auch Zeiten, in denen wir tief im Schlamassel des Alltags stecken.

Die Passage, die im Mittelpunkt dieses Kapitels steht, spielt unten im Tal. Sie waren oben auf dem Berg; sie haben gewaltige Dinge gesehen; doch jetzt müssen sie wieder herabkommen und Jesus bringt sie wieder herunter. An manchen Sonntagen hat man in der Gemeinde das Gefühl, Dingen sehr nahe zu sein, die sich jeglicher menschlichen Kategorie und Beschreibung entziehen. Doch dann kommt Montagmorgen: Man steht an der Spüle, sitzt am Schreibtisch oder steht in der Fabrik und landet unsanft auf dem Boden der Realität. Wir müssen sowohl mit dem einen als auch mit dem anderen umgehen können. Die Jünger mussten lernen, wie man wieder ins ganz normale Leben zurückfindet und sich den Problemen stellt, die dieses Leben mit sich bringt. Ich muss leider sagen, dass sie diese Rückkehr in den Alltag nicht sonderlich gut bewältigten.

Ihnen fehlten fünf Dinge. Das finde ich tröstlich, denn wenn der Herr all das mit diesen zwölf Jüngern schaffte, kann er auch etwas davon mit David Pawson schaffen!

1) Ihnen fehlte *Kraft*. Sie versuchten ihr Bestes; sie strengten sich nach Leibeskräften an, aber sie konnten nichts tun. Sie hatten jemanden gewaltig enttäuscht. Die Szene, die sich Jesus darbot, als er vom Berg herabstieg, ist die Miniaturdarstellung jener Lebenssituation, mit der wir klarkommen müssen. Wir sehen einen jungen Mann, der in den Fängen des Bösen ist und dem niemand helfen kann. Die Situation ist real und schrecklich, schrecklich real. Seine Eltern leiden Qualen und würden alles tun, um ihm zu helfen, aber sie sind machtlos. Wir sehen auch einige Nachfolger Jesu. Sie haben versucht zu helfen, aber das Ganze nur noch schlimmer gemacht. Und wir sehen auch einige Schriftgelehrte – solche Leute findet man wirklich überall: Sie sind überkritisch, sie nörgeln und diskutieren über die Fehler anderer und versuchen, aus der Verlegenheit anderer Kapital zu schlagen.

Denken wir dabei nicht unweigerlich an den Schlamassel in unserer heutigen Welt? Menschen in den Fängen des Bösen; Eltern, die sich über ihre Kinder Sorgen machen; Christen, die verzweifelt versuchen zu helfen und oft entmutigt sind, weil es so aussieht, als würden sie die Situation nur noch verschlimmern. Und immer steht ein Kritiker Gewehr bei Fuß.

Jesus legt hier den Finger direkt auf die Wunde und spricht an, was falsch gelaufen ist. Dabei hallen Worte wider, die sein Vater Jahrhunderte zuvor über Israel ausgesprochen hatte. Er bezeichnet sie als „ungläubiges Geschlecht" und sagt: *„Bis wann soll ich euch ertragen?"* Er hört sich beinahe frustriert an. Er nennt die Dinge beim Namen: Das eigentliche Problem der Jünger ist ihr mangelnder Glaube. Sie glauben eigentlich nicht, dass Gott die Kraft hat, etwas zu tun. Sie versuchen, das Problem selbst zu lösen. Dann sagt er: „Bringt den Jungen zu mir!"

An dieser Stelle möchte ich Ihre Aufmerksamkeit auf zwei Personen lenken: auf jemanden, der zu viel zweifelte, und auf jemanden, der zu selbstsicher war. Zunächst der Zweifler – der Vater des jungen Mannes. Sein Glaube ist nicht ausreichend. Er kommt zu Jesus und sagt etwas, das er besser nie gesagt hätte (wenn er ihn besser gekannt hätte, hätte er es auch nicht gesagt). Doch wenn man Jesus nicht kennt, sagt man Dinge zu ihm, die man nicht sagen sollte. Wenn man nicht genug über das Christentum weiß, sagt man Dinge darüber, die man nie sagen sollte. Er sagte zu Jesus: *„Wenn du aber etwas kannst, so erbarme dich unser und hilf uns!"* Jesus greift diesen Satz auf und erwidert: *„Du sagst: Wenn du kannst ..."* (Mk 9,22-23; LÜ) Was der Mann sagt, belegt nicht nur, dass er desillusioniert ist, sondern regelrecht verzweifelt. Mir sind Menschen begegnet, die an Christus verzweifelten und glaubten, er werde ihnen nie helfen, weil sie Christen um Hilfe gebeten hatten, die nichts bewirkten.

Der Mann sagt sinngemäß: „Deine Nachfolger konnten mir nicht helfen. Da frage ich mich schon, ob du mir helfen kannst. Wenn deine Nachfolger, die deine Autorität haben, nicht helfen können, dann bezweifle ich, ob du es kannst." Falls Sie sich gerade in dieser Situation befinden, falls Sie von Christen desillusioniert wurden, falls Sie bei der Gemeinde Hilfe suchten, aber keine fanden, dann möchte ich Sie dringend ersuchen, nicht automatisch davon auszugehen, dass Ihnen Christus auch nicht helfen kann. Es wäre eine Tragödie, wenn Sie ihn anhand seiner Nachfolger beurteilen würden. Ich sage es frei heraus: Wir, die wir Christus nachfolgen, sind alles andere als die perfekte Werbung für ihn. Deshalb sagen wir auch: „Investieren Sie Ihren Glauben nicht in uns, sondern in Christus." Wenn Sie an uns glauben, würden Sie enttäuscht werden; dann würde es Ihnen wie dem Vater dieses jungen Mannes ergehen; dann würden auch Sie sagen: „Wenn da was dran ist ..." Doch wenn Sie zu Jesus kommen, sagen Sie nicht „wenn". Sagen Sie etwas anderes. Erinnern Sie sich, was der Aussätzige zu ihm sagte? „Wenn du *willst*, kannst du mich rein machen." Das sind die richtigen Worte. Doch dieser Mann hier sagte nicht „wenn du *willst*", sondern

„wenn du *kannst*". Natürlich kann Jesus und hält diesem Mann entgegen: *„Alle Dinge sind möglich dem, der da glaubt"* (V.23; LÜ).

An späterer Stelle lesen wir, wie Jesus zu einem Baum spricht, der am nächsten Morgen verdorrt ist. Petrus ruft in dieser Situation: *„Rabbi, siehe, der Feigenbaum, den du verflucht hast, ist verdorrt"* (Mk 11,21). Jesus sagt, er solle Glauben an Gott haben und: *„Wer zu diesem Berg sagen wird: Hebe dich empor und wirf dich ins Meer!, und nicht zweifeln wird in seinem Herzen, sondern glauben, dass geschieht, was er sagt, dem wird es werden"* (Mk 11,23). Sie brauchen keinen großen Glauben; sie brauchen Glauben an einen großen Gott! Jesus machte dem Vater dieses jungen Mannes klar, dass dem, was möglich ist, keine Grenzen gesetzt wären, wenn er Glauben hätte.

Daraufhin spricht er eines der aufrichtigsten Gebete, das jemals gesprochen wurde: *„Ich glaube. Hilf mir, meinen Unglauben zu überwinden"* (V.24; wörtl. a. d. Engl.). Ungeschminkte Ehrlichkeit ist eine Kardinaltugend des Gebets. Ein Pastor berichtete mir von einem jungen Mann, der gesagt hatte: „Ich glaube nicht an Gott. Ich bin Agnostiker." Der Pastor erwiderte: „Hast du das schon einmal Gott gesagt?" Hatte er nicht. Deshalb bat er den jungen Mann, dies Gott zu sagen, also auf die Knie zu gehen und zu beten: „Gott, wenn es einen Gott gibt, glaube ich nicht an dich." Gebet beginnt, wenn wir vor Gott ehrlich werden. Der Vater in dieser Episode des Markusevangeliums hatte Zweifel. Er wusste, dass sein Glaube nicht ausreichte. Er hatte ein klein wenig Glauben und bat den Herrn, ihm zu helfen, seinen Unglauben zu überwinden. Er wollte, dass Jesus ihn dort abholt, wo er gerade stand. Das Herrliche ist, dass Jesus jeden dort abholen kann, wo er gerade steht, vorausgesetzt, er ist ehrlich zu ihm und sagt Jesus die Wahrheit über sich selbst. Und Jesus heilte den jungen Mann.

Anschließend gingen sie in ein Haus und die Jünger fragten Jesus, warum sie nichts tun konnten. Sie lernten ihre Lektion, die Lektion ihres Unvermögens, eine Lektion, die die meisten Christen auf sehr beschwerlichem Wege lernen. Aber es ist eine sehr wichtige Lektion, eine, die „ans Eingemachte" geht. Warum konnten sie nichts tun? Schließlich hatte Jesus sie nur wenige Wochen zuvor ausgesandt, um Dämonen auszutreiben; sie waren hinausgegangen und hatten Erfolge gehabt. Und dann kam dieser junge Mann und die verbliebenen neun Jünger konnten nichts ausrichten. Was war schief gelaufen? Die Antwort: Ihr Selbstvertrauen war mittlerweile zu groß geworden. Sie dachten, sie schaffen es selbst. Jesus lehrte sie und führte ihnen vor Augen, dass sie „den Stecker raus gezogen" hatten – das war schief gelaufen! Er sagte: *„Diese Art kann durch nichts ausfahren als nur durch Gebet"* (V.29).

Hier gilt es, eine Lektion zu lernen. Immer und immer wieder sagen Leute zu mir: „Ich weiß noch gut, wie ich Gottes Gegenwart ganz stark spürte. Ich hatte Kraft. Ich hatte Freude. Ich hatte Frieden. Ich hatte viele wunderbare Dinge. Doch wo ist all das jetzt?" Die Antwort lautet: Sie sind nicht „eingesteckt". Wir müssen verstehen, dass wir aus uns selbst heraus nie etwas haben werden. Wir können nur in Jesus Kraft haben; wir können nicht aus uns selbst heraus Kraft haben. Wir können in ihm Frieden haben und nicht aus uns selbst heraus. Wir können in ihm Freude haben und nicht aus uns selbst heraus. Das Tragische daran ist Folgendes: Wenn wir zu Jesus durchdringen, erleben wir all diese Dinge und meinen dann, sie stünden uns einfach so zur Verfügung. Wir meinen, wir „haben es". Also gehen wir hinaus, genauso wie beim letzten Mal, und meinen, wir „haben es", doch in Wirklichkeit sind wir nicht mehr „eingesteckt". Wenn jemand sagt: „Wo ist all das hin, was ich früher hatte?" würde ich als Erstes fragen: „Wie geht es deinem Gebetsleben?" Gebet heißt, eingesteckt und eingeschaltet sein. Wenn wir unser Gebetsleben nicht am Laufen halten, können wir auch nicht erwarten, dass wir das alles haben, was wir früher einmal hatten; dann können wir nicht davon ausgehen, dass wir dieselbe Kraft wie früher haben, weil wir sie nur *in ihm* haben können. Meiner Einschätzung nach braucht jede Gemeinde mehr Gebet von Mitgliedern, die „eingesteckt" sind. Nur weil wir früher einmal etwas getan haben, heißt das noch lange nicht, dass wir es jetzt wieder tun können, wenn wir diesen Kontakt mit Gott im Gebet verloren haben.

Der stärkste Mann in der Bibel war zugleich der schwächste – Simson. Er war ein großer, starker Kerl mit einem muskulösen Körperbau, der sich immer wieder mit anderen anlegte und sie mächtig aufmöbelte. Doch eines Tages fiel er flach auf sein Gesicht. Warum? Er dachte, er habe die Kraft, während eigentlich der Herr die Kraft hatte, und hatte „den Stecker raus gezogen". Der Herr war von ihm gewichen. Damit ist klar, warum die Jünger es nicht schafften. War ihnen nicht bewusst, dass Jesus seine Kraft aus der ständigen Gemeinschaft mit dem Vater im Gebet nahm? Glaubten sie, bloß weil man etwas einmal geschafft hat, könne man es weiterhin tun, auch wenn man nicht betet?

2) Ihnen fehlte das *Wissen*. Wenn Sie nicht *dazulernen*, werden Sie nie ein guter Nachfolger Christi sein. Wer Christus nachfolgt, muss Bescheid wissen. Es gibt so viel zu lernen.

Sie zogen mittlerweile durch Galiläa. Die große Wanderung Richtung Süden hatte begonnen. Jesus war auf dem Weg ans Kreuz und hatte nicht mehr viel Zeit. Er wollte, dass bei seiner Mission von nun an Intensität im Vordergrund stünde und nicht Quantität. Er wollte keine Menschenmassen mehr anziehen und reiste deshalb inkognito. Er hatte nur mehr wenige Wochen, um seine Jünger zu lehren. Wir lesen im Text, dass es zwei Dinge waren, die er ihnen immer wieder nahe zu bringen versuchte: Er würde sterben und anschließend von den Toten auferstehen. Sie mussten lernen, dass es beim Christenleben vor allem um Tod und Auferstehung geht. Viele Leute meinen, dass Jesus ein großer Mann war, ein großer Lehrer und Anführer, und dass wir in einer besseren Welt leben würden, wenn wir alle versuchen würden, die Bergpredigt zu leben und zu tun, was er tat, aber darum geht es beim Christsein nicht! Die zwölf Jünger hatten das Wesentliche nicht begriffen. Sie dachten, es gehe nur darum, durchs

Land zu ziehen und Menschen zu helfen und zu heilen und dergleichen. Darum ging es auch, aber das Kernstück war und ist Tod und Auferstehung. Auch heute begegnen mir immer noch Menschen, die meinen, Christ sein heißt zu versuchen, Gutes zu tun. Das stimmt nicht. Christ sein heißt zu begreifen, dass Jesus starb und auferstand, und was dies eigentlich bedeutet.

Jesus wusste, dass er einen Verräter in seinen eigenen Reihen hatte: *„Der Menschensohn wird verraten werden. Man wird ihn töten, aber drei Tage später wird er von den Toten auferstehen"* (Mk 9,31; NLB). Das sind bereits erste Andeutungen, die er hier macht, und ich frage mich, was wohl in Judas vorging, als Jesus dies sagte: Die Menschen werden ihn töten; Gott wird ihn auferwecken. Die Menschen werden ihn aus dieser Welt vertreiben; Gott wird ihn wieder dorthin zurückbringen. Darum geht es. Das ist das Herzstück unseres Glaubens. Wenn wir Christus nachfolgen wollen, müssen wir Tod und Auferstehung so sehr verstanden haben, dass wir jemand anderem erläutern können, warum Jesus starb und wieder auferstand. Aber die Jünger hatten es nicht begriffen. In Kapitel 10 sagt Jesus es ihnen wieder und auch in Kapitel 11 und 12. Sie verstanden es nicht. Und heute predigen wir immer noch den gekreuzigten und auferstandenen Christus und die Leute meinen immer noch, wir würden sie dazu auffordern, recht zu leben. Doch wahres biblisches Christentum sagt: Christus starb für meine Sünde und stand wieder von den Toten auf, um mein Herr zu sein. Das müssen wir erfassen, aber auch diese zwölf Männer hatten es nicht erfasst. Sie hatten immer noch keine Ahnung von den Grundlagen des Evangeliums!

3) Sie nahmen sich selbst zu wichtig. Auf dem Weg nach Süden in Richtung Jerusalem gingen sie vermutlich hintereinander; Jesus ging voraus. Es wirkt so, als sei er ihnen immer vorausgegangen; sie gingen zu zweit oder dritt hinter ihm her. So hörte Jesus immer mit, wie sie sich hinter ihm zankten und laut wurden. Als sie schließlich abends in ein Haus einkehrten, fragte er sie: *„Was habt ihr unterwegs besprochen?"* Sie trauten sich nicht, es

ihm zu sagen, weil sie sich schämten. Es wirkt so, als habe Petrus gesagt: „Ich bin der ehrwürdigste, du bist ehrwürdig und du bist nicht so ehrwürdig." Wer ist der Größte? Sie hatten über ihren Rang diskutiert. Sie begriffen das Reich Gottes immer noch in Kategorien der Macht. Ich zweifle nicht daran, dass Petrus, Jakobus und Johannes, die oben auf dem Berg gewesen waren und die Verklärung gesehen hatten, zu den anderen neun sagten: „Damit ist doch eigentlich klar, dass wir das Spitzentrio sind! Wir drei sind wichtiger als ihr neun; das ist unsere Hierarchie." Sie hatten also besprochen, wer der wichtigste von ihnen sei. Doch Christus kann erst dann etwas mit Menschen anfangen, wenn sie aufgehört haben, über ihre eigene Wichtigkeit und Bedeutung zu diskutieren; es ist wirklich ungemein schwierig, dem Stolz den Garaus zu machen!

Was sagte Jesus? Er tadelte sie mit Worten und mit einem „Anschauungsobjekt". Sein Tadel war recht einfach. Er stellte ihre soziale Werteskala einfach auf den Kopf und sagte: *Wenn jemand der Erste sein will, soll er der Letzte von allen und aller Diener sein.* Er wollte, dass sie ganz nach unten gehen. Wer nach vorn drängt, findet sich ganz hinten wieder; wer nach oben kommen will, findet sich ganz unten wieder. Wer der Größte sein will, sollte sich für die niedrigste Position entscheiden und zum Diener aller anderen machen. Das hatten sie nicht begriffen. Das haben auch wir noch nicht so recht begriffen. Wir reden immer noch darüber, wer im falschen Sinne „wichtig" sei.

Nehmen wir an dieser Stelle eine spätere Szene vorweg: Zum letzten Abendmahl gingen sie in ein „Obergemach". Niemand war da, weil es sich um eine geheime Verabredung handelte. Es war auch kein Diener da, der ihnen – den normalen Gepflogenheiten der Gastfreundschaft folgend – nach Betreten des Raums ihre schmutzigen Füße gewaschen hätte. Ich kann mir gut vorstellen, dass die Jünger die Schüssel mit Wasser und das Handtuch sahen und sich dachten: „Das tu ich nicht für die anderen." Also setzten sie sich alle mit schmutzigen Füßen zu Tisch. Da stand Jesus auf und zog sein Obergewand aus. Er nahm die Schüssel mit Wasser und erklärte ihnen, dass er ihnen nun die Füße waschen werde. Das muss eine niederschmetternde Erfahrung für die Jünger gewesen sein. Jesus lehrt uns, dass wir das Gegenteil dessen denken müssen, was die Welt denkt. Wir müssen die weltliche Denkweise auf den Kopf stellen. Wenn Sie im Reich Gottes groß sein wollen, dann dienen Sie. Wählen Sie den untersten Rang.

Anschließend tadelte Jesus sie anhand eines „Anschauungsobjekts". Er holte ein kleines Kind – möglicherweise den Sohn von Simon Petrus, weil sie ja in Kapernaum waren – und „... *stellte es in ihre Mitte; und er nahm es in seine Arme und sprach zu ihnen: Wer eins von solchen Kindern aufnehmen wird in meinem Namen, nimmt mich auf; und wer mich aufnehmen wird, nimmt nicht mich auf, sondern den, der mich gesandt hat"* (vgl. Mk 9,36ff). Wenn wir uns für wichtig halten, müssen wir nicht nur diesbezüglich unser Denkmuster auf den Kopf stellen, sondern außerdem noch „unwichtigen" Leuten dienen. Wer sich selbst für wichtig hält, verbringt wahrscheinlich seine Zeit nur mit wichtigen Menschen, wo er sich und seinen Namen ins Gespräch bringt und anderen wichtigen Leuten vorgestellt wird. Doch Jesus lehrt, wenn man seine Zeit einem kleinen unbedeutenden Kind widme, von dem man im Gegenzug nichts erwarten könne – und man wächst auch nicht gerade im Ansehen anderer Menschen, wenn man Zeit mit einem Kind verbringt – und dies in seinem Namen tue, nehme man dadurch Jesus und den Vater auf. Das sollte eine gewaltige Ermutigung für alle sein, die Kinderstunden oder Sonntagsschule machen, die etwas Zeit mit jungen Leuten verbringen, die sich denen widmen, die keinen hohen gesellschaftlichen Rang bekleiden und keine soziale Bedeutung haben. Was für eine Herausforderung für die Jünger: Warum diskutieren sie darüber, wer wichtiger sei? Jeder ist wichtig!

4) Sie waren intolerant – was sie nicht sein sollten. Im Zusammenhang damit, dass der Name Jesu genannt wurde, kommt et-

was zur Sprache, was die Jünger soeben getan hatten. Johannes, der ein Choleriker war und deshalb auch den Beinamen „Sohn des Donners" trug, warf ein: *„Lehrer, wir sahen jemand Dämonen austreiben in deinem Namen; und wir wehrten ihm, weil er uns nicht nachfolgt"* (Mk 9,38). Das hört sich so an, als hätten sie ihm Einhalt geboten, weil er nicht Mitglied ihrer Gewerkschaft war, weil er nicht „einer von uns" war. Beachten Sie in diesem Zusammenhang das Wort „uns". Sie sagten nicht: „... weil er *dir* nicht nachfolgt", sondern „... weil er *uns* nicht nachfolgt". Schließlich waren sie davon überzeugt, die einzig wahren Jünger zu sein. Sie sagten dem Mann, er solle damit aufhören, weil er nicht der richtigen Gruppe angehörte. Johannes war stolz darauf und nahm an, dass Jesus ihr Verhalten gutheißen würde. Aber was sie getan hatten, zeugte lediglich von elitärem Denken. Deshalb erwiderte Jesus: *„Hindert ihn nicht! Denn jemand, der unter Berufung auf meinen Namen ein Wunder tut, kann nicht gleichzeitig schlecht von mir reden. Wer nicht gegen uns ist, der ist für uns"* (Mk 9,39f; NGÜ). Wer den Namen Jesu gebrauchen kann, um jemanden von übernatürlichen Mächten des Bösen freizusetzen, wird nicht gegen, sondern für Jesus sein. Jesus sagt: Haltet ihn nicht auf, nur weil er euch nicht nachfolgt, nur weil er nicht in eure Gemeinde geht, nur weil er nicht zu eurer Gruppe von Jüngern gehört. Dieser Mann tat etwas für Jesus und niemand soll dies unterbinden.

Einen Dämonen auszutreiben ist ziemlich schwierig, aber Jesus erwähnt hier etwas anderes, was sehr einfach ist: *„Denn wer euch einen Becher Wasser in meinem Namen zu trinken gibt, weil ihr Christus angehört, wahrlich, ich sage euch: Ihm wird sein Lohn nicht ausbleiben"* (Mk 9,41; Schlachter 2000). Wenn Ihnen jemand einfach nur ein Glas Wasser zu trinken gibt, weil Sie Christ sind und zu Jesus gehören, zählt auch das. Das dürfen Sie nicht unterbinden. Wenn jemand etwas im Namen Christi und in der Kraft Christi tut – sei es etwas Schwieriges oder etwas Einfaches –, dürfen Sie das nicht unterbinden.

Auch ich musste diese Lektion lernen! Ich war Kaplan bei der

Royal Air Force in Aden. Ich bekam eine Nachricht von dem mir übergeordneten Kaplan aus Zypern, in der von seltsamen Geschehnissen auf der Luftwaffenbasis der Air Force in Bahrain am Persischen Golf die Rede war. Ich wurde gebeten, dorthin zu reisen und dem Ganzen umgehend Einhalt zu gebieten, weil dort kein Kaplan vor Ort sei, der regulierend eingreifen könne. Ich reiste dorthin und fand einen jungen, vom Heiligen Geist gesalbten Mann vor, der im Begriff war, seine Kameraden am Stützpunkt zum Herrn zu führen (etwa zwanzig von ihnen hatte er bereits zu Christus geführt). Er hatte sie im Swimmingpool getauft und es gab auch Versammlungen. Es war tatsächlich kein Kaplan vor Ort, aber was dort geschah, war echt. Es war von Gott! Wer war ich, dies zu unterbinden? Wie könnte ich sagen: „Das ist falsch"? Ich predigte dreieinhalb Stunden zu ihnen. Das war die längste Predigt, die ich je hielt, aber die Männer hatten gesagt: „Sie werden drei Monate weg sein. Bitte lehren Sie uns so viel, dass es für diese drei Monate reicht." Deshalb redeten wir über geistliche Dinge und fanden kein Ende. Ich werde diese Nacht nie vergessen! Ich wusste allerdings nicht, was ich dem mir übergeordneten Kaplan anschließend berichten sollte!

Es gibt vielleicht Dinge, die in unserem Gemeindeprogramm nicht vorgesehen sind, auf die unsere Organisation nicht eingestellt ist, die sich anders entwickeln, als wir es geplant hatten, und die vielleicht sehr außergewöhnlich sind. Aber haben Sie gewusst, wie die Heilsarmee ihren Anfang nahm? Sie entstand, weil der Methodistenprediger William Booth nicht „linientreu" war – man wollte ihn nämlich in das Korsett des methodistischen Systems hineinpressen, wie es sich bis dahin entwickelt hatte. Und in dem Treffen, in dem man ihm das sagte, rief eine Frau von der Galerie herab: „Niemals, William, niemals!" So wurde die Heilsarmee geboren. Die Kirchengeschichte ist voll mit Leuten, die in der Kraft Christi Dinge taten, die nicht in das Muster kirchlicher Organisation passten – sie waren „keiner von uns". Jesus sagt seinen Jüngern, sie müssten die Größe haben zu erkennen und anzuerkennen, wo auch immer Christus wirkt, und sich darüber zu freuen.

5) Der letzte Punkt, in dem es bei den zwölf Männern haperte: Anderen gegenüber waren sie unnachgiebig, sich selbst gegenüber jedoch nachgiebig. Das ist beiliebe keine Seltenheit. Man kann sehr streng mit anderen und sehr nachlässig sich selbst gegenüber sein. Jesus lehrt jedoch, man solle **mit sich selbst** streng sein – ich soll mir selbst gegenüber unnachgiebig sein.

Jesus formuliert etwas erst negativ, dann positiv. Es ist offensichtlich, dass diese Aussagen zwar nicht wörtlich, aber doch sehr ernst zu nehmen sind. Er sagt: *„Wenn deine Hand dir Anlass zur Sünde gibt, so hau sie ab! [....] Und wenn dein Fuß dir Anlass zur Sünde gibt, so hau ihn ab! [...] Und wenn dein Auge dir Anlass zur Sünde gibt, so wirf es weg!"* Was meint er damit? Dass dies bildlich und nicht wörtlich zu verstehen ist, erkennen wir daran, dass ich, wenn mir mein Auge Anlass zur Sünde gibt und ich es ausreiße, immer noch das andere Auge habe, mit dem ich dieselbe Sache ansehen kann.

Heutzutage reden wir viel weniger in Bildern als zur Zeit der Bibel. Jesus meint Folgendes: Wenn Sie irgendetwas tun, wenn Sie irgendetwas ansehen, wenn Sie irgendwo hingehen, wodurch Sie davon abgehalten werden, ein guter Christ zu sein, dann hören Sie auf damit. So einfach ist das! Was damit konkret gemeint ist, unterscheidet sich von Person zu Person. Tragisch dabei ist, dass wir häufig so streng miteinander ins Gericht gehen, dass wir gern für andere Leute Regeln aufstellen, die nicht von Jesus stammen. Es kann für den einen Christen absolut OK sein, sich einen guten Film im Kino anzusehen; für einen anderen kann es absolut falsch sein, auch nur in die Nähe dieses Gebäudes zu kommen. Für den einen Christen mag es in Ordnung zu sein, dass er zu Hause einen Fernseher hat, für den anderen mag das total falsch sein. Wir dürfen einander nicht im Hinblick auf diese zweitrangigen Dinge richten. Was Jesus hier lehrt, gilt für jeden Jünger individuell: Wenn dir diese Sache Anlass zur Sünde gibt, dann hör auf damit! Für einige Christen mag es absolut notwendig sein, dass sie keinen Alkohol trinken, aber man kann nicht aus der Bibel herleiten, dass dies für alle gelten solle. Der eine Christ sollte dies besser nicht tun und der andere jenes, aber man kann nicht alle über einen Kamm scheren. Entscheidend ist die Frage: Hält mich das, was ich tue oder ansehe oder wo ich hingehe, davon ab, das Werk Jesu zu tun? Wenn ja, dann streichen Sie es aus Ihrem Leben, denn all diese Dinge können einen Menschen in den Ruin treiben.

Im Anschluss folgen einige sehr ernste Worte über die Hölle. Jesus hat uns über die Hölle gelehrt – das hat eigentlich sonst niemand getan. Er hat die Hölle immer wie das Tal vor den Toren Jerusalems dargestellt. Stellen Sie sich die Stadt Zion, umgeben von einer Mauer, auf ihrem Berg vor. Nach Süden erstreckt sich ein tiefes, dunkles Tal, an dessen Grund man nie die Sonne sieht und nur Schatten hat. Dieses Tal war die Müllhalde Jerusalems. Abfall wurde über die Mauer geworfen und rutschte in dieses Tal hinab. Maden fraßen die Lebensmittelreste und mit großen Feuern versuchte man, die Müllmenge zu kontrollieren – es war ein großer Haufen nutzlosen Abfalls.

Was lehrt Jesus nun in diesem Zusammenhang? Seid wachsam! Was sich der Mensch ansieht, reicht aus, um ihn so zu ruinieren, dass er nur mehr Abfall ist und für nichts und niemanden mehr von Nutzen. Was ein Mensch tut, kann ihn bis auf diese Ebene hinabsinken lassen, so dass ihn kein Mensch und auch Gott nicht mehr gebrauchen kann. Und auch wo ein Mensch hingeht, kann das Verderben auf ihn warten. Besser man lässt diese Dinge und nimmt es in Kauf, dass man als engstirnig verschrien wird, und lebt in den Augen der anderen Leute ein engstirniges Leben, als sich selbst zu ruinieren und auf den Müll zu werfen.

Jesus stand mit beiden Beinen im Leben. Er beschrieb die Hölle als Müllhaufen, wo der Wurm nicht stirbt und das Feuer nicht verlischt, wo Männer und Frauen hingehen, die für Gott und Mensch zu nichts mehr nütze sind. Genau das bedeutet das

Wort „verloren gehen" in Johannes 3,16: *„Denn so hat Gott die Welt geliebt, dass er seinen eingeborenen Sohn gab, damit jeder, der an ihn glaubt, nicht verloren geht, sondern ewiges Leben hat."* Um nicht verloren zu gehen, um nicht nutzlos zu werden, um nicht auf den Müll geworfen und dem Ruin preisgegeben zu werden, ist es besser, diese Dinge für einen selbst auszumerzen und zu lassen – und ins Leben einzugehen.

Nun formuliert Jesus die positive Seite. Er sagt den Jüngern, es habe einen bestimmten Grund, warum sie die Disziplin bräuchten, diese Dinge auszumerzen: Wenn sie es nicht täten, könnten sie nicht das Salz der Erde sein und hätten nicht den richtigen Geschmack und diese charakteristische Qualität, die das Salz so nützlich macht. Damals gebrauchte man Salz nicht zum Würzen wie heute. Vielmehr düngte man damit die Gärten, weil dem Salz viel Pottasche beigemengt war. Man desinfizierte damit auch die damalige „Toilette" am Rand des Hofs, die im Grunde nur eine Art „Misthaufen", war. Salz förderte also Wachstum im Garten und verhinderte, dass sich auf dem Misthaufen schädliche Stoffe und Krankheiten entwickeln konnten.

Jesus sagt: *„Salz ist etwas Gutes. Wenn jedoch das Salz seine Kraft verliert, womit soll man sie ihm wiedergeben"* (Mk 9,50; NGÜ). Wie soll man es dann im Garten oder auf dem Misthaufen einsetzen? Wie verliert Salz seine Kraft? Natriumchlorid verliert seine Qualität nicht. Es ist immer Salz. Die Antwort ist sehr einfach: Geschäftstüchtige Kaufleute mischten andere Stoffe wie Sand unter das Salz. So war es schwerer und man konnte mehr Geld damit verdienen. Manchmal kaufte eine arme Hausfrau ein Päckchen Salz und kostete davon und musste feststellen, dass es mehr Sand als Salz war. Dann warf sie es hinaus auf die Straße und die Menschen traten es fest. Es war zu nichts mehr zu gebrauchen; es konnte weder als Dünger noch als Desinfektionsmittel eingesetzt werden.

Anhand dieses Vergleichs lehrt Jesus seine Jünger Folgendes: Wenn man nicht bereit ist, das zu lassen und nicht anzuschauen, was einen ins Straucheln bringt, und Orte zu meiden, die einen gefährden, wird das Salz seinen Geschmack verlieren und man wird weder Gutes hervorbringen noch Schlechtes verhindern. Doch genau das sollte ein Jünger Christi tun: Ein Christ, der in einem Büro oder einer Fabrik arbeitet, sollte Gutes fördern und Böses „desinfizieren". Allein schon seine Anwesenheit sollte schmutzige Witze im Keim ersticken. Allein schon seine Anwesenheit sollte den Kollegen helfen, freundlicher miteinander umzugehen. Er soll das Salz der Erde sein. Das ist die Art von Unnachgiebigkeit, die ein Christ braucht: Alles aus seinem Leben auszumerzen, was ihn davon abhält, das Salz der Erde zu sein.

Fassen wir zusammen: Den Jüngern fehlte die Kraft und der Glaube; ihnen fehlte das Wissen und die Erkenntnis; sie nahmen sich selbst zu wichtig – es fehlte ihnen an Demut; sie waren intolerant – es fehlte ihnen die Liebe; und sie waren zu nachgiebig gegenüber sich selbst – es mangelte ihnen an Heiligung. Dennoch hing die gesamte Zukunft der Gemeinde Jesu von diesen Männern ab und Jesus blieben nur mehr ein paar Wochen, um sie auf Vordermann zu bringen, bevor er sie verlassen musste. Ich sage es noch einmal: Wenn er mit solchen Männern etwas erreichen konnte, kann er auch mit Ihnen etwas erreichen. Manche Leute meinen, man müsse schrecklich religiös oder schrecklich gut oder schrecklich mystisch sein, um ein guter Christ zu sein, aber diese Jünger waren Menschen wie du und ich. Wenn Jesus sie verändern konnte, kann er das mit jedem einzelnen von uns tun. Wenn wir uns selbst zu wichtig nehmen; wenn wir hilflos sind, wenn es darum geht, anderen Leuten zu helfen; wenn wir einander gegenüber etwas intolerant sind; und wenn wir uns selbst gegenüber etwas zu nachgiebig sind und Dinge tun, die wir nicht tun sollten, kann Jesus uns immer noch verändern – vorausgesetzt, wir lassen ihn, und vorausgesetzt, wir folgen ihm bis zum Ende.

Kapitel 11

Hart und zart

Markus 10,1-52

Stellen Sie sich ein tiefes Tal vor – der am tiefsten gelegene Punkt der Erde, ein großer langer Graben, der sich vom Jordantal nach Süden zieht. Der Graben füllt sich mit Wasser und wird zum Roten Meer. Ja, der Graben reicht sogar hinab bis nach Uganda. Der am tiefsten gelegene Teil dieses tiefen Tals ist das Jordantal. Dort befinden sich der See Genezareth und das Tote Meer und auch der Jordan, der im Nirgendwo entspringt und ins Nirgendwo mündet. Christus geht am Ostufer dieses Flusses entlang, ein Landstrich der „Peräa" genannt wird (zur Zeit der britischen Besatzung „Transjordanien", heute das Königreich Jordanien, auf der anderen Seite liegt Israel). Zwischen dem See Genezareth und dem Toten Meer geschehen fünf Dinge. Markus, Kapitel 10, schildert diesen Teil der Reise Jesu. Jesus geht immer weiter in dieses Tal hinab; Gewitterwolken ziehen auf; dem Leser bietet sich ein düsteres Bild. Es besteht kein innerer Zusammenhang zwischen den hier geschilderten Ereignissen, aber ich staune immer wieder darüber, wie viel Jesus den Menschen ganz spontan nahe brachte, so wie es sich in einer bestimmten Situation ergab. Fast sieht es so aus, als sei er in der Lage gewesen, praktisch alles, was geschah, als Anlass zu nehmen, um sie lehren zu können. Wo er auch hinging in diesem Tal, scharten sich die Menschen um ihn, und sobald sie da waren, lehrte er sie. Jesus vermochte grandios im Freien zu predigen. Sie kamen nicht, um sich seine Predigten anzuhören, doch genau damit wurden sie konfrontiert, wenn sie zu ihm kamen. Er erzählte ihnen etwas Neues.

Diese fünf Begebenheiten haben nur eines gemeinsam: Jedes Mal änderten sich die Vorstellungen und Anschauungen derer, die zu Jesus kamen. Gelegentlich sagen Leute zu mir nach einem Gottesdienst (und manchmal ist es unüberhörbar, dass ihnen das überhaupt nicht passt): „Heute hast du uns wieder zum Nachdenken gebracht!" – so als wäre das das Allerletzte, weswegen sie in die Gemeinde gekommen seien, und das Allerletzte, was ich ihnen antun dürfe! Wir stellen jedenfalls immer wieder fest, dass Jesus seine Zuhörer – auf einer viel tieferen und wunderbareren Ebene – zum Nachdenken brachte. Fortwährend hob er die Vorstellungen der Menschen aus den Angeln und stellte sie auf den Kopf und brachte sie zum Nachdenken über Dinge, über die sie sich zuvor schon ein falsches Urteil gebildet hatten.

Als Erstes wurde die Frage nach der Ehescheidung aufgeworfen. Wie kam es dazu? Jesus hatte Feinde, die ständig versuchten, ihn mit Fragen in die Falle zu locken. Immer wenn in einer Gesprächsrunde Fragen gestellt werden, findet man ziemlich rasch heraus, wer fragt, weil er die Antwort tatsächlich nicht weiß, sie aber wissen will, und wer fragt, weil er einen in eine Falle locken und dazu bringen möchte, dass man sich selbst widerspricht, oder will, dass man sich in bestimmten Kreisen unbeliebt macht. Am Speaker's Corner im Londoner Hyde Park begegnet man regelmäßig irgendwelchen Zwischenrufern, die mit großem Genuss durch Fragen darauf hinwirken, dass sich ein Redner wie in einem Spinnennetz verheddert – sie fragen nicht, weil sie es nicht wissen, sondern um den Redner zu blamieren oder nach Möglichkeit zu verwirren.

Auch bei Jesus gab es solche Zwischenrufer, noch dazu professionelle – die Pharisäer. Natürlich stand dabei eine Menge auf dem Spiel. Wenn er Recht hatte, hatten sie Unrecht. Wenn der Weg, den er aufzeigte, die Wahrheit war, war ihre Religion der falsche Weg. Deshalb versuchten sie, ihn in die Falle zu locken.

Ein heißes Diskussionsthema an jenem Tag war Ehescheidung. Damals wurde die Scheidung – ähnlich wie heute – immer populärer. Im römischen Imperium wie auch in den griechisch dominierten Ländern, ja sogar im Land der Juden ließen sich Männer wegen irgendwelcher Lappalien – wie z. B. ein angebranntes Frühstück – von ihren Frauen scheiden. Die Männer kamen damals damit durch, dass sie einfach nur einen entsprechenden Scheidebrief ausstellten.

Unter den Juden gab es zwei Gruppierungen: eine unter der Führung eines Rabbis namens Hillel und eine unter der Führung eines Rabbis namens Shamai. Weit mehr Leute standen auf Hillels Seite, der sagte, man könne sich wegen diesem oder jenem einfach so von seiner Frau scheiden lassen (wenn z. B. ihre Stimme zu laut sei, sei das bereits ein Scheidungsgrund). Shamai sagte: „Nein. Es gibt nur eine begrenzte Anzahl von Gründen, aus denen man sich von ihr scheiden lassen kann." Deshalb diskutierte man unter den Juden heftig darüber, wie viele Gründe es genau seien.

Nun kamen sie zu Jesus und dachten, mit dem, was er sagen würde, würde er sich zumindest bei einer Hälfte der Bevölkerung in die Nesseln setzen. Sie stellten ihm eine Fangfrage (ähnlich wie: „Sollen wir dem Kaiser Steuern zahlen?"), um herauszufinden, wie er die Sache mit der Ehescheidung sah. Aber er zitierte weder die Schriftgelehrten noch die Rabbis noch die schlauen Gelehrten. Er ging direkt zurück zu den Schriften und fragte sie, was Mose geboten habe. Der Ausgangspunkt ist immer das Gesetz des Herrn. *„Sie erwiderten: ‚Mose hat erlaubt, dass ein Mann seiner Frau eine Scheidungsurkunde ausstellen und sie dann wegschicken kann.'"* (Mk 10,4; GN). Der Mann stellte also der Frau einen Scheidebrief aus und sie konnte ihre Koffer packen.

Hier müssen wir zunächst einmal festhalten, dass dieses Gesetz des Mose kein Gebot, sondern eine Erlaubnis war, der noch dazu sehr enge Grenzen gesetzt waren. Sie bezog sich auch nicht auf Dinge, die sich nach der Eheschließung ereignen. Sie galt einzig und allein für den Fall – lesen Sie nach im 5. Buch Mose –, dass ein Mann eine Frau heiratet und anschließend etwas über sie herausfindet, das er zuvor nicht gewusst hatte, und die Ehe dadurch für ihn hinter dem zurückbleibt, was er erwartet hatte. In diesem Fall gestattete Mose die Scheidung. Überdies sagt Jesus hier, diese Erlaubnis sei ein Zugeständnis an die harten Herzen der Menschen gewesen (vgl. Mk 10,5). Wir müssen der Tatsache ins Auge sehen, dass man, wenn man Gesetze für die Gesellschaft entwirft, der menschlichen Natur Rechnung tragen muss. Man kann eine Gesellschaft nicht regieren, wenn man nicht erkennt, wie hart die Herzen der Menschen sind, und Mose waren eben solche Gesetze für die damalige Gesellschaft gegeben worden. Jesus verweist die Fragesteller zurück an den Anfang der Schriften: Wer hat Sex erfunden und warum? Gott hat Sex erfunden. Das bedeutet, dass Sex an sich nichts Schmutziges ist. Wir sind es, die Sex schmutzig machen. Gott hat ihn erfunden und für gut befunden. Gott schuf uns als Mann und Frau.

Darüber hinaus weist Jesus darauf hin, dass es eine Ehe mit sich bringt, dass man aus einer Familie ausbricht, um eine neue zu bilden. Es wird etwas gebrochen, bevor etwas Neues entsteht. Das ist das Entscheidende an der Verlobung. Manchmal sagen junge Leute zu mir: „Warum sollen wir uns verloben? Es geht doch nur um uns beide." Der springende Punkt dabei ist, dass man durch die Verlobung den anderen Leuten signalisiert, dass man heiraten wird und die Tatsache anerkennt, dass die Ehe keine private Abmachung ist, sondern etwas Öffentliches. Wenn ein Mann heiratet, verlässt er seine Eltern und bildet mit seiner Frau eine neue Einheit. Da geschieht etwas ganz Entscheidendes in den Augen Gottes.

Gott hat die beiden zusammengefügt. Jesus sagt nicht, dass Gott sie zusammenfügt, wenn sie kirchlich heiraten. Er sagt, die beiden werden „ein Fleisch" sein, und Gott habe die beiden zusammengefügt und: *„Was nun Gott zusammengefügt hat, soll der Mensch nicht scheiden."* Das wird bei einer christlichen Trauung klipp und klar gesagt. In Gottes Augen gibt es nur eins, was diese Einheit auseinander brechen kann – der Tod. Das ist der Standard

Jesu. Mit anderen Worten sagt er damit, dass er keine Meinung über Ehescheidung kundtun wird, sondern seine Zuhörer stattdessen ganz an den Anfang zurückführt: Wer hat Sex erfunden? Warum? Und welchem Zweck sollte er dienen? Das ist der Ausgangspunkt. Wenn man die Sache von der Seite der Scheidung her anpackt und nicht von der Seite der Ehe, bekommt man ein völlig verzerrtes Bild. Man beginnt damit, wie es ursprünglich gedacht war!

Die Jünger machten sich ein wenig Sorgen über all das und dachten, Jesus nehme hier eine zu strenge Position ein. Als sie wieder im Haus waren, fragten sie ihn noch einmal. In Matthäus ist nachzulesen, dass sie ihn fragten, weil sie der Meinung waren, niemand würde jemals mehr heiraten, wenn Jesus im Hinblick auf Scheidung so strenge Ansichten habe. Das stellt das Eheleben der Apostel in einem bestimmten Licht dar, nicht wahr? Es ist jedenfalls erstaunlich, dass ihrer Auffassung nach unter diesen Umständen eine Ehe unmöglich sei, und deshalb sprachen sie das Thema noch einmal an.

Daraufhin lehrte Jesus sie in klaren und eindeutigen Worten, dass man eines der zehn Gebote breche, wenn man eine Wiederheirat zulasse – so einfach ist die Sache. Jesus hatte den höchstmöglichen Standard. Damit verärgerte er schon die Jünger – wie viel mehr die Pharisäer! Wir halten fest, dass Jesus die Menschen so sehr liebte, dass er den Standard nicht herabsetzen konnte. In einer Welt, in der eine Frau oft wie ein Ding behandelt und von einem Mann zum nächsten weitergegeben wurde, kämpfte Jesus mit seinen Aussagen für die Würde der Frau im Allgemeinen. Wer nicht begreift, dass er sich deshalb in diese Auseinandersetzung begab und den Standard nach oben setzte, wird ihn unweigerlich falsch verstehen. Er wertete die Frau so weit auf, bis sie – der Sicht Gottes entsprechend – gleicher Ehre wert war wie die Männer und denselben Status hatte. Das gab es damals weder in der griechischen, noch in der römischen und auch nicht in der jüdischen Welt. Er war fairer zu den Frauen als alle anderen. Vielleicht ist Ihnen aufgefallen, dass es den Pharisäern im Grunde nur um das Vorrecht des Mannes ging, sich scheiden lassen zu können. Jesus hob die Frauen hoch, bis sie dort waren, wo sie hingehörten – wirklich bemerkenswert dieser Standard unseres Herrn!

Dem möchte ich gleich noch hinzufügen, dass Scheidung oder Ehebruch nicht die Sünde ist, für die es keine Vergebung gibt – und wir dürfen sie auch nie so behandeln. Man kann Vergebung dafür erlangen und sobald wir umkehren und zu Christus kommen, vergibt er auch. Die Geschichte von der Ehebrecherin und wie Jesus mit ihr umging, sollte jedem klar und deutlich vor Augen führen, dass dies nicht die schlimmste Sünde im ganzen Buch ist. Jesus sagte nicht, es sei nicht falsch gewesen; aber er sagte: *„Auch ich verurteile dich nicht. Geh hin und sündige von jetzt an nicht mehr!"* Er nannte es „Sünde", aber nicht die Sünde, für die es keine Vergebung gibt. Geh hin und tu es nie wieder. Das war sein Ansatz – ehrlich, klar und geradlinig.

Auch hier sieht man wieder, wie Jesus im Denken seiner Zeitgenossen Veränderungen bewirkt. Die landläufige Meinung der damaligen Zeit war: Frauen sind etwas Niedriges, Scheidung ist etwas Einfaches – wechsle den Partner, wenn du ihn satt hast. Jesus hingegen wertete das Frau-Sein auf; also mussten sie ihre Vorstellungen überdenken und in der Frau jemanden sehen, den man liebt „bis dass der Tod uns scheidet".

Als Nächstes richtet Jesus nun sein Augenmerk auf die Kinder. Die Jünger ließen durchblicken, dass Kinder nicht so wichtig seien. Auch hier ändert Jesus ihr Denken. Ich möchte darauf hinweisen, dass es in dieser Situation die Väter waren, die die Kinder brachten, und nicht die Mütter (dies lässt sich anhand der Grammatik erschließen). Es ist eine Verbeugung vor dem zeitgenössischen Denken, dass es in allen Hymnen, die im 19. und 20. Jahrhundert über diese Begebenheit geschrieben wurden, hieß, die „Mütter von Salem" hätten ihre Kinder zu Jesus gebracht. Ich möchte an dieser Stelle eines mit allem Nachdruck sagen: In den

Augen Gottes ist der Vater des Hauses verantwortlich für die Religion der Kinder. Ich stelle jedoch fest, dass sich heutzutage in 99 Prozent aller kirchen- und gemeindefernen Familien die Väter nicht im Geringsten dafür interessieren – es wird den Müttern überlassen, ihren Kindern irgendetwas Religiöses angedeihen zu lassen. Damit wird der eigentliche Plan Gottes völlig auf den Kopf gestellt. Jeder Vater wird von Gott für das religiöse Leben seiner Kinder verantwortlich gemacht werden.

Es waren also die Väter, die ihre Kinder zu Jesus brachten, doch die Jünger hatten die Einstellung: „Nein, so geht das nicht. Wir führen gerade eine wichtige theologische Diskussion. Es geht um Scheidung. Das ist nichts für Kinder. Das geht nur Erwachsene etwas an. Das ist viel zu ernst für sie. Haltet sie fern." Wie erwachsen ihre Diskussion doch war! Jesus hörte, was sie sagten, und trug den Jüngern auf, die Kinder hereinzulassen. Damit wollte er sagen: „Kinder sind sehr wichtig; ihr seid in dem, wie ihr denkt, wirklich schief gewickelt; ihr glaubt, diese Kinder könnten nichts von alledem haben, solange sie nicht wie wir Erwachsenen sind." „*Wahrlich, ich sage euch: Wer das Reich Gottes nicht annimmt wie ein Kind, wird dort nicht hineinkommen*" (Mk 10,15). Er stellte ihr Denken auf den Kopf. Wir leben in einer klugen und anspruchsvollen Erwachsenenwelt, doch so klug und erfahren wir auch sein mögen – die Worte Jesu gelten nach wie vor: „Wenn ihr nicht werdet wie die Kinder ..."

Ich erinnere mich an unser Gebetstreffen auf den Shetland-Inseln. Unter den Teilnehmern war ein Fischer. Er hieß Dordie Pottinger, war ein echter Hüne und Kapitän des Fischkutters im Hafen. Ich werde nie vergessen, wie er eines Tages im Gebetstreffen aufstand und Gott „Dad" nannte. Dieser riesige, kräftige Kerl blickte zum Himmel auf, sagte: „Dad" und schüttete wie ein kleines Kind vor Gott sein Herz aus. Es war herrlich! Wir haben so hoch entwickelte und differenzierte Vorstellungen, wir müssen alle so schrecklich erwachsen und intellektuell sein und dann lehrt uns Jesus, dass unsere Vorstellungen falsch sind und wir wie die kleinen Kinder werden müssen.

Wodurch zeichnen sich kleine Kinder aus? Ich glaube nicht, dass Jesus mit seiner Aussage meinte, sie seien unschuldig, denn unsere drei waren das ganz sicher nicht (und ich glaube, das gilt auch für andere). Meiner Meinung nach sind es drei Dinge, die jedes kleine Kind an sich hat und die Sie brauchen, um ins Reich Gottes hineinzukommen.

1) Sie brauchen Jesus gegenüber eine offene Grundhaltung. Ist Ihnen schon einmal aufgefallen, dass Kinder die Bereitschaft haben zu glauben? Je älter wir werden, desto mehr verschließen wir uns, desto mehr wollen wir debattieren, desto mehr sagen wir: „Das glaube ich nicht!" Aber wenn man einem kleinen Kind etwas sagt, ist es offen und glaubt es und hat die Bereitschaft, die Wahrheit anzunehmen.

2) Sie brauchen offene Hände, d. h. die Bereitschaft zu empfangen. Je länger wir auf Erden wandeln, desto weniger sind wir bereit, einem anderen Menschen unsere Hände hinzuhalten – bis wir ins Rentenalter kommen und Hilfe in Anspruch nehmen könnten, doch dann sind wir zu stolz, um sie in Anspruch zu nehmen, und sagen, wir bräuchten doch keine „Almosen". Ein Kind ist ganz anders. Ein Kind sagt nicht: „Ich nehme die Schokolade nicht. Ich will keine Almosen!" Ein Kind denkt und redet nicht so. Ein Kind ist bereit, die Hand auszustrecken und zu nehmen. Jesus sagt: *„Wer das Reich Gottes nicht annimmt wie ein Kind, wird dort nicht hineinkommen."* Wir müssen bereit sein, wie ein kleines Kind zu kommen und zu sagen: „Ich nehme das von dir. Ich kann mich nicht selbst retten, aber ich nehme es von dir."

3) Sie brauchen ein offenes Herz. Wenn Sie versuchen, ein Kind in der rechten Weise zu lieben, wird es Sie „zurücklieben". Wenn Sie versuchen, einen Erwachsenen zu lieben, kann es gut sein, dass er sagt: „Ich möchte ja zu gerne wissen, worauf er/sie es abgesehen hat!" Wir werden misstrauisch. Menschen lassen uns im Stich. Wir vertrauen ihnen nicht mehr. Wir werden zy-

nisch. Wir hegen Groll in uns und meinen, alle anderen wollen uns zu Fall bringen. Ein kleines Kind denkt so nicht. Bedauerlicherweise ist es so, dass ein Kind durch die Erfahrungen, die es im Leben macht, seine Gutgläubigkeit verliert und sein Herz verschließt.

Jesus lehrte die Jünger, dass sie völlig schief gewickelt seien. Sie dachten, der Glaube an ihn sei etwas für kluge Erwachsene, die alles durchdenken; deshalb drängten sie diese Kinder hinaus. Sie fanden Gefallen an diesen „erwachsenen" Diskussionen über Scheidung und andere Themen, aber „... wenn ihr nicht werdet wie die Kinder ..." Jesus nahm die Kinder in den Arm. Können Sie sich das bildlich vorstellen? Er sagt damit: Das sind die Leute, die ihm gefallen. Das sind die Leute, die er in seinem Reich haben möchte.

In der nächsten Szene kommt ein junger Mann auf ihn zugelaufen. Es ist die Geschichte vom „armen reichen Mann", wie ich ihn nennen möchte – ein feiner junger Mann. Jesus liebte ihn und zwar aus folgenden Gründen.

1) Dieser junge Mann wollte Leben haben, echtes Leben, ewiges Leben. Er wusste, wonach er strebte; er wollte nicht bloß existieren und deshalb kam er zu Jesus gelaufen.

2) Er gab zu, dass er kein Leben hatte. Es ist wirklich etwas Außergewöhnliches, einem jungen Mann zu begegnen, der bereit ist zuzugeben, dass er „es" nicht hat. Er war zwar reich und mächtig (an anderer Stelle wird er als „einer von den führenden Männern" bezeichnet), doch echtes Leben kannte er nicht.

3) Er erkannte die Tatsache an, dass ihm jemand Leben geben müsse, wenn er Leben haben wolle; deshalb spricht er auch davon, Leben zu „erben". Vermutlich war er so zu Geld gekommen – er hatte es von jemandem geerbt. Deshalb fragte er Jesus: *„Guter Lehrer, was muss ich getan haben, um ewiges Leben zu erben?"*

4) Er war bereit, alles zu tun, um dieses Leben zu bekommen. Deshalb fragte er, was er tun müsse.

5) Er glaubte, dass Jesus die Antwort habe. Es ist großartig,

wenn jemandem klar wird, dass er zu Jesus gehen muss, wenn er echtes Leben haben möchte, es aber selbst nicht hat und bereit ist, alles dafür zu tun.

Und der junge Mann sagt „guter Lehrer" zu Jesus. Jesu Kommentar ist sehr interessant: *„Was nennst du mich gut? Niemand ist gut als nur einer, Gott."* Sagt Jesus damit, er sei nicht Gott? Keineswegs. Tatsächlich wird der junge Mann gefragt, ob er glaubt, Jesus sei Gott. Jesus fragt ihn, warum er ihn „gut" nennt, da man dieses Wort eigentlich nur für Gott selbst verwenden sollte – und Jesus ist Gott, also kann er ihm Leben geben.

Ich weiß nicht, ob er den springenden Punkt dieser Frage unseres Herrn begreift; als Nächstes stellt Jesus ihm eine Frage, bei der es um die Gebote geht und die ans Licht bringt, für wie gut sich der junge Mann hält. Seine Antwort lautet: *„Dies alles habe ich befolgt von meiner Jugend an."* Er gibt nicht vor, perfekt zu sein. Wenn er sagt, er habe dies alles von seiner Jugend an befolgt, sagt er damit, dass er versucht habe, ein guter Mensch zu sein, die Gebote zu halten und ein anständiges Leben zu führen – aber dadurch findet man kein Leben. Jesus liebt ihn für seine Ehrlichkeit und Aufrichtigkeit – ein junger Mann, der versucht, ein guter Mensch zu sein, und dabei herausfindet, dass ihn dieses Bestreben nirgendwo hinführt. Er hat versucht, Leben zu finden, aber nichts dergleichen gefunden. Er ist bereit, alles zu tun, um es zu bekommen, und fragt Jesus, was er tun soll. Und dann sagt ihm Jesus, was er noch zu tun habe.

Was war das? Was fehlte dem jungen Mann noch? Jeder Kommentar, den ich gelesen habe, behauptet, das Einzige, was dem jungen Mann noch gefehlt habe, sei Armut. Doch das hat Jesus nicht gesagt. Er sagte: *„Eins fehlt dir noch."* Er sagte nicht: Da gibt es etwas in deinem Leben, das für deine Probleme verantwortlich ist. Was war es dann, was dieser junge Mann nicht hatte? Es hatte nichts mit Geld zu tun. Jesus sagte ihm, das einzige, was ihm noch fehle, sei Jesus! *„Komm, folge mir nach!"* Doch es gab etwas, das ihm dabei im Weg stehen würde. Jesus sagt nicht, das Einzige, was dem jungen Mann noch fehle, sei Armut, also: „Wirf dein Geld weg!" Er sagt vielmehr: „Das Einzige, was du brauchst, bin ich, Jesus Christus, der Leben bringt. Aber da ist etwas, das dir dabei im Weg stehen wird."

Ich möchte Ihnen an dieser Stelle mit großer Offenheit und Aufrichtigkeit sagen, dass Sie nicht Jesus und gleichzeitig auch noch alles andere haben können! Egal, wer zu Christus kommt – im Leben dieser Person wird es etwas geben, über das Jesus sagt: Wirf es über Bord und dann kannst du mich haben! Geh hin und mach damit Schluss und dann kannst du mir nachfolgen. Das kann etwas sein, was man besitzt, oder aber eine Person, mit der man in Beziehung steht. Jesus sagt: „Du kannst nicht das *und* mich haben. Hör auf damit." Es muss nicht unbedingt (wie im Falle dieses jungen Mannes) Geld sein. Aber Jesus lehrt: Folge mir nach und du wirst Leben finden. Gib dieses (was auch immer es ist) auf; wenn du das nicht tust, wirst du mir nicht nachfolgen können.

Es gibt Reiche, die Christus gefunden haben, doch diesem jungen Mann fehlte Jesus. An diesem Punkt drehte sich der Mann um und ging weg. Wahrscheinlich ist niemand so unglücklich wie jemand, der Jesus so nahe kam und sich dann wieder abwandte, weil er nicht bereit war, den Preis zu zahlen. Der Mann war niedergeschlagen und sah todunglücklich aus. Er hätte Jesus sein Geld gebracht, wenn dieser ihn gelassen hätte. Aber der Herr hatte gesagt: *„Geh hin, verkaufe alles, was du hast, und gib den Erlös den Armen, und du wirst einen Schatz im Himmel haben, und komm, folge mir nach!"* (Mk 10,21) Jesus liebte ihn so sehr, dass er seinen Standard nicht senkte. Es sieht so aus, als habe er, der zu seinen Jüngern gesagt hatte, dass er sie zu Menschenfischern machen wolle, an diesem Tag einen Fisch verloren. Er sprang vom Haken und schwamm weg – und es war ein großer Fisch gewesen. Doch Jesus war es lieber, dass der junge Mann wegging, als dass er ihm unter falschen Voraussetzungen nachgefolgt wäre. Er verlor diesen Mann, der das ewige Leben nicht mehr wollte als alles andere und die Chance fahren ließ, die sich ihm bot.

Als der junge Mann ging, seufzte Jesus und sagte: *„Wie schwer werden die Reichen in das Reich Gottes eingehen!"* (Mk 10,23; Schlachter 2000). Die Jünger staunten nicht schlecht, hatten sie doch immer gedacht, den Reichen fiele alles leichter. Mir begegnen immer wieder Menschen, die meinen, mit einem dicken Bankkonto sei alles einfach. Das Problem dabei ist, dass man vielleicht glaubt, bloß weil auf Erden alles leichter geht, wenn man Geld hat, gehe auch im Himmel alles leichter, wenn man Geld hat. Doch Jesus zeigte dem jungen Mann, dass er sein ganzes Geld auf Erden investiert habe, und riet ihm: „Gib es den Armen und investiere es dadurch im Himmel. Dein himmlisches Bankkonto ist noch leer. Dagegen musst du etwas unternehmen."

Daraufhin meinten die Jünger: *„Und wer kann dann gerettet werden?"* Also: Wenn schon dieser Reiche nicht in den Himmel gelangen konnte, wer dann? Das spricht Bände im Hinblick auf die Einstellung, die die Jünger hatten – so als könne man einen Scheck ausstellen, um errettet zu werden! Jesus hatte gelehrt, dass kleinen Kindern das Reich Gottes gehöre und jetzt erklärt er: *„Es ist leichter, dass ein Kamel durch das Nadelöhr geht, als dass ein Reicher in das Reich Gottes hineinkommt"* (Mk 10,25; Schlachter 2000).

Es werden alle möglichen wörtlichen Erklärungen für diesen Vers angeboten, aber sehen wir der Tatsache ins Auge, dass Jesus hier einen Scherz machte. Er hat einen wunderbaren Sinn für Humor und Menschen, die im Nahen Osten die Lehre Jesu lesen, erkennen, wie komisch das hier eigentlich ist. Aber wir verstehen immer alles so wörtlich, dass es Prediger gibt, die uns von einem kleinen Tor erzählen, das „Nadelöhr" heißt, durch das man ein Kamel hindurchzwängen könne, wenn es keine Lasten trägt und so weiter und so fort. Jesus spricht hier von einem Nadelöhr. Wer schon einmal den Gesichtsausdruck eines Kamels gesehen hat, weiß, dass es komisch ist, wenn man nur von diesem Tier spricht.

Ein Kamel ist ein von einem Komitee entworfenes Pferd! Jesus lehrt, man könne schon versuchen, ein Kamel durch ein Nadelöhr zu zwängen; aber genauso gut könne man auch versuchen, einen Reichen zu bekehren. *„Bei Menschen ist es unmöglich, aber nicht bei Gott."* Gott kann sogar ein Kamel durch ein Nadelöhr schieben! Gott kann sogar einen Reichen durch das Tor der Buße ins Reich Gottes schieben! Wirklich erstaunlich. Und wenn er durch ist, kann dieser Mann wirklich eine Macht zum Guten sein. Bei Gott ist das also nicht unmöglich.

Petrus reagiert typisch menschlich auf dieses Statement Jesu: *„Siehe, wir haben alles verlassen und sind dir nachgefolgt"*, so als wollte er sagen: „Nun, die Reichen schaffen es nicht, aber wir haben es geschafft. Wir haben alles aufgegeben! Wir haben's!" Darauf erwidert Jesus zwei Dinge: *„Da ist niemand, der Haus oder Brüder oder Schwestern oder Mutter oder Vater oder Kinder oder Äcker verlassen hat um meinetwillen und um des Evangeliums willen, der nicht hundertfach empfängt, jetzt in dieser Zeit Häuser und Brüder und Schwestern und Mütter und Kinder und Äcker unter Verfolgungen – und in dem kommenden Zeitalter ewiges Leben. Aber viele Erste werden Letzte und Letzte Erste sein"* (Mk 10,29ff). Es war kein Verlustgeschäft für sie. Es ist für niemanden ein Verlustgeschäft! Was sie verloren, bekamen sie hundertfältig zurück.

Wie wenige Freunde ich doch hätte, wenn ich kein Christ wäre! Ich wäre eingesperrt in meinem engen Umfeld und eingesperrt mit Leuten mit denselben Interessen wie ich. Ich habe festgestellt, dass ich durch Christus tausende Freunde habe und es tausende höchst unterschiedliche Häuser gibt, die ich besuchen und wo ich mich zu Hause fühlen könnte. Wie reich man doch wird, wenn man alles aufgibt, um Christus zu gehören! Jesus lehrt uns, dass er uns, wenn wir Beziehungen aufgeben, hundert andere dafür geben wird – sogar jetzt schon in diesem Leben. Wenn Sie Ihre Familie zurücklassen müssen, wird er Ihnen eine riesige Familie schenken, die hundertmal so groß ist. Niemand, der etwas für Jesus aufgibt, macht Verlust.

Petrus redet hier so daher, als habe er ein großes Opfer gebracht; deshalb musste er daran erinnert werden, dass er eine ganze Menge dadurch gewonnen hatte. In dieser Welt bekam er eine Beziehung zu viel mehr Menschen als zuvor – und ewiges Leben in der kommenden Welt. Doch Jesus war so ehrlich, dass er Petrus nicht verschwieg, dass er all das „unter Verfolgungen" bekommen werde. Unser Herr war nie unaufrichtig.

Außerdem führte er Petrus vor Augen, wie wichtig es sei, nie zu vergessen, dass man wieder verlieren kann, was man erlangt hat. Er mag der erste gewesen sein, der alles hinter sich ließ, aber „... viele Erste werden Letzte [sein]." Entscheidend ist nicht, wie man das Rennen beginnt, sondern wie man bis zum Ende weiterläuft. Entscheidend ist nicht, was man aufgab, als man Christ wurde, sondern ob man willens ist, mit Opferbereitschaft weiterzugehen. Wer als Letzter dazukommt, kann der Erste werden.

Manchmal gibt es in einer Gemeinde Leute, die vielleicht schon seit zwanzig Jahren Mitglieder sind, die einen großartigen Start hinlegten, sich dann aber nie weiterentwickelt haben – und womöglich sogar von anderen, die geistlich gesehen erst zwei oder drei Jahre alt sind, überholt werden. Aus den Letzten können die Ersten werden und umgekehrt. Jesus wusste, dass Petrus alles zurückgelassen hatte, führte ihm jedoch deutlich vor Augen, wie wichtig es war, dranzubleiben und auf dem Weg weiterzugehen.

Ab Vers 32 von Markus 10 bietet sich uns ein wahrhaft dramatisches Bild: Jesus geht seinen Jüngern voran auf dem Weg hinauf nach Jerusalem. Die Jünger folgen ihm und wissen ganz genau, welche Gefahren dort lauern. Als Junge sah ich einmal im Zirkus, wie jemand seinen Kopf in den Rachen eines Löwen steckte. Ich kann mir gut vorstellen, dass ich damals, als ich das sah, genauso fühlte und dreinschaute wie die Jünger in dieser Situation. Sie waren erschrocken.

Jesus erklärt ihnen zwei Dinge: Er wisse genau, was ihn erwarte; die Menschen werden ihn anspucken und töten. Trotzdem werde er dorthin gehen. Das machte den Jüngern noch mehr

Angst. Er wusste ganz genau, was auf ihn zukam. Dem entnehme ich, dass Jesus nicht unvorbereitet ans Kreuz ging. Er wusste, was kommen würde und ging geradewegs darauf zu. Das Kreuz war kein Unfall, sondern volle Absicht. Dann sagt er noch: *„Nach drei Tagen wird er* [der Sohn des Menschen] *auferstehen"* – doch das haben die Jünger damals nicht verstanden.

Dass alles auf einen Höhepunkt zustrebte, war in dieser Situation regelrecht greifbar. Schon bald würde etwas geschehen. Sie waren unterwegs in die Hauptstadt. Jakobus und Johannes dachten allerdings nicht an ein Kreuz, sondern an eine Krone, weil sie davon ausgingen, dass Jesus schon bald auf dem Thron sitzen und König sein würde. Deshalb sagten sie zu Jesus: *„Gib uns, dass wir einer zu deiner Rechten und einer zu deiner Linken sitzen in deiner Herrlichkeit!"* (Mk 10,37) Auf dem Berg der Verklärung hatten sie Jesus in seiner Herrlichkeit und Mose und Elia zu seiner Rechten und Linken gesehen. Sie hatten darüber nachgedacht, wie grandios es doch sein müsse, in der Herrlichkeit zu sein – Jesus in der Mitte, einer von ihnen links und der andere rechts. Jakobus und Johannes hatten eine sehr ehrgeizige Mutter, die sich von ihnen auch nicht weniger erwartete.

Jesus erwiderte, sie wüssten ja nicht, worum sie da bäten: *„Könnt ihr den Kelch trinken, den ich trinke, oder mit der Taufe getauft werden, mit der ich getauft werde?"* Sie wussten es damals noch nicht, aber es könnte ihnen bevorstehen. Also sagte er ihnen, dass es ihnen so ergehen würde: In späteren Jahren litten sie beide schwer für ihren christlichen Glauben; sie tranken den Kelch und wurden in das Leid hineingetaucht, in das er hineingetaucht wurde. Doch selbst wenn sie es könnten, sagte Jesus, könne er ihnen nicht sagen, ob und wer zu seiner Rechten und Linken sitzen werde. Ist es etwa keine Ironie der Geschichte, dass, als er die Erlösung der Welt erwirkte, zu seiner Rechten und Linken zwei Verbrecher waren und nicht Jakobus und Johannes? Jakobus rannte um sein Leben und Johannes kümmerte sich um die Mutter unseres Herrn. Nicht sie waren an Jesu Seite, sondern zwei Kriminelle.

Anschließend ruft Jesus die Zwölf, um ihnen etwas mitzuteilen. Er sagt ihnen, dass sie anders sein sollen als jene, die sich zu Herren über ihre Mitmenschen aufspielen, sie herumkommandieren und ihnen sagen, was sie zu tun haben: *„So aber ist es nicht unter euch; sondern wer unter euch groß werden will, soll euer Diener sein; und wer von euch der Erste sein will, soll aller Sklave sein. Denn auch der Sohn des Menschen ist nicht gekommen, um bedient zu werden, sondern um zu dienen und sein Leben zu geben als Lösegeld für viele"* (Mk 10,43-45). Zum ersten Mal erklärt er ihnen auch den Sinn des Kreuzes – es werde wie ein Lösegeld wirken. Mit seinem Tod werde er den Menschen mehr dienen als je zuvor. Durch ihn würden sie freigesetzt werden. Das ist mit „Lösegeld" gemeint.

Die letzte Begebenheit in diesem Abschnitt hat einen besonderen Platz in meinem Herzen. Jericho war die älteste Stadt der Welt, aber auch die unmoralischste; es war die Stadt der Hure Rahab. Rahab erscheint auch im Stammbaum Jesu und ich bin mir sicher, dass er sich, als er diese Stadt betrat, daran erinnerte, dass unter seinen Vorfahren auch eine Prostituierte in den Straßen dieser Stadt gewesen war.

Der Text schildert einen ganz erstaunlichen Augenblick: Eine Menschentraube schart sich um Jesus. Ein Blinder sitzt am Weg und hört den Tumult und den Lärm. Er hört (beachten Sie, dass hier „hört" steht; der Text geht ganz wunderbar auf den Blinden ein), dass Jesus von Nazareth gekommen sei und erkennt, dass dies seine einzige Chance ist. Deshalb fängt er an, aus Leibeskräften zu schreien: *„Sohn Davids, Jesus, erbarme dich meiner!"* Und wieder zeigt sich, dass die Menschen eine völlig falsche Vorstellung davon hatten, wer die wichtigen Leute sind. Sie gingen davon aus, dass Jesus sich nicht für einen blinden Bettler interessieren würde. Sie kannten ihn viel zu wenig. Jesus sagte ihnen, sie sollen ihn holen. Dann kam der große Augenblick. Dem Blinden wurde gesagt – und vergessen Sie nicht, dass er weiterbettelte und

-schrie, bis er sein Ziel erreicht hatte –, dass sein Glaube ihn heilen werde.

Lassen Sie mich zwei besonders schöne Gesichtspunkte dieser Episode herausgreifen. Am Ende der Geschichte steht der Blinde auf und folgt Jesus nach. Zu dem reichen Mann hatte Jesus gesagt: „Folge mir nach", aber er hatte zu viel Geld und konnte diesem Ruf nicht folgen. Der Bettler hingegen hatte nichts zu verlieren, weshalb er aufsprang und Jesus nachfolgte. Je reicher man ist, wenn man zu Gott kommt, desto schwerer ist es, ihm nachzufolgen; je ärmer man ist, desto einfacher ist es. Wer nichts zu verlieren hat, kann einfach aufspringen und Jesus folgen. Deshalb erklärte Jesus während seines Wirkens auf Erden, dass Zöllner, Huren und Sünder vor respektablen religiösen Leuten ins Reich Gottes kämen. Es ist noch heute so, dass Leute, die am Boden sind und nichts mehr zu verlieren haben, sich leichter damit tun, Jesus nachzufolgen, als jene von uns, die viel haben.

Und genauso schön ist, was der Blinde sagte. Er nannte Jesus „Sohn Davids". Jesus wurde zuvor erst einmal so genannt und zwar auch von einem Blinden. Diese Blinden konnten „sehen" – sie sahen die Wahrheit über Jesus. Wenige Tage später sollte eine Menschenmenge „Hosanna dem Sohn Davids" rufen, aber es waren zwei Blinde gewesen, die diese Wahrheit schon früher erkannt hatten.

Sie können Jesus nicht physisch durch Ihre Gemeinde gehen sehen; aber wenn er durch Ihre Gemeinde geht und Ihnen bewusst wird, dass er da ist, ist das die Chance, die Sie ergreifen müssen, weil diese Gelegenheit vielleicht nie wieder kommt. Der Blinde konnte zwar nicht sehen, dass Jesus nahe war, aber er konnte es hören und fing an, zu ihm zu rufen und zu sagen, dass er etwas von ihm brauche. Dann hörte er, wie Jesus sagte: „*Was willst du, dass ich dir tun soll?*" (Mk 10,51). Auch wenn Sie Jesus nicht sehen können, können Sie zu ihm rufen und sagen: „*Sohn Davids, erbarme dich meiner!*" Dann wird er zu Ihnen sagen: „*Was willst du, dass ich dir tun soll?*" Und Sie können aufstehen und ihm nachfolgen, aber das ist nun mal einfacher, wenn Sie als geistlicher Bettler zu ihm kommen. Es ist mit das Schwierigste überhaupt, nicht mit einer Handvoll guter Taten und geistlichen Besitztümern zu kommen und zu sagen: „Herr, sieh her: Ich habe dies getan und ich habe das getan. Ich habe niemandem Schaden zugefügt und dies nicht getan und jenes nicht getan. Herr, nimmst du mich an?" Es ist viel besser, mit leeren Händen zu kommen und zu sagen: „Herr, ich bin ein Bettler. Erbarme dich meiner."

Kapitel 12

Esel und Einzug

Markus 11,1-11

Immer im März oder April (je nachdem, wie es sich vom jüdischen Kalender her ergab) verließen 2 bis 2,5 Millionen Juden ihr Zuhause und begaben sich für einige Tage auf Pilgerschaft. Im Jahr 29, das ich als Todesjahr Jesu annehme (das ist meine genaueste Schätzung), bewegte die Menschen nur eine Frage, als sie nach Jerusalem gingen: Wird Jesus zum Fest erscheinen? Ihnen war klar, dass es, falls er käme, zu einem großen Showdown kommen würde, der eine Krise nationalen Ausmaßes auslösen würde. Und so fragte wahrscheinlich einer den anderen: Hast du ihn unterwegs gesehen? Einige hatten ihn gesehen, aber nicht viele. Auch er befand sich auf dem Weg nach Jerusalem und unterwegs heilte und lehrte er.

Stellen Sie sich vor, was das für ein Gedränge gewesen sein muss! So viele Besucher konnte Jerusalem gar nicht aufnehmen und die Leute mussten auf den umliegenden Hügeln ihr Lager aufschlagen. Wenn Sie sich ein Bild von der Geographie Jerusalems machen möchten, dann stellen Sie sich einen halbierten Tennisball auf einem hohen Suppenteller vor. Die Stadt liegt erhöht in einer Senke, um die sich in etwa eineinhalb Kilometer Entfernung rundherum eine Hügelkette zieht. Die Hügel sind höher als die Stadt selbst, so dass man die Stadt erst sieht, wenn man am Rand des Suppentellers angelangt ist – und dort liegt sie dann vor einem wie ein Juwel in einem Nest. Eine wirklich grandiose Lage. Und zum Passahfest lagerten sich tatsächlich Millionen von Menschen auf den umliegenden Hügeln. Das ist das Szenario, das wir uns für den Palmsonntag vorstellen müssen.

An jenem Morgen verließ Jesus das Haus, in dem er sich gerade aufhielt, ein Haus in Betanien jenseits des Ölbergs, unmittelbar oberhalb des „Tellerrands" auf der Jerichoer Seite. Am Ende des vorigen Kapitels war Jesus noch unten in Jericho; inzwischen ist er fast 1000 Meter hinaufgestiegen. An jenem Morgen machte er sich auf und schickte seine Jünger, um diesen Esel zu holen. Wollte ich darüber predigen, wie man richtig mit seinem Besitz umgeht, würde ich die Geschichte von diesem Esel als Illustration hernehmen, da die Menschen im Hinblick auf diesen „Besitz" sagten: Wenn der Herr ihn braucht, kann er ihn nehmen (so wie er vielleicht an einem Sonntagmorgen zu Ihnen sagt: Ich brauche deinen Wagen). Auch der Besitzer gab das Tier ohne weiteres her. Auf einen Esel zu steigen, auf dem noch nie jemand gesessen hatte, und damit durch eine rufende Menge aus mehreren tausend Menschen zu reiten war wirklich etwas Bemerkenswertes. Polizeipferde muss man jahrelang trainieren, bis sie sich in dichtem Gedränge sicher bewegen können. Dies vermittelt einen Eindruck, wie sehr unser Herr Menschen, Tiere und Situationen im Griff hat, aber das ist nicht das Hauptthema dieses Kapitels.

Ich frage Sie: Was geschieht hier eigentlich? Mir ist bewusst, dass wir diese Geschichte seit unserer Kindheit zigmal gehört haben. Ich weiß, dass wir das Ganze aufregend und gewaltig finden und Jesus, als er einritt, bejubelt und bewundert wurde. Doch wenn wir diese Frage stellen, wird uns die Antwort etwas irritieren! Für die Menschenmenge war es ein ungemein triumphaler Tag, für Jesus ein unglaublich tragischer.

Betrachten wir die Szene zunächst aus dem Blickwinkel der Menschenmenge und der Jünger. Die Menschen hatten tausende Jahre auf diesen Tag gewartet. Väter hatten diesen Traum an ihre Söhne weitergegeben und die Söhne hatten ihn wieder an ihre Söhne weitergegeben. Sie alle warteten nur auf eines. Sie warteten darauf, dass wieder jemand auf dem Thron Davids sitzen würde. Tausend Jahre zuvor genossen sie Frieden, Wohlstand und hatten einen König nach dem Herzen Gottes. Das war das goldene Zeitalter ihrer Geschichte. Seither war es nie wieder so gewesen. Es ist eine traurige Geschichte, aber ich möchte Sie gerne an einige traurige Episoden aus dieser vergangenen Zeit erinnern.

Schon bald, nachdem König David gestorben war, löste die Politik seines Sohnes Salomo einen Bürgerkrieg aus, der die Nation teilte. Sie sollte nie wieder geeint werden. Danach gab es eine Abfolge von Königen, von denen einige gut, die meisten jedoch schlecht waren. Später marschierten dann ausländische Mächte ein: Die Assyrer kamen, die Babylonier kamen und sie verloren das ganze Land. Daran änderte sich etwa siebzig Jahre lang gar nichts. Einigen Juden gelang es, sich wieder ins Land zu schleichen und am Ort des großen Tempels, den Salomo hatte errichten lassen, einen kleinen Tempel zu bauen, und sie versuchten, dort wieder eine Lebensgrundlage zu finden. Doch dann kamen Invasoren aus einer anderen Richtung: Erst kamen die Syrer, dann wurden sie von den Ägyptern überrannt, dann marschierte Alexander der Große und die Griechen nahmen das Heft in die Hand; zuletzt rissen die Römer die Macht an sich.

Als das Wirken Jesu begann, war das Land in viele kleine Teile zersplittert, ja es war nicht einmal *ein* Land; es war noch viel schlimmer zerteilt als Deutschland nach dem Zweiten Weltkrieg. Ein kleiner Teil im Norden wurde von einem Mann namens Philippus regiert, der seinen Hauptsitz in Caesarea Philippi hatte. Herodes, der Enkel jenes Mannes, der in Bethlehem die Babys hatte umbringen lassen, herrschte über Galiläa. Auf einem Stück Land in der Mitte wohnten die Samariter. Jerusalem und die umliegende Region unterstand der direkten Kontrolle des römischen Gouverneurs Pontius Pilatus. Die Menschen lebten für den Tag, an dem sie wieder ihr eigenes Land haben würden. Es gab ein Wort, das der Inbegriff all dieser Hoffnungen war, das Wort „David". Wenn ein jüdischer Junge geboren wurde, liefen die Eltern auf die Straße hinaus und riefen „David!", was so viel bedeutete wie: Ein Junge wurde geboren und vielleicht wird aus ihm ein zweiter „David", dem es gelingen könnte, das Land wieder zurückzuholen. Jede Mutter eines Knaben hoffte, dass ihr Kind dieser König sein und eines Tages auf dem Thron sitzen würde. Es ist eine wunderbare Geschichte, wie sie tausend Jahre lang die Hoffnung am Leben hielten, dass es eines Tages wieder einen König wie David geben würde.

Die Tatsache, dass das Land von Feinden besetzt war, brachte Kollaborateure hervor und es gab Steuereintreiber, eine Widerstandsbewegung (die so genannten „Zeloten") und Terroranschläge. Wenn man die Geschichte liest, fällt einem auf, dass sie sehr aktuell ist und die damalige Situation stark der heutigen ähnelte. Alles schrie förmlich danach, dass endlich der richtige Mann käme. Und wenn man sich fragt, was dieser triumphale Einzug in den Augen der Menschen tatsächlich bedeutete, kann man die Antwort in einem Wort zusammenfassen: Nationalismus. Er war eine nationalistische Demonstration. Die Menschenmenge hatte es satt, dass andere ihr Land regierten; sie hatten es satt, eine Kolonie zu sein; sie hatten es satt, dass ihr Land nicht ihnen selbst gehörte und sie keinen eigenen Regenten hatten. Es war eine Protestbewegung bzw. ein Protestmarsch.

Wie seltsam relevant dies doch ist: In ihren Augen hatten die Menschen endlich den richtigen Anführer gefunden. Wenige Monate zuvor hatten sie in Galiläa versucht, ihn zum König zu machen, aber er hatte sich geweigert. Jetzt dachten alle: Er will! Er ist bereit! Was für einen König er doch abgeben wird! Stellen Sie sich vor, Sie finden einen König, der über Ihr Land regieren wird, der ein wunderbarer Lehrer ist, ein Freund der Menschen, ungeachtet ihrer sozialen Schicht oder Herkunft, ein Mann, der heilen und Wunder wirken kann, ein Mann, der die einfachen Leute liebt, ein Mann, der Kinder mag, ein Mann, der fair und weise und gerecht und barmherzig ist, ein Mann, der scheinheilige religiöse Führer in ihre Schranken verweist, ein Mann, der sogar die Toten aufwecken kann. Möchten Sie, dass so ein Mann Ihr Land regiert?

Das war der Mann, den sie gefunden hatten, und als er über die Hügelkuppe ritt und von der Menge erwartet wurde, dachte jedermann: „Das ist es! Endlich! Er wird König! So wie es aussieht, hat er das Angebot angenommen." Kein Wunder, dass sie völlig aus dem Häuschen waren. Die Menschen stellten nicht im Geringsten in Frage, was hier gerade geschah: Der Thron Davids würde keine vierundzwanzig Stunden mehr leer stehen. Es war eine wahre Welle nationalistischer Gefühle, das Ende der Fremdherrschaft war nahe, das Ende der Teilung des Landes. Sie denken nun vielleicht: Woher weiß er, dass es hier um Nationalismus geht? Versucht er nicht, die Bibel modern aussehen zu lassen, indem er sie wie eine Tageszeitung darstellt? Nein, das tue ich nicht. Sehen Sie sich zwei Dinge an und das wird Ihnen Beweis genug sein, dass dieser Einzug in den Augen der Menschen eine nationalistische Demonstration war. Sehen Sie sich an, was die Leute *sagten* und was sie *dachten*.

Jedes Wort, das an jenem Tag aus ihrem Mund kam, und alles, was sie taten, war blanker Nationalismus. Was sagten sie? Sie riefen: „Hosanna!" Was bedeutet das? Wenn Sie glauben, das sei ein grandioses „Hallo!" oder ein großes „Hurra!", also irgendeine Grußformel oder ein Ausdruck von Begeisterung, dann muss ich Sie leider enttäuschen. In der heutigen christlichen Anbetung bedeutet „Hosanna" oder „Hosianna" so viel wie „Preis dem Herrn" – damals nicht. Es ist ein hebräisches Wort und bedeutet: „Rette uns jetzt!" Es ist ein Ausdruck, der von Ungeduld zeugt. Damit sagt man: „Hol uns jetzt aus unseren Schwierigkeiten heraus. Jetzt ist die Zeit, um zu kämpfen. Jetzt ist die Zeit, den Feinden entgegenzutreten und sie anzugreifen. Rette uns jetzt!" Als sie „Hosanna" riefen, war das so, als sängen sie ein Freiheitslied – eindeutig mit einer militärischen Konnotation!

Und was sagten die Menschen in dieser Situation noch? Fällt Ihnen auf, dass immer und immer wieder der Name „David" genannt wird: „Sohn Davids", „das Reich unseres Vaters David".

Das waren ihre Worte. Man kann erkennen, dass sie an einen politischen Umsturz dachten.

Oder nehmen Sie nur den Ausdruck *„Gepriesen sei, der da kommt im Namen des Herrn!"* Er stammt aus einem Passah-Psalm, in dem es um die Niederlage der Ägypter geht. Lesen Sie nur Psalm 118! Darin geht es nur darum, dass ihre Feinde niedergerungen wurden. Als die Menschen diesen Psalm zitierten, skandierten sie eine politische, nationalistische und militaristische Parole.

Vergegenwärtigen Sie sich auch, was die Leute taten. Wir halten es für eine nette Geste, dass sie Palmzweige abschnitten und damit winkten und sie auf den Weg streuten. Es ist in unseren Augen wirklich wunderbar, dass sie ihre Kleider auf dem staubigen Weg ausbreiteten. Doch was hat das zu bedeuten? Der Schlüssel zum Verständnis liegt in der Geschichte Israels. Sie hatten beides schon einmal getan, zu zwei verschiedenen Gelegenheiten. Haben Sie schon einmal gelesen, wie die Menschen ihre Kleider auf der Straße außerhalb Jerusalems ausbreiteten? Sie taten das damals für einen Mann namens Jehu, der kam, um Ahabs Haus zu stürzen und Isebel vom Thron zu stoßen. Er kam als Anführer einer Widerstandsbewegung, als Terrorist, und er kam, um die Kinder Israels von der Herrschaft und Ausbeutung einer bösen Königsfamilie zu befreien. Also haben sie schon damals für Jehu, der wie wild und mit großer Geschwindigkeit in einem Wagen dahergebraust kam, ihre Kleider auf dem Weg ausgebreitet. Sie warfen ihre Kleider vor ihm auf den Weg und er fuhr darüber – es war eine militärische Aktion.

Und die Palmzweige? Diesen Verweis findet man nicht im Alten Testament, sondern in den Apokryphen. In den vierhundert Jahren zwischen Maleachi und Matthäus bekamen sie einmal – und nur einmal – den Thron zurück. Das war unter den so genannten „Makkabäern", einer Familie von Brüdern, die sehr geschickt als Widerstandskämpfer agierten. Vielleicht kennen Sie die Geschichte von diesen sieben Brüdern, die gegen die Griechen kämpften, und denen es gelang, einen von ihnen für den Zeitraum von wenigen Jahren auf dem Thron zu installieren. Als Simon Maccabeus nach Jerusalem kam, winkten ihm die Menschen mit Palmzweigen zu, um diesen Widerstandskämpfer willkommen zu heißen, der sie befreien würde.

Ich hoffe, ich habe Ihnen damit den Palmsonntag nicht vermasselt, aber so war es. Deshalb riefen die Menschen „Hosanna". Deshalb zogen sie ihr Obergewand aus und legten es in den Staub. Sie dachten, jetzt komme ein militärischer Führer, der sie befreien würde. Das war gewissermaßen ein nationalistischer Aufstand. Die Menschen waren begeistert und aufgeregt und über alle Maßen stolz. Stellen Sie sich nur vor, wie es den Jüngern dabei ergangen sein muss! Sie dachten vielleicht: „Dafür haben wir das Fischen aufgegeben. Darum ging es also die ganze Zeit. Ist das nicht großartig! Schaut nur, wie sie uns ansehen, und wir sind ganz in seiner Nähe." Man kann förmlich spüren, was sie dachten und wie sie die Situation einschätzten.

Doch als sie unseren Herrn ansahen, mussten sie bemerkt haben, dass er weinte. Sie dachten wohl, das seien Freudentränen und er sei so überglücklich, dass er von seinen Emotionen übermannt wurde. Aber er sah auf die Menschenmenge, die in diesem Tag einen Tag des Triumphes sah, doch in seinen Augen war es ein tragischer Tag. Warum? Was war schief gelaufen? Er liebte diesen Ort, er liebte die Menschen und sein Herz war ihretwegen schwer. Ihm war bewusst, dass ihnen diese Art von Nationalismus zum Verhängnis werden würde. Sehen wir uns in den anderen Evangelien kurz an, was er den Menschen in dieser konkreten Situation voraussagte: *„Denn Tage werden über dich kommen, da werden deine Feinde einen Wall um dich aufschütten und dich umzingeln und dich von allen Seiten einengen; und sie werden dich und deine Kinder in dir zu Boden werfen und werden in dir nicht einen Stein auf dem anderen lassen, dafür, dass du die Zeit deiner Heimsuchung nicht erkannt hast"* (Lk 19,43ff). Das sind die Folgen von Nationalismus. Jesus sagte: *„Alle, die das Schwert nehmen, werden durchs Schwert* *umkommen"* (Mt 26,52). Im Jahr 70, nur vierzig Jahre nach dem Palmsonntag, geschah, was Jesus voraussah. Die Juden erhoben sich gegen die Römer; die Römer unter Titus unterwarfen die Stadt und töteten mehr als eine Million Einwohner. Während der Belagerung wurden sie so in die Enge getrieben, dass sie sogar Dung aßen und ihre eigenen Kinder kochten und aßen – eine grauenhafte Geschichte, die man bei Josephus nachlesen kann. Jesus sah all das voraus. Er sah voraus, dass es in den Ruin und in die Katastrophe führen würde, wenn man so ein Reich wolle und von solchen Gefühlen angepeitscht werde, und er weinte über sie.

Den Menschen war nicht aufgefallen, für welches Reittier sich Jesus ganz bewusst entschieden hatte. Das ist die Tragödie des Palmsonntags. Alle Augen waren auf ihn gerichtet; niemand sah, auf welchem Tier er ritt, obwohl dies der Schlüssel zu der ganzen Situation ist. Wer als militärischer Anführer kommt, reitet auf einem Pferd oder fährt in einem Streitwagen wie Jehu oder Simon Maccabeus, doch Jesus kam auf einem Esel, also auf einem Tier, das man ganz sicher nicht im Kampf einsetzt. Er hatte sich ganz bewusst für dieses Tier entschieden. Wenn die Leute ihre Schriften gekannt hätten (und wie oft sagte er ihnen, sie hätten völlig falsche Vorstellungen, eben weil sie die Schriften nicht kannten), dann hätten sie gewusst, dass es in Sacharja heißt, der König werde demütig und sanftmütig nach Jerusalem kommen, nicht als Kämpfer, sondern als Friedefürst, der auf einem Esel reitet.

Als General Allenby im Ersten Weltkrieg Jerusalem befreite, ritt er zunächst auf einem echten Streitross auf die Stadt zu, doch als er die Tore erblickte, wurde ihm bewusst, dass er nicht so kommen solle: Er stieg ab, nahm seine Schirmmütze ab und ging bloßen Hauptes nach Jerusalem hinein. Diese Stadt konnte er nicht als Kriegsmann betreten, denn das Wort „Jerusalem" bedeutet „Stadt des Friedens" (die Nachsilbe „-salem" ist das Wort *shalom*, also der Friedensgruß, der auch heute noch unter Juden üblich ist). Jerusalem sollte immer die Stadt sein, in der Frieden herrscht und von der Frieden in die ganze Welt ausgeht. Das war Gottes Absicht. Es sollte keine Stadt des Krieges sein, sondern die Stadt, wo Frieden entsteht und in die Welt hinausgeht. Jesus kam, um von dieser Stadt aus der ganzen Welt Frieden zu bringen. Das hat er in der Tat auch getan; er hat durch das Blut, das er am Kreuz vergoss, Frieden gestiftet. Deshalb war er gekommen; er hatte friedliche Absichten; er wollte einer Welt, die ihn brauchte, den Frieden Gottes bringen, aber die Leute haben dies nicht verstanden, weil sie nur ihn sahen und nicht den Esel.

Sie waren dann auch schwer enttäuscht von ihm. Stellen Sie sich diese Szene einmal bildlich vor. Sie kommen vom Ölberg herab, vorbei am Garten Gethsemane, rüber über den Bach Kidron und rauf auf der anderen Seite zum prächtigen „Goldenen Tor". Übrigens, dieses Tor ist seither zugemauert. Es ist das einzige Tor Jerusalems, durch das man jetzt nicht durchgehen kann. Hesekiel hatte gesagt, es sei für den König und niemand sonst. Doch damals stand es noch offen und als Jesus durchging, erwartete man, dass er dann rechts abbiegen würde, weil sich die römische Garnison am Rand des Tempelbezirks befand.

Entsetzt mussten sie feststellen, dass er, nachdem er durch das Tor gegangen war, links abbog und auf den Tempel zusteuerte. Das war niederschmetternd. Er warf nicht einmal einen Blick in Richtung der römischen Garnison oder der Soldaten. Er ging direkt an den Ort der Anbetung und sah dort in jede Nische und jedes Hinterzimmer. Er wollte ganz genau wissen, was sich dort abspielte. Die Menschen waren am Boden zerstört. Sie dachten, er käme, um mit den Römern abzurechnen, doch nun rechnete er mit ihnen ab! Im Tempel und all seinen Räumen gab es Dinge, von denen sie nicht wollten, dass er sie sieht, und sein Verhalten irritierte sie sehr.

Es wurde spät und er verließ die Stadt wieder, ging hinab ins Tal, den Ölberg hinauf, über den Hügel und weg war er. Eine Enttäuschung und Ernüchterung sonder gleichen! Sie waren so enttäuscht von ihm, dass sie schon wenige Tage später riefen „Kreuzigt ihn!" – was sich hier rein psychologisch innerhalb des Mobs abspielte, entspricht voll und ganz der Lebenswirklichkeit. Wenn eine Person einen nationalistischen Mob in Wallung gebracht hat und dann nicht tut, was die Leute von ihr wollen, wird sich der Mob gegen sie wenden und so kam es dann noch in derselben Woche zur Kreuzigung. War wenige Tage später noch etwas von den Leuten zu sehen, die „Hosanna!" gerufen hatten? Sie waren immer noch in Jerusalem, rührten aber keinen Finger, um Jesus zu helfen. Warum? Weil sie von ihm enttäuscht waren. Sie begriffen nicht, was nötig ist, um Frieden zu stiften, und wie man Frieden findet.

Ich möchte dies gerne auf die Praxis übertragen. Was hat all das mit uns zu tun? Ganz einfach: Die Menschenmenge bestand aus ganz normalen Leuten wie Sie und ich es sind und deshalb hält sie uns einen Spiegel vor.

Übertragen wir dieses Geschehen zunächst auf die Politik: Der nationalistische Geist ist typisch für unsere Zeit. Der Wunsch zu protestieren, große Demonstrationen zu organisieren, Unterdrücker zu stürzen und Gewalt anzuwenden, ist in unserer Welt schier allgegenwärtig. Diese Welt, in der wir leben, ist eine alte Welt. Diesen Geist findet man auf allen Kontinenten. Und Leuten, die diesen Wunsch verspüren, möchte man immer und immer wieder zurufen: Wenn ihr doch wüsstet, was nötig ist, damit ihr Frieden finden könnt! Meines Erachtens ist es nicht möglich, dass Großbritannien ein Friedensstifter und eine weltweite Führungsnation *in Frieden* wird, weil wir nämlich nicht verstehen, was zu unserem Frieden alles dazugehört. Und was gehört dazu? Gerechtigkeit erhöht eine Nation, doch Sünde ist eine Schmach für jede Nation. Wenn Großbritannien – oder eine andere Nation – ein Friedensstifter in dieser Welt sein möchte, muss diese Nation bereit sein, dass Jesus kommt und in jede Ecke und jeden Winkel des Landes sieht und alle Aspekte unseres Lebens anschaut und bei uns anfängt! Oft heißt es: „Immer ist es *diese Nation*, die die Probleme verursacht, oder *diese Volksgruppe ...*" – es sind immer *die anderen*! Doch Jesus kommt, um sich *unser* Leben anzusehen.

Und zuletzt noch eine persönliche Anwendung. Es ist einfach, Jesus als Problemlöser willkommen zu heißen. Es ist einfach zu sagen: „Jesus, komm in mein Leben. Ich bin unglücklich und will glücklich sein. Jesus, komm in mein Leben. Ich bin ein gelangweilter Mensch und möchte ein interessierter Mensch sein." Doch wahrscheinlich weint Jesus über solche Aufforderungen und sagt: Ich möchte kommen und das gerade rücken, was bei dir schief läuft. Ich bin nicht nur gekommen, um dich von deinen Problemen zu befreien; ich bin gekommen, um dich von deinen *Sünden* zu befreien – das gehört dazu, wenn du Frieden finden willst. Wenn wir den Frieden Jesu wollen, müssen wir ihn willkommen heißen und sagen: „Jesus, komm in mein Leben und nimm jeden Bereich meines Lebens unter die Lupe – das ist nötig, damit ich Frieden finde." Deshalb reitet er auch auf einem Esel. Er kommt nicht, um uns aus unseren Problemen herauszureißen, sondern aus unseren Sünden. Das ist Dreh- und Angelpunkt jedes wahren Friedens.

Kapitel 13

Jesus und Juden

Markus 11,12-12,12

Zu Beginn dieses Buchs sagte ich, das Markusevangelium sei wie ein D-Zug, der immer langsamer wird. In den ersten paar Kapiteln brausen wir durch Monate und Markus' Lieblingswort ist „sogleich"; in rasantem Tempo ziehen wir unsere Kreise um den See Genezareth. Doch aus den Monaten werden Wochen und aus den Wochen Tage und aus den Tagen Stunden, bis wir schließlich am Kreuz zum Stillstand kommen, so als kämen wir nicht mehr weiter, so als habe alles hierhin geführt.

Aus den Wochen sind bereits Tage geworden. Vergessen Sie nicht, dass wir ganz unterschiedliche Vorstellungen von den Zeitabläufen der letzten Woche unseres Herrn auf Erden haben. Ich persönlich bin davon überzeugt, dass Jesus an einem Mittwoch starb und am Samstagabend auferstand (was bei den Juden der „erste Tag" wäre). Wenn dem so ist, zog er nicht am Palm*sonntag* in Jerusalem ein, sondern vielleicht einen oder zwei Tage früher. Es ist eigentlich nicht weiter schlimm, dass wir die exakten Daten nicht kennen, es sei denn, wir glauben, dass er an einem Freitag starb, denn dann taucht immer noch die Frage auf: „Wie zwängt man drei Tage und drei Nächte in den Zeitraum zwischen Freitag und Sonntag hinein?" Die Antwort lautet, dass dies nicht möglich ist. Entscheidend bei alledem ist, dass wir uns vergegenwärtigen, was in dieser Zeit geschah.

Jesus hatte ein Problem. Er schlief eine Nacht darüber, was sehr weise ist. Wenn Sie über etwas aufgebracht sind und das Gefühl haben, dass etwas gründlich schief läuft und Sie etwas unternehmen müssen, dann kann ich Ihnen nur raten, es so zu machen wie Jesus: Gehen Sie nach Betanien – wo auch immer, Ihr „Betanien" ist –, schlafen Sie eine Nacht darüber und packen Sie die Sache erst am nächsten Morgen an.

Wir erinnern uns: Er ritt nach Jerusalem hinein, doch hinter dem „Goldenen Tor" bog er nicht, wie die Menschen es von ihm erwartet hatten, rechts zur römischen Garnison ab, sondern links zum Tempel. Er ging einmal um den ganzen Tempel herum und *besah sich alles gründlich.* Was er sah, entsetzte ihn. Wo die Menschen über Gott hätten nachsinnen und zu ihm beten sollen, fand Jesus das genaue Gegenteil. Er fand Menschen, die Geld zählten und Böses im Schilde führten; er fand einen Menschenauflauf; er hörte Lärm; er fand alles, was man mitten in einer Stadt erwarten würde, aber nicht an einem Ort des Gebets. Er war offensichtlich sehr zornig über alles, was er im Tempel vorfand, ging aber dennoch wieder hinaus nach Betanien, schlief einmal darüber und kam am nächsten Tag wieder. Wie wunderbar Jesus doch sich selbst und alles, was ihm begegnete, im Griff hatte! Ich habe genug Fehler gemacht, weil ich mich spontan und unüberlegt über etwas ereiferte, das ich in einem bestimmten Augenblick für falsch hielt, um zu wissen, dass Jesus damit absolut Recht hatte. Dennoch kam er am nächsten Morgen wieder. Vielleicht hatte er sich etwas beruhigt, aber es dauerte nicht lange, bis er wieder in Fahrt kam. Wichtig dabei ist, dass er ganz bewusst im kühlen Licht des Tages zurückkam, um in einer Sache einzugreifen, die komplette Schieflage hatte.

Und so lesen wir hier eine äußerst seltsame Geschichte, eine Geschichte, die zunächst völlig unstimmig wirkt und so gar nicht nach Jesus aussieht, so dass ich schon Leute getroffen habe, die irrigerweise davon ausgehen, sie sei gar nicht wahr. Die Geschichte ist sehr einfach und schnell erzählt: Jesus war hungrig und kam an einem Feigenbaum vorbei. Es war nicht die Jahreszeit, in der die Feigen reif sind, der Baum trug keine Feigen, Jesus verfluchte ihn und er ging ein. Das scheint mit das Ungewöhnlichste zu sein, was unser Herr je getan hat. Oberflächlich besehen, könnten wir den falschen Eindruck gewinnen, diese Geschichte sei ein Irrtum und könne unmöglich wahr sein. Doch bei genauerem Hinsehen entdecken wir eine ganz wunderbare Geschichte. Jesus verhielt sich nicht kindisch; es war nicht so, dass er schlechte Laune hatte und dies an jenem Feigenbaum ausließ. Ich frage mich, ehrlich gesagt, warum er eigentlich hungrig war. Ich bin mir nicht ganz sicher, was mit Martha geschehen war, die sonst immer so eifrig in der Küche in Betanien zugange gewesen war. War er etwa am Morgen ohne Frühstück aufgebrochen?

Wir müssen uns ein paar Dinge vergegenwärtigen, wenn wir diese Geschichte verstehen wollen.

1) Unser Herr war bereit, hin und wieder destruktiv an der Natur zu wirken, wenn er damit einen bestimmten Zweck verfolgte. Erinnern Sie sich an die Schweineherde, die den Hügel hinab lief und in den See stürzte, nur weil ein Mensch psychisch wieder ins Lot gekommen war? Damals war er bereit, so etwas zu tun, und es besteht eigentlich kein Widerspruch zwischen der Episode mit den Schweinen und der mit dem Feigenbaum, außer dass die Schweine etwas fühlten und der Feigenbaum nicht.

2) Obwohl nicht die Zeit für Feigen war, weiß jeder, der einen Feigenbaum hat (wozu ich nicht zähle), dass schon im Frühling, wenn die Blätter sprießen, ein paar reife Feigen wachsen. Normalerweise sind sie nicht gut genug, um irgendeine Verwendung zu finden, und werden deshalb auch nicht geerntet; später, im Sommer, folgt dann die eigentliche Ernte. Deshalb erwartete unser Herr zu Recht, dass der Baum wenigstens ein paar Feigen tragen würde. Der Baum hatte bereits Blätter und man hätte, wie es für einen Feigenbaum charakteristisch ist, schon ein klein wenig von ihm essen können.

3) Wenn man sich vor Augen führt, *wann* Jesus das tat, versteht man auch besser, *warum* er es tat. Diese Episode liegt zwischen seiner „Inspektion" des Tempels und der Vertreibung der Geldwechsler aus dem Tempel. Damit wird auch deutlich, was mit dem Fluch eigentlich gemeint ist – „nichts als Blätter": Alles

nur Show! Verstehen Sie, worum es hier geht? Er kam zum Tempel, der grandios aussah, ein wunderbares Gebäude aus Gold und Marmor und dergleichen, beeindruckend und voller Menschen. Doch bei näherem Hinsehen wurde deutlich, dass alles nur Show war – nichts als Blätter, aber keine Frucht; es ging bei alledem eigentlich nicht um Gott, sondern immer nur um Menschen. Das ist eine Bedeutung dieses Fluchs.

Aber ich möchte noch einen Schritt weiter gehen. Man kann das Neue Testament erst dann richtig verstehen, wenn man das Alte gut kennt. Wer nie im Alten Testament liest, verpasst eine Menge im Neuen. Jemand sagte einmal: „Das Alte wird enthüllt im Neuen, das Neue ist verhüllt im Alten." Wenn man die ganze Bibel als *ein* Buch liest, findet man Hinweise, zum Beispiel die Tatsache, dass Propheten wie Hosea, Jeremia und Jesaja Israel ziemlich oft als die „ersten reifen Feigen" bezeichnet haben – der erste kleine Teil einer Ernte, bei der eines Tages die ganze Welt eingefahren werden wird. Die Propheten sagten auch, wenn Israel nicht aufpasse, werde es nicht einmal imstande sein, die ersten reifen Feigen hervorzubringen und der Feigenbaum werde unfruchtbar werden und verdorren. Mit anderen Worten: Der Feigenbaum war ein Bild für die ganze Nation, das Volk Gottes. Die Propheten Jeremia und Hosea sagen, Gott werde eines Tages Früchte an ihm erwarten und wenn er nichts als Blätter vorfände, werde der Feigenbaum verdorren und unfruchtbar werden und niemand werde mehr etwas davon haben.

Wer weiß, dass dieses Bild gebräuchlich war und sich schon die Propheten dieses Vergleichs bedient haben, wird besser verstehen, was Jesus hier tut: Er stellt ein Gleichnis dar. Erinnern Sie sich: Jesaja zog seine Kleider aus und ging nackt durch Jerusalem. Warum tat er das? Er veranschaulichte damit seine Botschaft. Er sagte damit: Ihr werdet entblößt werden und so nackt sein wie ich, wenn ihr nicht Buße tut und zu Gott umkehrt. Vielleicht erinnern Sie sich auch an die Geschichte, als Jeremia das Joch eines Ochsen nahm und sich auf die Schultern legte. Schweren Schrittes ging er mit dem Joch durch Jerusalem. Er sagte damit: So sicher, wie ich dieses Joch trage, werden die Babylonier kommen und euch ein Joch auferlegen und in die Sklaverei führen, wenn ihr nicht ... Die Juden kannten diese szenisch dargestellten Botschaften und Jesus tat etwas, das seine Jünger nie vergessen würden.

Hungrig kam er an dem Feigenbaum vorbei. Er hätte an ihm etwas finden sollen, das seinen Hunger stillt, aber da war nichts. Deshalb sagte er zu ihm: *„Nie mehr in Ewigkeit soll jemand Frucht von dir essen."* Genau dasselbe tat er an jenem Tag mit dem Tempel. Er ging hin, sah in jeden Winkel und jede Kammer. Wonach suchte er? Ich denke, er suchte jemanden, der betet, aber er fand nur Leute, die Geld wechselten und Waren kauften und verkauften; überall im Tempel waren Menschen, aber niemand betete, doch genau danach suchte er in diesem Bethaus. Er fand nur Show, nichts als Blätter.

Jesus kommt in Gemeinden und sucht nach Frucht; er sucht nach Resultaten all der Aktivitäten; er sucht nach etwas, das Gott zur Ehre gereicht; er sucht nach Leuten, die beten; er sucht in den privaten Räumen und Kammern, um zu sehen, ob dort – in einem Haus des Gebets – irgendjemand zu Gott betet. Im Tempel fand er nur Show. Nach außen hin sah alles gut aus: ein sehr teures Gebäude, viel geschäftiges Treiben, viele Aktivitäten, doch niemand, der Gott liebt. Er fand nichts als Blätter.

Als Jesus den Feigenbaum verfluchte, verdammte er den Tempel. Und nur wenige Tage später sollte Gott den Vorhang im Tempel zerreißen und der Tempel würde nicht mehr der Ort sein, wo die Menschen Gott begegnen. Ich begreife jetzt, warum er das tat. Er zeigte den Jüngern etwas in einer Art und Weise, die sie nie wieder vergessen würden – und sie haben es auch nicht vergessen, weil es heute eben im Markusevangelium nachzulesen ist, das erst Jahre später verfasst wurde.

Was Jesus hier tut, ist auch eine Lektion für uns. Gott sieht unser Leben und unsere Gemeinden an und sucht Frucht; er sucht nach Ergebnissen, nach etwas, das seinem Namen zur Ehre gereicht. Vielleicht findet er ein schönes Gebäude vor und viele Menschen, die mit allem Möglichen beschäftigt sind; aber wenn er nicht findet, was er sucht, kann sein Geist eine andere Gemeinde oder andere Leute gebrauchen, um sein Werk zu vollbringen. So kann es sein, dass wir in dieser Weise verworfen oder „untauglich" werden. Deshalb sagt Paulus auch: *„Ich weiß genau, wofür ich kämpfe. Ich laufe nicht irgendeinem ungewissen Ziel entgegen. Wenn ich kämpfe, geht mein Schlag nicht ins Leere. Ich gebe alles für diesen Sieg und hole das Letzte aus meinem Körper heraus. Er muss sich meinem Willen fügen. Denn ich will nicht andere zum Kampf des Glaubens auffordern und selbst untauglich sein"* (1 Kor 9,26f; HfA). Er meint damit nicht, er könnte sein Heil verlieren; er meint, dass Gott ihn nicht mehr als Prediger gebrauchen könnte. So etwas kann geschehen. Nichts als Blätter, nichts als Show, nichts Echtes.

Sie wandten sich vom Feigenbaum ab und gingen in den Tempel. In diesem Kapitel sehen wir einen ganz anderen Jesus. Wir sehen einen Jesus, der zornig ist und ungewöhnliche Dinge tut. Wir wissen alle, worum es in dieser Geschichte von der Tempelreinigung geht. Ich möchte vier Dinge herausgreifen, die im Tempel im Argen lagen und von Jesus korrigiert wurden – wobei er mit jedem Mal strenger wurde.

1) Der Tempel war zu einer Art „Durchgangsstraße" verkommen. Er war eine günstige Abkürzung von der Stadt zum Ölberg. Die Menschen gingen durch den Tempel, um sich ein paar Meter Fußweg zu sparen. Aber sie nutzten den Tempel nicht nur als Abkürzung oder Durchgangsstraße; sie hatten auch alles mögliche Gepäck dabei, wenn sie durch den Tempel gingen, weil man schließlich eine Menge zu transportieren hatte, wenn man von den Geschäften in der Stadt hinaus zum Ölberg ging, wo anlässlich des Passah zwei Millionen Menschen ihr Lager aufgeschlagen hatten. Voll bepackt gingen sie mitten durch den Tempel.

Stellen Sie sich vor, so etwas käme in Ihrer Gemeinde vor! Die

Tür geht auf, jemand kommt, voll bepackt mit Einkaufstaschen, herein und geht quer durch das Gemeindehaus und bei einer anderen Tür wieder hinaus, während die Gemeinde Gottesdienst feiern möchte. Was würden Sie davon halten? Sie hätten vermutlich falsche Gedanken über diese Person. Und wenn Sie sie nachher fragen würden, warum sie das getan habe, bekämen Sie als Antwort: „Ich kam gerade vom Supermarkt und das war einfach der kürzeste Weg zur Bushaltestelle!" Etwas in der Art spielte sich damals im Tempel ab, also im Haus des Gebets. Und deshalb heißt es hier auch, Jesus „.... ließ nicht zu, dass jemand etwas durch den Tempel trage" (Mk 11,16; LÜ). Das war das Erste, was im Argen lag und wogegen Jesus etwas unternahm.

2) Die Menschen wickelten ihre geschäftlichen Dinge direkt am Ort des Gebets ab. Man brauchte zwei Dinge, um Gott im Tempel anbeten zu können: Geld für die Tempelsteuer, um hineinzukommen, und ein Opfer, sobald man im Tempel war (bei einem Armen war das eine Taube, bei einem Reichen ein Kalb, ein Schaf oder etwas in der Art).

Früher bekam man das Opfer schon draußen, doch diese Regelung hatte man inzwischen geändert. Die Priester hatten angeordnet, dass der Eintritt in einer speziellen Tempelwährung zu entrichten sei, die sie prägten; zu diesem Zweck musste man zunächst normales Geld in Tempelwährung umtauschen. Die Wechselgebühr betrug einen halben Tageslohn! Wirklich unfassbar! Stellen Sie sich vor, wenn in Ihrer Gemeinde ein Opfer erhoben wird, würde es heißen: „Wir nehmen dein Geld nicht. Wir haben besonderes Geld und du tust gut daran, schon draußen im Foyer, bevor du reinkommst, dein Geld in unser Geld umzutauschen." Außerdem müssten Sie darauf noch, bevor Sie das Gemeindegebäude betreten, sagen wir, sechzig Prozent Wechselgebühr entrichten. Ich glaube nicht, dass ab diesem Zeitpunkt noch recht viele Leute kommen würden, denn so etwas würde sich rasch in der Stadt herumsprechen. Aber wenn es die einzige Gemeinde wäre und man in die Gemeinde gehen müsste, dann hätte diese eine Monopolstellung und könnte Ihnen schon im Foyer abknöpfen, was auch immer sie wollte.

Hätte ich damals gelebt, hätte ich, wenn ich arm wäre und wegen meiner Sünde einige Tauben als Opfer für Gott bräuchte, jeweils ein Paar von ihnen zu einem bestimmten Preis außerhalb des Tempels kaufen können. Innerhalb des Tempels hätten sie allerdings mehr gekostet. Warum sollte ich sie dann im Tempel kaufen, wenn ich sie auch draußen kaufen kann? Schlicht und einfach deshalb, weil am Tor Inspizienten standen, die meine Tauben unter die Lupe nahmen. Es hieß, eine Taube, die für den gottesdienstlichen Gebrauch gedacht sei, dürfe nicht den allergeringsten Makel haben; deshalb suchten die Inspizienten nach einem noch so geringen Makel des Tieres und sagten dann: „Es tut mir leid. Das Tier ist nicht gut genug. Du hast es in dem billigen Laden da draußen gekauft. Komm rein. Da drin haben wir perfekte Tauben für so und so viel das Paar." Vielleicht halten Sie das für lächerlich, aber genau das spielte sich damals ab. Wir haben Zahlen und Fakten und können die Zahlen mit dem Lohn der damaligen Zeit vergleichen.

Das sah Jesus im Haus Gottes: Ausbeutung im großen Stil. Er trieb sie mit einer Geißel hinaus und damit waren sie noch gut bedient! Er warf ihr Geld – die „Tempelschekel" – zu Boden. Warum konnte Gott normales Geld nicht akzeptieren? Natürlich konnte er! Jesus warf alles hinaus und ließ auch noch die Tiere frei.

3) Die Menschen hatten aus dem Tempel einen exklusiven Club gemacht. Der Vorhof, in dem all das geschah, war der einzige Teil des Tempels, den man als Nichtjude bzw. Ausländer besuchen durfte. Als der Tempel gebaut wurde, war der innerste Bereich für die Priester vorgesehen, der nächste für die Männer, dann der Bereich für die Frauen und der größte Bereich war der Hof für die Nichtjuden. Als Ausländer durfte man nur dort beten. Doch das war als Symbol dafür gedacht, dass der jüdische Gott der Gott ist, der die ganze Welt liebt, und jeder kommen und an

diesem Ort anbeten dürfe. Allerdings war dieser äußere Hof der einzige Ort, wo man wegen des Lärms gar nicht beten konnte! Damit signalisierten die Juden allein schon durch ihr Verhalten: Die Außenstehenden sind uns egal, solange wir den Tempel für uns selbst haben. Es ist uns egal, ob auch noch jemand anderer reinkommt; wir möchten, dass dies unser Club ist.

Auch das kann einer Gemeinde widerfahren. Man kann in der Gemeinde eine dienliche und nützliche Einrichtung sehen; man kann die Gemeinde ausnutzen; man kann sie zu einem exklusiven Club machen, der den Außenstehenden signalisiert: Wir wollen euch hier nicht. Wir sind hier in unserer eigenen Gemeinde, um zu beten.

4) Der vierte Punkt ist der schlimmste von allen. Jesus sagt über den Tempel, das Bethaus: *„Ihr aber habt es zu einer Räuberhöhle gemacht."* Was meint er damit? Er bezieht sich nicht nur auf die Ausbeutung, die im vollen Gange war. Was er damit sagen will, schlüsselt einmal mehr das Alte Testament auf. Jesaja sagt, der Tempel sei ein *„Bethaus für alle Völker"* (vgl. Jes 56,7). Jeremia sagt, der Tempel sei zu seiner Zeit eine *„Räuberhöhle"* geworden (vgl. Jer 7,11), und erklärt, was er damit meint.

Wenn man von Galiläa aus zum Tempel wollte, ging man das Jordantal hinab und weiter nach Jericho, dann die 1000 Höhenmeter hinauf nach Jerusalem; dabei durchquerte man eine sehr unfruchtbare und öde Gegend, wo sich zu beiden Seiten der Straße Höhlen befanden. In diesen Höhlen lauerten Räuber, die Reisende überfielen. Deshalb fiel auch jener Mann in Lukas 10 auf der Straße von Jerusalem nach Jericho unter die Räuber. Die „Räuberhöhle" war eben dieser Ort, wo die Räuber im Verborgenen auf ihre Opfer warteten. Jesus will damit sagen: Diese Pilger sind bei ihrer Anreise heil an all den Räuberhöhlen vorbeigekommen und dachten nun, in Jerusalem seien sie in Sicherheit. Doch als sie zum Tempel kamen, lauerten dort schon wieder Gauner in ihrem Versteck, die es auf ihr Geld abgesehen hatten. Eine Wortwahl, die Bände spricht!

Die Menschen meinen, sie seien den Banditen entkommen, nur um inmitten der größten Schar von Halunken zu landen. Jeremia unterstreicht die Tatsache, dass diese Gauner den Tempel als Deckmäntelchen für ihre Sünde und ihre Verbrechen gebrauchen. Sie ziehen den Mantel der religiösen Ehrbarkeit an und weil es um den Tempel geht, meinen sie, es sei in Ordnung, selbstsüchtig und habgierig zu sein. Die Stimme Jesu warnt uns auch heute davor, Religion als Deckmäntelchen zu gebrauchen, um damit Sünde zu kaschieren, und die Ehrbarkeit des Gemeindebesuchs zu nutzen, um damit Habgier zu vertuschen. Doch weil jene genau das taten, reinigte Jesus den Tempel.

Meines Erachtens ist es überaus interessant, dass Satan drei Jahre zuvor Jesus nahe gelegt hatte, zum Tempel zu gehen und dessen höchsten Turm – die Zinne – zu besteigen. Von dort oben hätte er springen und vor den Augen aller zur Erde schweben sollen und die Menge wäre ihm zu Füßen gelegen. Jesus ging tatsächlich zum Tempel, aber es ging ihm dabei nicht um Wunder, sondern um Moral. Er schwebte nicht von der Zinne, sondern ging ganz ruhig durch das Tor. Und er kam auch nicht, um die Menschen zu blenden und ihnen zu imponieren, sondern um sie zu reinigen und auf den rechten Weg zurückzuführen. Immer wieder interessieren sich die Menschen mehr für das Spektakuläre als für moralische Fragen; immer wieder beten wir dafür, dass große Dinge geschehen, obwohl wir um Vergebung bitten sollten.

Gehen wir von der Tempelreinigung weiter zur dritten Begebenheit, die in diesem Abschnitt geschildert wird. Sie waren abends nach Betanien zurückgegangen und sind nun am nächsten Morgen wieder unterwegs nach Jerusalem. Jeden Abend geht Jesus zurück nach Betanien – außer am letzten Abend –, um einer Verhaftung zu entgehen, solange seine Zeit noch nicht gekommen ist. Auf dem Weg nach Jerusalem kommen sie wieder an jenem Feigenbaum vorbei. Petrus deutet auf den Baum, der nun armselig, welk und tot aussieht und in dessen Fasern kein Saft mehr fließt.

Manchmal begegnen mir Leute, die meinen, die Menschheit tue sich erst seit etwa hundert Jahren schwer damit, an Wunder zu glauben. Doch schon damals fiel es den Leuten schwer, an Wunder zu glauben. Das ist also nichts Neues. Ein Wissenschaftler kann einem Stück Materie nicht sagen, was es zu tun hat, und es nicht dazu bringen, ihm zu gehorchen. Wir gehen davon aus, dass Materie gar nicht gehorchen könne, weil sie nicht über die Intelligenz verfüge zu verstehen, was ihr gesagt wird, aber Gott kann dies bewirken. Und so ruft Petrus: *„Rabbi, siehe, der Feigenbaum, den du verflucht hast, ist verdorrt."* Wir haben von Natur aus enorme Schwierigkeiten damit zu glauben, dass Gott Kontrolle über Materie hat. Deshalb beten heutzutage nur mehr sehr wenige Christen in der westlichen Welt für das Wetter. Sie glauben, es sei durch Naturgesetze geregelt, und da könne Gott auch nichts machen. Doch Jesus lehrt, wenn man den Glauben habe, könne man beten und es werde etwas geschehen.

Jesus hat festgesetzt, dass zwei Bedingungen zu erfüllen seien, wenn man diese Vollmacht haben wolle. Die erste Bedingung ist der Glaube. Glauben bedeutet der Definition Jesu zufolge, dass man nicht den allergeringsten Zweifel im Herzen hat. Mir kam einmal zu Ohren, dass eine Frau ihren Pastor zu diesem Thema befragte und sagte: „Wollen Sie damit sagen, dass ich, wenn ich Glauben habe, den Berg hinter meinem Haus versetzen kann?" Der Pastor erwiderte: „Nun, das scheint diese Stelle zu sagen." Also betete sie, dass Gott den Berg versetzen möge. Am nächsten Morgen stand sie auf, öffnete den Vorhang und der Berg war immer noch da. Sie murmelte nur: „Das hab' ich mir gleich gedacht." Was ist Glaube? Halten Sie das, was Jesus hier sagt und was uns zutiefst erstaunt, für wahr? Sie müssen sich zweier Dinge absolut sicher sein, wenn Sie in diesem Glauben beten wollen: dass Gott es tun *könnte* und dass Gott es tun *wird*. Wenn wir im Glauben beten können, ohne den geringsten Zweifel, dass Gott es tun könnte, und ohne den geringsten Zweifel, dass Gott es tun wird, haben wir die Verheißung Jesu, dass es geschehen wird.

Ich möchte diese beiden Kriterien noch einmal unterstreichen. In unserem von der Wissenschaft geprägten 21. Jahrhundert ist es schon schwer genug zu glauben, dass Gott es tun *könnte*. Aber das zweite Kriterium ist genauso wichtig, weil es ja bedeutet, dass wir ziemlich sicher sind, dass es Gottes Wille ist und er es deshalb tun *wird*. Wenn nicht, würden Christen die ganze Zeit irgendwelche Berge verschieben, so dass unsere Vermessungsämter kaum mehr mitkommen würden! Mit anderen Worten: Das ist kein Test und nichts, womit man anderen Leuten etwas beweisen kann.

Wenn Glaube die erste Bedingung ist, ist Vergebung die zweite. Jesus sagt: *„Und wenn ihr steht und betet, so vergebt, wenn ihr etwas gegen jemand habt, damit auch euer Vater, der in den Himmeln ist, euch eure Übertretungen vergebe"* (Mk 11,25). Sie können nicht um ein Wunder bitten, wenn Sie anderen Leuten nicht von Herzen vergeben, wenn Sie Groll hegen oder Bitterkeit, wenn Sie irgendetwas gegen irgendjemanden haben, weil Sie dessen Haltung Ihnen gegenüber missbilligen. Wenn wir beten, bitten wir selbst um Vergebung, weil es uns nicht in erster Linie um Wunder, sondern um Moral geht; und wir müssen anderen vergeben, weil wir nicht für uns selbst Vergebung erbitten oder empfangen können, wenn wir anderen nicht vergeben.

Fassen wir die beiden Bedingungen noch einmal zusammen: Vergeben Sie anderen und haben Sie solchen Glauben, dass nicht der geringste Zweifel in Ihrem Herzen ist. Reicht Ihnen das, um zu begreifen, warum wir nicht mehr Wunder erleben? Es liegt nicht an Gott; die Begrenzungen sind auf unserer Seite.

Jesus und seine Jünger kehren also nach Jerusalem zurück und treten dem Feind nun von Angesicht zu Angesicht gegenüber. Die Menschen, deren Einnahmequellen in Frage gestellt worden waren – die Erträge aller Geschäfte im Tempel flossen ja in die Taschen der Priester und Sadduzäer; sie bekamen das ganze Geld –, kamen zu Jesus und sagten: *„In welcher Vollmacht tust du diese Dinge?"*

Ich rate Ihnen: Fordern Sie Jesus nie heraus. Er versteht es meisterlich, Ihnen den Ball mit einer höchst irritierenden Gegenfrage zurückzuspielen. Sie fragten weiter: *„Wer hat dir diese Vollmacht gegeben, dass du diese Dinge tust?"* Darauf gibt Jesus eine seiner schlichten und brillanten Antworten: *„Ich will euch ein Wort fragen. Antwortet mir! Und ich werde euch sagen, in welcher Vollmacht ich diese Dinge tue: War die Taufe des Johannes vom Himmel oder von Menschen? Antwortet mir!"* (Mk 11,29-30) Damit standen sie vor einem echten Dilemma, weil sie ja offiziell Johannes nicht anerkannt hatten. Die offiziellen religiösen Anführer hatten eine sichere Distanz zum Täufer gewahrt. Die Menschenmengen waren zu diesem Prediger geströmt, aber die offiziellen religiösen Anführer waren neutral geblieben. Doch jetzt fordert Jesus sie heraus und drängt sie, Stellung zu beziehen: Glaubten Sie, Johannes sei von Gott gewesen, oder habe er nur selbst beschlossen, Prediger zu sein? Was auch immer sie antworten würden – zwangsläufig würde irgendjemand daran Anstoß nehmen. Das war so eine Frage wie: „Haben Sie damit aufgehört, Ihre Frau zu schlagen?" Wenn sie sagten, Johannes sei von Gott gewesen, könnte Jesus erwidern: Ja, warum habt ihr ihn dann nicht anerkannt? Wenn sie sagten, Johannes sei ein selbsternannter Prediger gewesen, würde es einen Aufruhr geben, weil die Menge dies nicht hinnehmen würde. Beachten Sie allerdings, dass sie den Wahrheitsgehalt dieser Frage Jesu gar nicht anzweifelten; es ging ihnen nur darum, wie sie dastehen würden und welche Auswirkungen ihre Antwort auf sie haben würde.

Jesus weigerte sich, ihnen zu sagen, in welcher Vollmacht bzw. Autorität er tat, was er tat. Das Wunderbare daran war jedoch, dass er ihre Frage im Grunde beantwortet hatte. Hätten sie genau auf seine Frage gehört, hätten sie ihre Antwort gehabt. Sie wussten ganz genau, wie nahe sich Jesus und Johannes standen. Sie wussten ganz genau, dass Johannes von Jesus gesprochen hatte. Sie wussten ganz genau, dass das Wirken des Johannes und das Wirken Jesu im Grunde ein und dasselbe war. Wenn sie nun glaubten, das Wirken des Johannes sei von Gott gewesen, dann galt dies auch für Jesus, weil beide ja in derselben Vollmacht auftraten. Wenn sie allerdings der Meinung wären, Johannes sei von Menschen ermächtig gewesen, könne Jesus ihnen auch nicht sagen, von wem er ermächtigt worden sei. Damit hatte er die Frage beantwortet.

Als Nächstes erzählt er ihnen eine Geschichte und liefert damit eine noch umfassendere Antwort auf ihre Frage. In dieser Geschichte geht es um einen Grundbesitzer, der außer Landes reist, was im gesellschaftlichen Leben der damaligen Zeit keine Seltenheit und deshalb für die Zuhörer gut nachvollziehbar war. Jahrhunderte zuvor hatte der Prophet Jesaja die Nation Israel bereits symbolisch als Weinberg dargestellt. Sie verstanden die Botschaft und konnten jedes einzelne Detail übertragen.

Der Grundbesitzer, der den Weinberg pflanzt, ist ohne jeden Zweifel Gott; der Weinberg ist sein Volk Israel. Die Pächter bzw. Weingärtner sind die Hohepriester und Regenten, denen die Verantwortung für den Weinberg übertragen wurde, und die dafür sorgen sollten, dass er zur Ehre Gottes Frucht bringe. Die Knechte sind die Propheten, die zum Weinberg geschickt worden sind, um vom Besitzer zu berichten und damit dieser Frucht, d. h. Ehre, bekäme. Alle Propheten, die zu ihnen kommen, sind ihnen missliebig; sie stecken sie ins Gefängnis und schlagen oder töten sie. Als der Besitzer des Weinbergs sieht, wie sie mit all seinen Knechten umgehen, beschließt er, seinen Sohn zu schicken. Der Sohn kommt und die Pächter begreifen, dass der Weinberg ihnen gehören wird, wenn sie diesen Mann töten. Sie können den Besitzer hinhalten und es wird niemand mehr da sein, der den Weinberg erben könnte.

Die erste Bedeutung dieser Geschichte liegt auf der Hand: Gott lässt Menschen nicht bis in Ewigkeit ungeschoren davonkommen – er kommt! Unser Herr appelliert an die Gerechtigkeit in dieser Situation und fragt: *„Was wird der Herr des Weinbergs tun?"* Die Antwort lautet: *„Er wird kommen und die Weingärtner umbringen und den Weinberg anderen geben"* (Mk 12,9). Jesus fragt also: „Was sollte der Besitzer des Weinbergs tun? Was sollte Gott mit euch tun? Er sollte kommen und euren Weinberg jemand anderem geben."

Aber dieses Gleichnis hat noch eine zweite Sinnebene: Jesus möchte begreiflich machen, dass er der Sohn des Besitzers ist – das ist seine Autorität. Warum hat er den Tempel gereinigt und die Geldwechsler hinausgeworfen? Weil er der Sohn des Besitzers ist. Schon als zwölfjähriger Junge stand er im Tempel und sagte zu seiner Mutter: *„Wusstet ihr nicht, dass ich im Haus meines Vaters sein muss?"* (Lk 2,49; NGÜ). Jesus kümmerte sich um seine Angelegenheiten. Nun, dreiunddreißig Jahre später, sagt er, dass er sich immer noch um die Angelegenheiten seines Vaters kümmere, dass er der Sohn des Besitzers und dies sein Recht sei. Dieser Ort – der Tempel – gehöre seinem Vater und er sei gesandt worden, um ihn zu reinigen und die Frucht zu holen. Außerdem sagt Jesus ihnen damit, er wisse ganz genau, dass sie ihn hier nicht wollen und auch seinen Vater nicht, sondern den Tempel für sich haben möchten und ihn deshalb töten werden.

An dieser Stelle macht Jesus innerhalb der Geschichte einen Schwenk und greift ein anderes Bild auf, um etwas Wichtiges zu verdeutlichen. Er kommt auf ein Gebäude zu sprechen und auf dessen Eckstein: An einer Ecke des Gebäudes wird ein sehr großer Stein platziert, auf dem alle anderen Steine aufgebaut werden. Dieser große Stein ganz unten ist der Eckstein. Er trägt das Gebäude. Wenn eine Mauer hochgezogen wird, werden die Steine versetzt gelegt. Einige dieser Steine sind so genannte Binder, von denen man immer nur die Stirnseite sieht. Dieser große Binder, der Eckstein, hält das ganze Gebäude. Würde man diesen Stein herausnehmen, fiele das ganze Haus in sich zusammen. Jesus greift dieses Bild vom Hausbau auf und beschreibt, wie sich einige Bauleute, die ein Gebäude errichten, einen bestimm-

ten Stein ansehen und dann beschließen, diesen nicht zum Eckstein zu machen, weil er ihrer Meinung nach nicht passt. Stattdessen werfen sie ihn weg. Doch später kommt ein anderer Bau-
meister und sagt ihnen, sie hätten einen Fehler gemacht und
dieser Stein sei ideal, um den ganzen Bau zu tragen. Es handelt
sich hierbei um ein Zitat aus genau demselben Psalm (118), aus
dem die Worte *„Gesegnet sei, der kommt im Namen des Herrn"*
stammten, die sie am Palmsonntag skandiert hatten.

Jesus musste von der Geschichte vom Weinberg wegkommen,
weil sie an einem Endpunkt angelangt war: Wenn der Sohn in
dieser Geschichte getötet wird, ist sie zu Ende. Den Rest verdeut-
licht er seinen Zuhörern mit Hilfe einer anderen Illustration. Genau der Stein, den sie verwerfen (Jesus selbst), wird zum Eckstein
werden – Gott wird auf ihm aufbauen. Ich habe mir einige der
Steine angesehen, die den Tempel trugen. Einer wiegt 110 Ton-
nen, ein massiver Stein, der an der Ecke den Tempelbau trägt.
Ich weiß nicht, wie sie diesen Stein dort hinbekamen, aber das
ist der Eckstein. Jesus sagt im Grunde: „Mit diesem Tempel hier
ist es vorbei. Der Weinberg bringt keine Frucht. Er wird jemand
anderem gegeben werden. Ich werde der neue Eckstein sein. Ich
werde das neue Fundament sein. Gott wird ab jetzt auf mir aufbauen. Ihr verwerft mich und sagt, ihr könnt mich nicht in den
Bau einpassen. Gott hingegen wird mich an die wichtigste Stelle
überhaupt setzen."

Sie verstanden gut, was er damit sagen wollte, so gut, dass sie
weggingen und anfingen, Pläne zu schmieden, wie sie ihn töten
könnten. Sie begriffen, dass er zu ihnen sagte: Ihr seid so miss-
günstig, ihr wacht so eifersüchtig über euren Tempel, ihr seid so
gierig nach dem Geld, das ihr hier einnehmt; ihr wollt mich partout nicht haben; ihr werdet mich töten, aber ihr werdet mich
nicht los. Ich werde als Eckstein wiederkommen.

Was hat uns das zu sagen? Ganz einfach: Das wirklich Tragische an Ostern ist, dass es eigentlich die religiösen Leute waren,
die Jesus töteten. Er wurde von jenen gehasst, die mitten im Tem-

pel waren und eigentlich die ersten hätten sein sollen, die ihn willkommen heißen. Ich möchte es folgendermaßen zusammenfassen: *Religion und wahres Christentum gehen nicht zusammen.* Religion ist seit je her der Feind des wahren Christentums. Religion ist oft nichts anderes als „Kirchen-" oder, wie ich es nennen möchte, „Gemeindetum" und kann zu dem werden, was damals aus dem Tempel geworden war: eine Nützlichkeitsreligion. Ein hoher Prozentsatz unserer Bevölkerung wird von einem Geistlichen irgendeiner Religion beigesetzt. Wir haben eine Nützlichkeitsreligion für die Wiege, den Traualtar und die letzte Reise. Religion kann aber auch der Ausbeutung dienen, wenn Menschen durch sie Macht und noch andere Dinge erlangen. Als ich vor dem Petersdom in Rom stand, erinnerte ich mich daran, dass dieser prächtige Bau mit Geld aus dem europaweiten Ablasshandel finanziert wurde. Mit nur wenigen Münzen vermochte man angeblich einen Verwandten aus dem Fegefeuer herauszuholen, und mit diesem Geld baute man dann den Petersdom. Religion kann auch zu einem exklusiven Club werden, dessen Mitglieder sich nicht für Menschen interessieren, die außerhalb der Kirche oder Gemeinde stehen. Religion kann zur Räuberhöhle werden oder zu einem Deckmäntelchen der Ehrbarkeit, das die Dinge kaschiert, die im Inneren des Menschen sind – Neid, Eifersucht und Habgier, die zwar immer noch da sind, aber von den anderen Leuten wegen unserer Religion nicht wahrgenommen werden.

Diese Religion war es, die Christus kreuzigte. Wenn Jesus dieser Art von Religion in einer Konfrontation gegenübertritt, gilt: entweder geht er oder sie. Deshalb steht es uns gut an zu sagen: „Herr Jesus, hier ist unsere Gemeinde. Hosanna, komm zu uns. Komm und sieh in jede Ecke und in jeden Winkel unserer Gemeinde; komm und sieh in jede Ecke und in jeden Winkel unseres Lebens und wenn da etwas ist, was da nicht sein sollte, dann reinige uns und mach aus uns einen Tempel, der deines Namens würdig ist. Bitte komm und mach aus uns ein Haus des Gebets, einen Tempel, der sich nach allen Menschen in der Welt ausstreckt, um sie hereinzuholen und sie in deinem Haus willkommen zu heißen. Bitte komm und mach aus uns das, was du gerne haben möchtest, damit wir nicht zu einem Feigenbaum ohne Frucht oder einem Weinberg ohne Ertrag werden, die beide verworfen werden müssen!"

Kapitel 14

Angriff und Gegenangriff

Markus 12,13-44

Unser Herr hat die Menschen herausgefordert. In diesem Abschnitt lesen wir, wie andere kommen, um ihn herauszufordern. Derzeit kämpfen sie noch mit Worten gegen ihn. Früher sagte man manchmal, Stein und Stock brechen einem die Knochen, doch Worte tun nicht weh. Aber im Grunde können Worte viel mehr Schmerz verursachen als Stein und Stock, weil sie viel tiefer gehen. Und so waren Worte die ersten Waffen der Feinde unseres Herrn.

Man gewinnt den Eindruck, als hätten sich die Feinde des Herrn – Pharisäer, Sadduzäer, Schriftgelehrte, Priester, Älteste, ja sogar die Herodianer – gegen ihn regelrecht verbündet. Welche Ziele verfolgen sie mit ihren Wortgefechten? Sie wollen Jesus zunächst einmal in den Augen der Öffentlichkeit diskreditieren und die Menge auf ihre Seite ziehen. Zudem versuchen sie, an ihm etwas zu finden, weswegen sie ihn bei den Behörden, d. h. bei Pontius Pilatus, anzeigen könnten. Alles, was sie zu ihm sagen, soll zu einem dieser beiden Ziele führen. Sie haben sich einige messerscharfe Fragen ausgedacht und auf den ersten Blick sieht es so aus, als würde Jesus durch sie zwangsläufig die Unterstützung der Menge verlieren oder mit dem Gesetz in Konflikt geraten.

Wir haben hier sechs kurze Unterhaltungen, die man in zwei Dreiergruppen unterteilen kann. Mit den ersten drei Fragen, die in Kapitel 12 gestellt werden, greifen die Feinde Jesu an, aber keiner der Angriffe hat Erfolg. In der zweiten Hälfte dieser Passage werden wir uns drei weitere Gespräche ansehen, in denen nun

Jesus zum Angriff übergeht und dabei einige eindrucksvolle Statements macht.

Die erste Frage ist politischer Natur und stammt von den Pharisäern und Herodianern. Im Zusammenhang mit Kapitel 8 erwähnte ich bereits, dass diese beiden Gruppierungen eine seltsame Allianz eingegangen waren. Normalerweise hätten sie gar nicht miteinander geredet. Die Herodianer waren keine Juden, sondern politische Marionetten in der Hand der Römer. Sie gehörten zur verhassten Erblinie Esaus und waren Edomiter. Die Römer hatten die Juden den Herodianern unterstellt und dafür wurden jene gehasst. Die Pharisäer waren so ziemlich die exklusivsten religiösen Persönlichkeiten im ganzen Land. Wenn sich so exklusive religiöse Leute, in deren Augen Politik normalerweise ein schmutziges Geschäft ist, mit dem man nichts zu tun haben möchte, mit Herodianern zusammentun, die bis zum Hals in eben diesem schmutzigen Politikgeschäft stecken, ist das wirklich eine ganz erstaunliche Koalition. Wenn wir die Passage genau lesen, stellen wir fest, dass es jemand anderer gewesen sein muss, der diese beiden Gruppierungen angestiftet hatte: *„Und sie senden einige der Pharisäer und der Herodianer zu ihm, um ihn in der Rede zu fangen"* (Mk 12,13). Man beachte das Wort „sie". Eine wirklich bemerkenswerte Intrige, die einfach zeigt, dass Menschen außergewöhnliche Bündnisse schließen, wenn sie Gott hassen.

„Sie", die Priester, schicken also die Pharisäer und Herodianer mit einer Fangfrage zu Jesus. Als ich noch zur Schule ging, schnappten sich zwei große Jungs einen kleinen und fragten ihn: „Wen von uns magst du lieber?" Die beiden waren Raufbolde und hatten den armen Kerl in ihre Mitte genommen. Was sollte er darauf erwidern? Wenn er sich für den einen entschied, hätte ihn der andere verprügelt. So eine Frage hatten sich die Gegner Jesu ausgedacht. Die Pharisäer repräsentierten die jüdische Seite und die jüdischen Empfindungen, die Herodianer die römischen Empfindungen und mit seiner Antwort würde Jesus auf jeden Fall eine der beiden Seiten gegen sich aufbringen.

Es war eine ziemlich angriffslustige Frage. Israel war damals ein besetztes Land; die Römer waren die Besatzungsmacht. Deshalb war diese Frage eine ganz gemeine Falle. Würde Jesus erwidern: „Nein, wir sollten Rom keine Steuern zahlen und dieses Geld nicht außer Landes nach Rom und zum Kaiser gehen lassen", könnte man ihn umgehend vor Pilatus als Verräter anklagen; würde er erwidern: „Ja, wir sollten Steuern zahlen", würde er sich beim Volk so unbeliebt machen, dass dies das Ende seines Wirkens in der Öffentlichkeit wäre. Die Frage war wirklich sehr clever formuliert.

An dieser Stelle mein Rat an alle Leser: Versuchen Sie nie, Jesus über den Tisch zu ziehen. Viele haben es schon versucht, aber geschafft hat es noch niemand. Versuchen Sie nie, schlauer als er zu sein. Jesus erfasste sofort, was hinter der Frage steckte. Es ging ihnen gar nicht um Steuern. Jesus wusste, dass sie Heuchler waren (vgl. 12,15). Sie wollten gar keine Antwort; sie wollten ihn in die Falle locken. Jesus durchschaute sie und fragte sie, warum sie ihm eine Falle stellen wollten, und da sie vermutlich nicht antworteten, gab dafür er ihnen eine Antwort, eine brillante noch dazu.

Er bat sie um eine Münze. Jemand sagte einmal, Jesus sei so arm gewesen, dass er jemand anderen um eine Münze bitten musste. Ich glaube nicht, dass das der Grund war. Judas, der Schatzmeister der Jünger, hatte etwas Geld, und Jesus hätte auch ihn um eine Münze bitten können. Warum tat er das nicht? Weil er etwas aus der Tasche seiner Gegner haben wollte, etwas, das sie bereits benutzten und das sie bejaht hatten. Auf diese Weise wurde klar, dass sie bereit waren, dieses Geld zu gebrauchen und seinen Wert zu akzeptieren. Sie kauften damit Nahrung und Kleidung. Wessen Geld ist es? Mit anderen Worten sagte er damit zu ihnen: Ihr habt es bereits bejaht. Es ist bereits Teil eures Lebens. Eine sehr clevere Antwort.

Hierzu eine Hintergrundinformation, die man zwar nicht in der Bibel findet, aber die Ihnen eine Hilfe zum Verständnis sein wird. Im Jahr 6 hatte in Jerusalem Herodes' Sohn Archelaus das Sagen, ein durch und durch schlechter Mensch. Die Bevölkerung hatte ihn so satt, dass sie die Römer (die Archelaus zum Thron verholfen hatten genauso wie dem Herodes, der in Bethlehem die Babys töten ließ) baten, statt seiner einen römischen Gouverneur einzusetzen. Sie dachten, ein römischer Gouverneur wäre immer noch besser als Archelaus. Damit hatten sie im Grunde die Römer gebeten zu kommen, denn eigentlich hätten sie ja gar keinen römischen Gouverneur gebraucht. Und als der römische Gouverneur kam, führte er römische Münzen und Steuern ein.

Die Zuhörer Jesu wurden an dieser Stelle daran erinnert, dass sie die Römer „eingeladen" hatten. Sie waren recht glücklich damit, dass jene gekommen waren und sie nun deren Münzen gebrauchen durften. Sie fragten, ob sie Steuern zahlen sollten und Jesus erwiderte: *„Gebt dem Kaiser, was des Kaisers ist."* Das Wort, das er hier verwendet, bedeutet wörtlich „zurückzahlen". Sie hatten gefragt, ob sie Steuern zahlen sollten; er sagte ihnen, sie sollten Steuern *zurück*zahlen. Das ist etwas ganz anderes und stellt die Angelegenheit in einem völlig anderen Licht dar. Dagegen konnten sie natürlich nichts einwenden, weil sie ja von der „Pax Romana" profitiert hatten, dem römischen Frieden, der viele Jahre lang für Sicherheit im gesamten Mittelmeerraum sorgte (man konnte damals ohne Pass und unter dem Schutz Roms den gesamten Raum rund ums Mittelmeer bereisen).

Aber Jesus geht im zweiten Teil seiner Aussage noch einen Schritt weiter: *„... und [gebt] Gott, was Gottes ist."* Auch Gott gegenüber steht man in der Pflicht wegen der Segnungen, die man von ihm empfängt. Er hat das Recht, genauso wie der Kaiser, etwas von uns Menschen zu erwarten. Deshalb hat ein Christ eine Art „doppelte Staatsbürgerschaft". Er ist Bürger der Erde und schuldet dem irdischen Land, das seine Heimat ist, etwas. Er ist aber auch Bürger des Himmels und schuldet auch dem Reich der Himmel, dem er angehört, etwas. Für einen Christen wird es dann problematisch, wenn der Kaiser anfängt, etwas für sich einzufordern, was allein Gott für sich beanspruchen kann. Dann muss ein Christ sagen: „Nein, das kann ich dir nicht geben." Es sollte der Tag kommen, an dem der Kaiser sagen würde: „Ich bin Gott. Ihr müsst mich als euren Herrn anbeten", doch die Christen erwiderten: „Das steht dir nicht zu und wir können es dir nicht geben. Wir lassen uns lieber den Löwen vorwerfen, als dir das zu geben." Doch in dieser Situation war der Fall recht einfach gelagert: „Gebt dem Kaiser, was des Kaisers ist. Ihr gebraucht sein Geld. Warum solltet ihr ihm sein Geld nicht zurückgeben? Wenn euer Verhalten logisch sein soll, solltet ihr sein Geld nicht antasten."

Das war natürlich ein heftiger Seitenhieb in Richtung der Priester, die ziemlich wohlhabend waren und das römische Geld gern in ihrer Kasse klingeln hörten. Auch sie sollten Gott geben, was Gott gehört. Das Geld, mit dem ich bezahle, trägt das Bild eines irdischen Herrschers – Königin Elisabeth II.. Ich gebrauche ihr Geld. Sie hat ein Anrecht darauf. Aber was trägt Gottes Bild? Die Antwort lautet: jeder Mann und jede Frau auf Erden. Was ich Gott geben muss, das ihm zusteht, das bin *ich selbst* – er hat ein Anrecht auf mich. Wenn das Geld, das wir gebrauchen, das Bild eines irdischen Herrschers trägt, der aus diesem Grund ein Anrecht darauf hat, sind wir im Bild eines himmlischen Königs gemacht, der ein Anrecht auf uns hat. Genau das will uns Jesus hier mit seiner Lehre sagen. Auf diese Weise spielt er den Ball sehr clever an die Fragesteller zurück und fragt sie im Grunde, ob Gott von ihnen bekommt, was er von ihnen bekommen sollte – das ist die Schlüsselfrage. Die Pharisäer und Herodianer ziehen sich zurück. Es war ein genialer Schlagabtausch.

Bei der nächsten Begegnung kommt keine politische, sondern eine philosophische Frage aufs Tapet. Jetzt sind die Sadduzäer am Zug, die wohlhabenden, aristokratischen Priester Jerusalems, die den Tempel „betreiben" und am meisten daraus Profit schlagen. In ihren Anschauungen hat das Übernatürliche im Grunde keinen Platz. Man könnte sie als die „Liberalen" ihrer Zeit bezeichnen. Sie sagten, der einzige Teil der Schrift, den man beachten solle, seien die ersten fünf Bücher Mose – das Gesetz des Mose oder der „Pentateuch": die Bücher Genesis, Exodus, Levitikus, Numeri und Deuteronomium. Erst wenn man etwas anhand dieser fünf Bücher beweisen konnte, glaubten sie es. Im Gegensatz zu den Pharisäern glaubten sie – und das war wirklich seltsam – nicht an eine persönliche Auferstehung der Toten nach diesem Leben. Die Sadduzäer glaubten, man lebe in der Erinnerung anderer Menschen und in dem Guten, das man getan hat, fort (was auch die Zukunftsperspektive vieler Menschen in Europa zu sein scheint).

Sie kamen zu Jesus und versuchten, ihn in den Augen der versammelten Menge zu diskreditieren, indem sie ihn dumm dastehen lassen. Es gibt Leute, die lieben so etwas. Ich hielt einmal Vorträge an einer Universität und konnte genau sagen, welche Studenten so etwas im Schilde führten. Sie hatten sich clevere Fragen ausgedacht; die Antworten wollten sie gar nicht wissen; sie wollten nur, dass der Redner vor den Augen aller dumm dasteht. Und wenn man einen Redner dumm dastehen lassen kann, wird das, was er zu sagen hat, bei den Zuhörern natürlich keine Wirkung zeigen.

Deshalb hatten sich die Sadduzäer eine sehr komische Frage ausgedacht: Im 5. Buch Mose (das sie billigten) gibt es ein Gesetz, das besagt, wenn ein Mann kinderlos sterbe, müsse sein Bruder die Witwe heiraten und ein Kind für ihn zeugen. Im Extremfall gelte dies auch für alle weiteren Brüder. Dieses Gesetz hatte seinen Grund. Das Land war aufgeteilt und jede Familie hatte ein Stück davon bekommen, das ihr bis in Ewigkeit gehörte. Deshalb durfte der Name der Familie nicht aussterben; es musste eine Kontinuität geben, damit die Familie das Land behalten konnte. Da das Land so mit der Familie verknüpft war, verfügte Gottes Gesetz, dass der Name der Familie auf diese Art und Weise fortbestehen solle.

Die Frager der Sadduzäer war eigentlich keine aus dem Leben

gegriffene Frage, sondern eher ein logisches Rätsel: Ein Mann starb kinderlos. Sein Bruder nahm die Witwe zur Frau, bekam aber auch keine Kinder. Dann nahm ein weiterer Bruder die Witwe zur Frau und bekam ebenfalls keine Kinder. Es waren insgesamt sieben Brüder. Die Fragesteller behaupteten nun, dadurch werde im Himmel eine schreckliche Situation entstehen, weil alle sieben Männer sich um diese Frau streiten werden und jeder sie als seine Frau sehen werde.

Für den Fall, dass Sie die Frage töricht finden, möchte ich sie für Sie etwas umformulieren – und in dieser grundsätzlichen Variante ist sie mir im Rahmen meiner Tätigkeit schon häufig gestellt worden, etwa wenn Leute zu mir sagen: „Wie kann ich im Himmel glücklich sein, wenn irgendjemand aus meiner Familie in der Hölle ist?" Das ist eigentlich dieselbe Fragestellung, weil ihr derselbe Gedanke zugrunde liegt. Die Antwort Jesu ist auf beide Fragestellungen anwendbar. Bevor wir die Frage der Sadduzäer kurzerhand verwerfen, müssen wir uns vor Augen führen, dass sie ein echtes Problem anspricht. Dieses grundsätzliche Problem besteht darin, dass Menschen sich nicht vorstellen können, inwieweit der Himmel anders sein könne als die Erde. Sie gehen davon aus, dass alles, was wir hier auf Erden kennen, genauso auch im Himmel vorhanden sein werde, also auch unsere Beziehungen. Aber Jesus sagt, dass dies nicht der Fall sein und der Himmel sich in vielerlei Hinsicht von der Erde unterscheiden werde.

Jesus packte den Stier bei den Hörnern. Sie hatten die falsche Frage gestellt; wenn sie ihre Schriften gekannt hätten, hätten sie die Frage gar nicht gestellt. Er weist auf zwei wichtige Dinge hin, die ihnen gar nicht bewusst sind. Er sagt: *„Irrt ihr nicht deshalb, weil ihr die Schriften nicht kennt und nicht die Kraft Gottes?"* (Mk 12,24) Viele Fangfragen, die wir stellen, belegen, dass wir die Bibel nicht kennen. Mich beeindruckt, dass immer mehr Fragen beantwortet werden, je mehr ich die Bibel lese. Wer seine Bibel nicht kennt, wird sich unweigerlich in solchen logischen Knoten verheddern. Jesus sagt zudem, sie würden auch „die Kraft Gottes" nicht kennen und meint damit die Kraft Gottes, Veränderungen zu bewirken (in diesem Fall, die Toten aufzuwecken).

Dann wirft er indirekt die Frage auf, ob sie die Auffassung verträten, der Himmel sei lediglich die unendliche „Ausdehnung" der Erde, d. h. die Fortsetzung dessen, was wir hier unten haben. Die Antwort lautet: ganz gewiss nicht. Und ganz offen gesagt, wäre das für die meisten von uns nicht der Himmel! Das ist keine Anspielung auf mein Eheleben und ich bitte Sie, keine vorschnellen Schlüsse zu ziehen! Aber es wäre nicht der Himmel für meine Frau, wenn sie bis in Ewigkeit mit mir, so wie ich jetzt bin, leben müsste. Für niemanden von uns wäre es der Himmel, wenn wir bis in Ewigkeit miteinander leben müssten, so, wie wir jetzt sind. Aber wir glauben, dass Gott die Kraft hat, Menschen zu verändern.

Wenn wir bei einer Beerdigung jemanden beisetzen, der in den Augen aller ein etwas unangenehmer Charakter war, sage ich manchmal ganz offen: „Eine unserer Hoffnungen für die Zukunft ist nicht nur ein verherrlichter Leib, sondern auch ein verherrlichter Charakter, und wenn wir Soundso das nächste Mal sehen, wird er/sie vollkommen sein." Das macht den Hinterbliebenen großen Mut und gibt ihnen etwas, worauf sie sich freuen können! Aber auch die Hinterbliebenen selbst werden vollkommen gemacht werden, wenn sie in Christus sterben. Mit anderen Worten: Das Leben im Himmel wird ganz anders sein als das Leben hier auf Erden und wir dürfen nie vergessen, dass Gott die Kraft hat, Dinge und Menschen zu verändern.

Die eigentliche Antwort auf die Frage der Sadduzäer lautet: *„Wenn sie aus den Toten auferstehen, heiraten sie nicht, noch werden sie verheiratet, sondern sie sind wie Engel in den Himmeln"* (Mk 12,25). Bei unserer Hochzeit schworen meine Frau und ich uns: „Bis dass der Tod uns scheidet" und erkannten damit an, dass diese ganz spezielle Beziehung, die wir am Tag unserer Hochzeit eingingen, nur eine Beziehung für diese Welt ist. Das heißt nicht, dass wir nicht davon ausgehen würden, gemeinsam im Himmel zu sein, aber wenn wir dort sind, wird unsere Beziehung zueinander ganz anders aussehen. Ich stelle es mir so vor, dass wir dann wie Bruder und Schwester in Christus sind. Wir werden alle sehr eng miteinander verwandt sein und unsere Beziehung wird noch wunderbarer sein als es auf Erden möglich war.

Jesus erinnert seine Zuhörer daran, dass die Engel eben so leben: Sie heiraten nicht; sie pflanzen sich nicht fort; sie haben keine Kinder. Engel werden geschaffen, jeder einzelne für sich. Das ist übrigens auch eine Antwort für all jene, die glauben, dass alles Leben aus einer Evolution heraus entstehe – wenn man das glaubt, kann man unmöglich an Engel glauben. Die Engel wurden separat geschaffen; sie sterben nicht; sie altern nicht; sie heiraten nicht; sie haben keine Kinder und genau so wird unser Leben im Himmel aussehen, auch wenn wir uns das nur schwer vorstellen können. Wenn also jemand zu mir sagt: „Ich werde im Himmel nicht glücklich sein, wenn nicht alle meine Verwandten da sind", muss ich ihm erwidern: „Verwandte werden da sein, aber die Leute, die Sie dort zu Ihren Verwandten zählen werden, werden nicht die Leute sein, die Sie hier zu Ihren Verwandten zählen." Unsere Beziehungen werden eine Veränderung erfahren haben. All Ihre Brüder und Schwestern in Christus werden da sein – das ist eine Form von Veränderung, zu der Gott fähig ist. Das soll sich nun nicht hart oder kaltschnäuzig anhören und deshalb möchte ich noch im selben Atemzug hinzufügen: Solange ich hier auf Erden lebe, sind mir meine „physischen" Verwandten ein Anliegen; sie liegen mir am Herzen und ich bete für sie. Doch im nächsten Leben werden alle Beziehungen nur „in Christus" sein und das sind die wichtigen Beziehungen.

Die Sadduzäer waren schief gewickelt, weil sie weder ihre Schriften gut genug kannten noch die Kraft Gottes, Dinge zu ändern. Jesus wusste – und das ist das Positive –, dass die Sadduzäer immer alles anhand der ersten fünf Bücher Mose beweisen und deshalb wissen wollten, wo dort die Auferstehung erwähnt sei.

Und er sagt zu ihnen: „*Was aber die Toten betrifft, dass sie aufer-weckt werden: Habt ihr nicht im Buch Moses gelesen, wie Gott beim Dornbusch zu ihm redete und sprach: ‚Ich bin der Gott Abrahams und der Gott Isaaks und der Gott Jakobs‘? Er ist nicht der Gott von Toten, sondern von Lebenden. Ihr irrt sehr*" (Mk 12,26f). Jesus zeigt auf, dass Gott „Ich bin" sagte und nicht „ich war". Das ist ein sehr wichtiger Unterschied, der einem vielleicht gar nicht auffällt, wenn man die Geschichte einfach nur so liest. Denken Sie einmal an Ihren Vater oder Großvater oder Urgroßvater, an jemanden, der den Herrn kannte. Ist Ihnen bewusst, dass Gott, wenn er hier und jetzt zu Ihnen spräche, nicht sagen würde: „Ich *war* der Gott deines Urgroßvaters", sondern: „Ich *bin* der Gott deines Urgroß-vaters." Das bedeutet zweifellos, dass Ihr Urgroßvater immer noch lebt. Diese Leute leben immer noch und Gott ist immer noch ihr Gott und wenn Sie sterben, werden Sie Teil ihrer wun-derbaren Gemeinschaft – was für ein gewaltiger Gedanke!

In Hebron sah ich mir in der Höhle Machpela die Gräber von Abraham, Isaak und Jakob und ihrer drei Frauen an. Ich fühlte mich um Jahrhunderte zurückversetzt, als ich ihre Ruhestätten betrachtete. Doch ich weiß noch genau, dass ich damals laut zu mir selbst sagte (ich konnte einfach nicht anders): „Sie sind nicht tot, weil Gott immer noch ihr Gott ist. Was auch immer mit ih-rem Körper geschehen ist – sie leben, weil ER lebt." Lassen Sie es mich noch etwas anders ausdrücken: Wenn Sie an einen leben-digen Gott glauben, müssen Sie auch glauben, dass er der Gott der Lebendigen ist.

Als Nächstes wird Jesus mit einer „biblischen" Frage konfron-tiert – noch dazu ist sie wirklich ernst gemeint. Es ist großartig, wenn jemand in einer Diskussion fragt, was dies und das in der Bibel zu bedeuten habe, und es dann auch noch wirklich wissen will, weil es ihm ein Anliegen ist, die Wahrheit herauszufinden. Ein Schriftgelehrter hatte alles, was bisher gesprochen wurde, mit angehört und glaubt nun, dass Jesus auf alles eine Antwort hat und sich auskennt. Und so beschließt auch er, ihm eine Frage zu stellen.

Damals führten die Schriftgelehrten lange theologische Diskussionen, die sie sichtlich genossen und die im Großen und Ganzen zwei Schwerpunkte hatten: Zunächst einmal fügten sie dem Gesetz Gottes viele weitere Gesetze hinzu, d. h. alle möglichen detaillierten Anweisungen, wie die Gesetze konkret anzuwenden seien, z. B. was man am Sabbat tun und nicht tun dürfe und welche neuen Gesetze man machen könne, um den Menschen zu helfen, die Zehn Gebote zu halten. Die zweite Art von Diskussion, die es ihnen angetan hatte, sah so aus, dass sie einander die Frage stellten: „Kannst du das Gesetz in einem Satz zusammenfassen?" Ein Rabbi sagte einmal sogar zu seinem Schüler: „Fasse das ganze Gesetz Gottes zusammen, während du auf einem Bein stehst." Sie versuchten, es zu komprimieren, zu verkürzen, zu verdichten und auf den Punkt zu bringen.

Und so kommt nun ein Schriftgelehrter zu Jesus und stellt ihm folgende Frage: *„Welches ist das wichtigste von allen Geboten?"* (Mk 12,28; NGÜ) Unser Herr zitiert daraufhin zwei Texte aus dem 5. und dem 3. Buch Mose, fügt sie zusammen und sagt: *„Du sollst den Herrn, deinen Gott, lieben aus deinem ganzen Herzen und aus deiner ganzen Seele und aus deinem ganzen Verstand und aus deiner ganzen Kraft!"* Dann sagt er noch: *„Das zweite ist dies: ‚Du sollst deinen Nächsten lieben wie dich selbst!' Größer als diese ist kein anderes Gebot"* (Mk 12,30f). Also fasst Jesus es in diesen beiden Geboten zusammen. Manche Leute behaupten, Jesus habe hier etwas Neues gebracht, aber das steht alles im Alten Testament. Er tut allerdings mindestens zwei Dinge, die ziemlich neu sind: Niemand hatte bis dato diese beiden Texte zusammengefügt und gelehrt, dass Liebe der Schlüssel zum Gesetz Gottes sei: Gott lieben und den Nächsten lieben – diese beiden Beziehungen. Außerdem bestimmt er nicht näher, wer der „Nächste" ist. Im 3. Buch Mose waren die „Nächsten" die anderen Juden, doch hier ist der Begriff so weit gefasst wie die ganze Welt.

Wenn man so liest, wie Jesus das Gesetz auf den Punkt bringt, gewinnt man den Eindruck, dass Liebe kein Gefühl ist. Es ist ein echtes Problem unserer Zeit, dass jeder gleich an Gefühle denkt, wenn er das Wort „Liebe" hört. Wenn man sich Popsongs anhört, in denen es um Liebe geht, ist immer emotionale Liebe gemeint. Christus lässt jedoch keinen Zweifel daran, dass echte Liebe eine Reaktion der gesamten Persönlichkeit des Menschen ist. Man kann jemanden „aus ganzem Herzen" lieben, aber man kann ihn auch „mit dem ganzen Verstand" lieben. Diese Vorstellungen, jemanden auch mit seinen Gedanken zu lieben, findet man in keinem Popsong. Man kann jemanden auch „aus ganzer (physischer) Kraft" lieben und auch das wird man kaum in einem Liedtext hören. Man kann jemanden mit seiner ganzen Seele lieben und auch darüber wird selten gesungen. Jesus definiert hier „Liebe" als etwas, das die ganze Persönlichkeit des Menschen einschließt: all unser Denken, unsere ganze Kraft, unser ganzes Herz und unsere Gefühle, unsere ganze Seele – alles von uns.

Außerdem lehrt Jesus, dass es, bevor wir unseren Nächsten lieben, unsere oberste Pflicht sei, Gott zu lieben. Dadurch wird die Behauptung, man finde außerhalb der Gemeinde oft bessere Christen als in der Gemeinde, Lügen gestraft. Wenn jemand zu mir sagt: „Soundso ist ein guter Christ und geht in keine Gemeinde", dann erwidere ich: „Sagen Sie mir doch, warum Sie ihn für einen guten Christen halten." Die Antwort ist praktisch immer ein Verweis auf dieses zweite Gebot hier: „Weil er seinen Nächsten liebt." Dem kann man entgegnen: „Glauben Sie, dass diese Person Gott liebt?" denn schließlich kommt das ja an erster Stelle. Den Nächsten zu lieben ist etwas Großartiges; es ist gut; es ist Teil des ganzen Gesetzes, aber es steht an zweiter und nicht an erster Stelle!

Eine Teilnehmerin eines Hauskreises sagte einmal: „Wie soll man Gott lieben können? Das Einzige, was man tun kann, ist, seinen Nächsten zu lieben." Doch Jesus sagt, die Liebe zu Gott kommt zuerst. Ich glaube, dass man seinen Nächsten gar nicht richtig lieben kann, wenn man Gott nicht liebt – zumindest nicht im vollen Sinne des Wortes „Liebe". Gott zu lieben, ohne seinen Nächsten zu lieben, ist allerdings genauso einseitig und nichts anderes als eine Karikatur. Wir können Jesu Lehre also so zusammenfassen, dass Liebe mehr ist als Gefühle; Liebe umfasst unsere ganze Persönlichkeit und die Liebe zu Gott steht an erster Stelle.

Als Nächstes lenken wir unsere Aufmerksamkeit auf die Tatsache, dass es nur einen Gott gibt, der unsere *ganze* Liebe für sich beansprucht. Beachten Sie die Worte „ein" und „ganz": *„„Höre, Israel: Der Herr, unser Gott, ist ein Herr; und du sollst den Herrn, deinen Gott, lieben aus deinem ganzen Herzen und aus deiner ganzen Seele und aus deinem ganzen Verstand und aus deiner ganzen Kraft!"'* (Mk 12,29f) Aus diesem Grund hat er ein Recht auf Ihre *ganze* Person. Wenn Sie an ein Dutzend Götter glauben würden, müssten Sie jedem ein Zwölftel von Ihnen geben. Das mag komisch klingen, ist aber eine Realität, der Missionare in Ländern begegnen, in denen die Menschen an viele verschiedene Götter glauben. Sie reihen diese Götter vor sich auf und geben diesem ein wenig und jenem ein wenig und müssen die kargen Ressourcen, die ihnen zur Verfügung stehen, auf all ihre Götter aufteilen. Doch das Gebot unseres Herrn sagt: Der Herr, unser Gott, ist *einer* – es gibt keinen anderen. Deshalb hat er in Anrecht auf Ihr *ganzes* Herz, Ihre *ganze* Kraft, Ihre *ganzen* Gedanken, Ihre *ganzen* Gefühle – auf Sie *ganz* – und das ist etwas Wunderbares.

Beachten Sie auch, dass es in Ordnung ist, sich selbst zu lieben. Das mag in manchen Ohren etwas ketzerisch klingen, aber ich möchte erklären, was ich damit meine. Jesus sagte nicht: „Du sollst deinen Nächsten lieben statt deiner selbst" oder „... trotz deiner selbst", sondern „... *wie* dich selbst". Das bedeutet, es ist absolut legitim, dass wir uns um uns selbst kümmern. Wir sollen uns um unseren Körper kümmern und auf sein Wohlergehen achten. Aber Jesus sagt auch, wir sollen uns genauso viel um andere Leute kümmern wie um uns selbst – das ist der Standard. Was Sie für sich selbst tun würden, sollten Sie auch für andere tun. Das macht unser Leben recht einfach, aber doch sehr herausfordernd.

Der Schriftgelehrte hörte sich an, was Jesus zu sagen hatte, und erwiderte: *„Recht, Lehrer, du hast nach der Wahrheit geredet; denn er ist einer, und es ist kein anderer außer ihm; und ihn zu lieben aus ganzem Herzen und aus ganzem Verständnis und aus ganzer Seele und aus ganzer Kraft und den Nächsten zu lieben wie sich selbst, ist viel mehr als alle Brandopfer und Schlachtopfer"* (Mk 12,32-33). Und Jesus antwortete ihm: *„Du bist nicht fern vom Reich Gottes"* (Mk 12,34).

Wodurch wäre dieser Mann wohl ganz hineingekommen? Er war noch nicht ganz im Reich Gottes angelangt, indem er anerkannte, dass Liebe das Entscheidende sei. Er wäre ganz hineingekommen, wenn er zwei einfache Schritte gegangen wäre, wenn er anerkannt hätte, dass er zwei Dinge nicht getan hat: Der erste Schritt besteht darin zu erkennen, dass man nicht getan hat und tut, was Gott von einem möchte. Wenn Ihnen klar wird, welches Anrecht Gott auf Ihr Leben hat und was er von Ihrem Leben erwartet, ist der erste Schritt ins Reich Gottes der Schritt der Buße von ganzem Herzen, mit ganzer Seele und mit ganzer Kraft: „Herr, ich habe dich nicht aus meinem ganzen Herzen und aus meiner ganzen Seele und aus meiner ganzen Kraft geliebt. Herr, ich habe meinen Nächsten nicht geliebt."

Schritt Nummer zwei ins Reich Gottes sieht so aus, dass Sie sagen: „Herr, auch wenn du mir vergibst, dass ich das nicht getan habe, werde ich es in Zukunft ohne deine Hilfe auch nicht können." Das ist Glaube. Diese Schritte hätten den Schriftgelehrten ins Reich Gottes hineingeführt. Er konnte erkennen, was notwendig sei, doch soweit wir wissen, gestand er sich nicht ein, es nötig zu haben, und gab nicht zu, es aus eigener Kraft nicht zu schaffen. Aber er war dem Reich Gottes sehr nahe – jeder, der so aufrichtig ist, ist sehr nahe! Ab diesem Zeitpunkt stellte niemand mehr Jesus eine Frage. Wer hätte dies angesichts der Erfahrungen, die die Fragesteller mit Jesus machten, auch tun sollen? Er konnte sie mit einem Knoten festbinden und er konnte sie richten. Sie meinten, sie würden ihn mit einem Knoten festbinden, doch am Ende band er sie, indem er sie mit der Wahrheit konfrontierte.

Nachdem er sich dreimal verteidigt hat, geht Jesus jetzt zum Angriff über. Die erste Attacke reitet er auf geistlichem Boden. Sie ist für uns heute reichlich komplex und schwer zu verstehen. Er greift die Vorstellung seiner Zuhörer vom Christus an, vom Messias, vom Heiland, auf den sie warten. Sie warten auf jemanden, der ein bloßer Mensch ist und aus dem Stammbaum Davids kommt, also dessen Nachfahr ist. Immer wieder nennen sie ihn den „Sohn Davids". Sie hatten auch Jesus schon so genannt, als sie ihn mit Palmzweigen willkommen geheißen hatten. Doch Jesus hinterfragt die Vorstellung dieser Menschen. Sie warten darauf, dass ein Nachfahr Davids komme und über sie herrsche, doch Jesus fordert sie auf, sich zu vergegenwärtigen, was David selbst über den kommenden Christus gesagt hat. Jesus weist sie darauf hin, dass David diesen kommenden Christus mit demselben Wort anredete, wie sie Gott anreden – „Herr". Mit anderen Worten: David wusste, dass der kommende Christus weit mehr sein würde als nur ein Mensch. Er würde göttlich sein.

Der Herr stellt das Bild der Menschen vom Christus in Frage. Sie wollen nichts anderes als einen politischen Messias, einen Anführer, einen Aufrührer, einen Widerstandskämpfer, einen Aufständischen – das hatte der triumphale Einzug Jesu nach Jerusalem mehr als deutlich gezeigt. Doch Jesus fordert sie heraus, noch einmal darüber nachzudenken. Sie sollten, wie David, die Augen offen halten nach einer göttlichen Person, nach jemandem, den sie „Herr" nennen können, nach jemandem, der im Endeffekt weit größer ist als David selbst.

Damals ging man automatisch davon aus, dass der Nachfahr immer geringer sei als sein Vorfahr, d. h. dass der Großvater in gewisser Weise größer sei als der Vater und der Sohn. Doch Jesus lehrt, dass der, der kommen wird, weit über David stehen werde. David hatte gesagt:

> „‚Der Herr sprach zu meinem Herrn: Setze dich zu meiner Rechten, bis ich deine Feinde unter deine Füße lege!'" (Mk 12,36)

Aber es heißt „Herr" und nicht nur „Sohn Davids". Das war zwar ein technisches Detail, aber ein sehr wichtiges. Jesus griff seine Zuhörer und deren Verständnis der Schriften an. Anhand von Vers 36 erkennen wir, wie unser Herr die Psalmen sah. David schrieb sie, aber der Heilige Geist inspirierte sie; deshalb konnte man sie auch als Wahrheit und als Beweis der Wahrheit heranziehen.

Jesus weiß, dass all das dem einfachen Volk großen Spaß macht. Eine Menschenmenge liebt es, wenn Zwischenrufer in die Schranken gewiesen werden. Am Ende von Vers 37 heißt es, die Menge habe viel Freude mit ihm gehabt: *„Die große Volksmenge hörte ihn gern."* Jesus ist sich dessen sehr wohl bewusst.

Nun warnt er sie in Vers 38. Es kommt eine „klerikale" Frage zur Sprache und Jesus sagt: *„Hütet euch ..."* Wovor? Es besteht die Gefahr, dass man sich religiös verhält, weil man daraus Profit schlagen kann, dass man Habgier, Stolz und Scheinheiligkeit mit einem religiösen Deckmäntelchen kaschiert. Jesus findet in diesem Zusammenhang sehr strenge und ernste Worte, die ich ungemein verstörend und herausfordernd finde. Jeder von uns, der in den vollzeitlichen Dienst gerufen wurde, muss diese Worte immer und immer wieder lesen und sein Herz erforschen. Genau genommen gilt das für alle Christen!

Den geistlichen Lehrern ging es ums Prestige und das ist eine sehr unterschwellige Angelegenheit. Sie trugen gern lange Gewänder. Allein dadurch stachen sie heraus und unterschieden sich von anderen. Da man in solchen Gewändern weder körperlich arbeiten noch sich schnell bewegen kann, vermitteln sie das

Bild vom in sich ruhenden Gelehrten. Sie liebten es, mit dem Wort „Vater" angesprochen zu werden (obwohl Jesus lehrte, man solle sich nicht ‚Vater' nennen lassen). Ich persönlich habe, nebenbei bemerkt, erst nach drei Jahren im geistlichen Dienst – und damit zu spät – herausgefunden, dass „Padre" auch nichts anderes bedeutet. Dieses Wort stammt ursprünglich aus der italienischen Armee und war einfach nur die italienische Bezeichnung „Vater" für einen Priester. Auch der Papst wird oft als „Papa" bezeichnet – es ist dasselbe Wort. Die Begriffe „Vater" und „Meister" implizieren, dass man über den anderen steht, was jedoch nicht der Fall ist. Diese Lehrer liebten Titel. Sie liebten auch den „Ehrensessel" und wenn es irgendwo ein Fest gab, pflegten sie sich im schönsten Raum des Hauses aufzuhalten. Es ging ihnen, wie gesagt, ums Prestige.

Das Zweite, was sie antrieb, war Habgier. Witwen waren eine leichte Beute für sie, weil sie keine Männer hatten, die sie verteidigten oder für sie stritten. Mir fällt immer wieder auf, wie oft sich Sekten an Frauen heranmachen und sie beschwatzen, um sie in ihre seltsamen Lehren hineinzuziehen, vor allem, wenn kein Mann im Haus ist, der sich an der Haustür mit dem Sektenvertreter auseinandersetzt. Es lässt sich nachweisen, dass schon viele Witwen ihr Geld an solche Leute verloren haben. Jesus erklärt, dass diese Schriftgelehrten ihre Habgier, ihren Stolz und ihr Prestigedenken durch lange Gebete kaschierten.

Ich finde es sehr interessant, dass Jesus keine langen Gebete mochte – das erwähnt er des Öfteren. Wenn es etwas gibt, das einem Gebetstreffen den Garaus macht, dann sind es lange Gebete. Jesus konnte sehr wohl die ganze Nacht allein im Gebet verbringen, doch hier meint er das öffentliche Gebet. Interessant finde ich auch, dass im *Book of Common Prayer* (dem liturgischen Buch der anglikanischen Kirche, einem wirklich sehr guten Buch, das ich, je mehr ich darin lese, immer mehr als wunderbares Buch zur persönlichen Andacht zu schätzen lerne) das Tagesgebet ganz bewusst als Gebet gestaltet ist, das nur zwei oder drei

Sätze umfasst, weil es als *gemeinschaftliches* Gebet gedacht ist, dem die Menschen gut folgen können. Wenn in einer Veranstaltung ein Gebet zu lange wird, lassen wir uns leicht ablenken und fangen an, über andere Dinge nachzudenken. Die Leute, auf die Jesus sich hier bezieht, waren „professionelle Beter", die aufgrund ihres Privilegs, ihrer Verantwortung und ihrer Position ein umso schwereres Gericht empfangen würden. Das ist ein Frontalangriff auf einige religiöse „Profis" und, wie gesagt, müssen wir, die in den vollzeitlichen Dienst gerufen sind, ständig unser Herz prüfen, damit wir nicht auch anfangen, nach Prestige zu gieren oder von anderen in den Himmel hoch gelobt zu werden. Doch diese Warnung unseres Herrn gilt allen Menschen und ist deshalb für alle Christen relevant.

Wie ein frischer Windhauch folgt in diesem Abschnitt nun eine Begebenheit, die einem das Herz erfreut. Unser Herr setzte sich und sah der „Kollekte" zu. Am Tor zum Schatzhaus befanden sich riesige trompetenförmige Behälter aus Metall, in die man beim Betreten Geld hineinwarf. Normalerweise klingelte es im Behälter, wenn die Münzen hineinfielen. Ich nahm einmal an einer christlichen Veranstaltung in der Londoner Albert Hall teil. Der Vorsitzende, ein Amerikaner, sagte: „Nun, liebe Freunde, ich glaube, wir sollten heute Abend eine stille Kollekte erheben." Ich dachte: „Was soll das denn sein?" Dann zog er einen Dollarschein aus der Tasche und sagte: „Nur Scheine!" Also hatten wir eine „stille Kollekte". Doch damals im Schatzhaus gab es keine stillen Kollekten: Je größer die Münze war, desto lauter klingelte es natürlich. Natürlich warf man große Münzen hinein und ließ es so richtig klingeln! Man hängte es an die große Glocke, wenn man Almosen gab. Vielleicht wurden sogar Trompeten geblasen. Jedenfalls standen da diese großen trompetenförmigen Behälter und wenn man wollte, konnte man sein Geld so demonstrativ wie nur möglich hineinwerfen. Deshalb sagte Jesus auch, wenn man gibt, solle man die rechte Hand nicht wissen lassen, was die linke tut.

Ich habe mich oft gefragt, woher Jesus wusste, dass die Witwe zwei Scherflein (kleine Kupfermünzen; Anm. d. Übers.) eingeworfen hatte. Bei diesen Münzen hat es sicher nicht sehr laut geklingelt. Er saß den Behältern gegenüber, als die arme Witwe des Weges kam, die so aussah, als könne sie keine zwei Münzen aufbringen; in Wahrheit konnte sie es, aber das war auch schon alles. Sie ließ es zweimal ganz leise klingeln – eine wirklich dramatische Szene. Zum ersten Mal erhaschen wir einen Blick darauf, was wahre Religion eigentlich bedeutet. Zum ersten Mal erhaschen wir einen Blick auf jemanden, der Gott mit allem liebt, was er hat. Ich bin mir sicher, dass dies der Grund war, warum der Heilige Geist diese Episode im Markusevangelium haben wollte. Diese arme Frau, die Gott alles gibt, was sie hat, ist ein wunderbarer Abschluss des öffentlichen Wirkens Jesu – das ist wahre Religion.

Wir lernen daraus, dass Christus, wenn er sich die Kollekte ansieht, nicht fragt, was mit der Gabe gekauft werden kann, sondern was sie gekostet hat. Mit dieser Haltung zählt man das, was im Beutel liegt, ganz anders zusammen. Natürlich können wir in der Gemeindezeitung nicht veröffentlichen, was das Opfer der Vorwoche den einzelnen gekostet hat. Wir können sagen, was damit angeschafft werden soll; wir können sagen, wie viel gegeben wurde, und können dann grob überschlagen, was sich damit anfangen lässt. Einige mag es kaum etwas gekostet haben und andere sehr viel, doch in Gottes Abrechnung erscheint, was das Opfer die einzelnen Leute gekostet hat, und nicht, wie viel dabei herausgekommen ist. Oder anders formuliert: Er sieht nicht auf das, was eingelegt wurde, sondern auf das, was nicht eingelegt wurde.

Anschließend ruft Jesus seine Jünger zusammen, um sie auf etwas hinzuweisen. Er sagt: *„Wahrlich, ich sage euch: Diese arme Witwe hat mehr eingelegt als alle, die in den Schatzkasten eingelegt haben."* Als der Herr das sagt, denken einige von ihnen vielleicht, die Witwe sei so jemand, der viel Geld hat, aber es nicht für sich selbst ausgibt. Aber nein – er fährt fort: *„Denn alle haben von ihrem Überfluss eingelegt; diese aber hat aus ihrem Mangel alles, was sie hatte, eingelegt, ihren ganzen Lebensunterhalt"* (Mk 12,44). Die anderen Leute, die er an jenem Tag dabei beobachtet hatte, wie sie Geld einwarfen, gaben von dem, was sie übrig hatten, doch die Witwe gab alles, was noch übrig war.

Wir können dies nicht notwendigerweise so auf uns übertragen, dass wir unser Bankkonto restlos plündern und alles hergeben oder am kommenden Sonntag alles bei der Kollekte einlegen, sondern dass wir nach Hause gehen und sagen: „Herr, gehört dir alles, was mir gehört?" Es gibt verschiedene Möglichkeiten, alles zu geben, was man hat – die Witwe machte es eben so, aber es bleiben uns noch viele andere schöne Optionen.

Wahrscheinlich kennen Sie all diese Geschichten in- und auswendig, aber vielleicht haben Sie etwas darin entdeckt, was Ihnen bislang entgangen war. Es gibt zwei Dinge, die mir noch zu sagen bleiben, die im Grunde auf eines hinauslaufen. Erstens: Wenn wir meinen, wir würden Jesus und das Christentum mit all unseren Fragen und Rätseln auf den Prüfstand stellen, werden wir rasch herausfinden, dass es früher oder später Jesus ist, der den Spieß umdreht und *uns* auf den Prüfstand stellt. Ich habe das schon oft erlebt! Leute kommen und debattieren und versuchen, die Wunder der Bibel weg zu diskutieren, indem sie fragen: „Sie glauben das doch nicht, oder?" Sie versuchen, das Wort Gottes in Misskredit zu bringen. Wenn sie damit nicht aufhören, wird der Punkt kommen, an dem das Wort Gottes sie in Misskredit bringen wird – es kommt zu uns zurück wie ein Bumerang. Wir können die Bibel kritisieren, werden dann allerdings feststellen, dass die Bibel uns kritisiert. Wir können über Christus sagen, was uns nicht gefällt, doch früher oder später wird Christus uns etwas in unserem Leben zeigen, das ihm nicht gefällt.

Das Zweite, was mir an diesem Kapitel auffällt, ist, dass Christus es meisterlich verstand, das wahre Gesicht eines Menschen zu offenbaren – und zwar in zweierlei Weise. Er sah sich diese Personen des öffentlichen Lebens an, die vorgaben, religiös zu sein, und bereitete dann der Zurschaustellung ein Ende, indem er sagte: „Schaut sie euch an, wie habgierig und hochmütig und scheinheilig sie sind!" Das könnte er auch über uns sagen. Andererseits konnte er seinen Blick auf eine arme unauffällige Frau richten und verdeutlichen, wie wunderbar ihr Verhalten war. Damit machte er sie unsterblich. Wir kennen nicht mal ihren Namen und doch reden zweitausend Jahre später immer noch Millionen Menschen von ihr. Ist das nicht erstaunlich? Vielleicht erfuhr sie selbst nie, was Jesus über sie sagte.

Es kommt der Tag, an dem Gott durch den Menschen Christus Jesus die Welt richten wird, und Jesus wird über alle Menschen auf Erden sagen, was er schon in biblischen Zeiten zu ihnen sagte. Zu einigen wird er sagen: „Hinweg von mir. Ich habe euch nie gekannt. Ja, ihr habt meinen Namen gebraucht, aber ich habe euch nie gekannt. Es war alles nur schöner Schein – nichts als lange Gebete und äußerliche Religion, aber keine echte Liebe zu mir." Doch über einige ganz einfache Leute, die die Welt vergessen haben wird – falls sie je einen Gedanken an sie verschwendet hat –, wird Jesus sagen: „Schaut euch diese Person an. Diese Person hat mich so sehr geliebt. Sie ist für mich so wichtig."

Die Dinge werden auf den Kopf gestellt werden. Viele, die die Ersten sind, werden die Letzten sein; viele, die die Letzten sind, werden die Ersten sein. Aber Leute, denen es nicht gefällt, wenn ihr wahres Ich offenbar gemacht wird, werden Jesus nicht mögen – und genau das war der Grund, warum dieser Streit letztendlich im Kreuz mündete. Das war der Grund, warum sie binnen drei Tagen seinen Tod planten und ihn kreuzigten. Wer zu mir kommt und sagt: „Dein Leben ist nichts als Scheinheiligkeit, außen religiös, aber innen schmutzig", den mag ich nicht; so einen Menschen möchte ich loswerden; so einen Menschen möchte ich aus meinem Leben verbannen – und so geschah es dann auch. Auf diese Szene fällt bereits der Schatten des Kreuzes!

Kapitel 15

Tragödie und Triumph

Markus 13,1-37

Manche Leute halten Markus 13 für das am schwersten verständliche Kapitel des Neuen Testaments. In meinen Augen ist das eine Übertreibung. Es ist zweifellos nicht einfach, aber wenn Sie bereit sind, sich intensiv damit auseinanderzusetzen, wird sich Ihnen vieles erschließen. Andere sagen, dieses Kapitel sei ein echter Wirrwarr, in dem Markus vieles, was Jesus zu verschiedenen Gelegenheiten gesagt hatte, zusammenträgt und in einen Topf zu werfen scheint. Das glaube ich nicht, denn alles hängt so wunderbar zusammen, dass ich mir sicher bin, dass Jesus genau diese Worte zu dieser Zeit an die vier anwesenden Jünger richtete.

Was wir hier lesen, wirkt unschuldig und spontan. Die Jünger lassen nur eine Bemerkung über den Tempel fallen und bekommen eine tief schürfende und komplexe Antwort, die ein ganzes Kapitel lang ist. Eigentlich stellen sie Jesus gar keine Frage; sie formulieren nur, was ihnen auffällt, und dennoch bekommen sie eine Antwort. Das kann geschehen – vor allem, wenn man mit Predigern beisammen ist. Man stellt ihnen eine kurze, einfache Frage und bekommt eine ganze Predigt als Antwort! Aber unser Herr hat ihnen so viel zu sagen und will sie noch so vieles lehren, dass er die Gelegenheit beim Schopf packt.

Der Tempel, von dem die Jünger sprachen, war sicherlich das grandioseste Bauwerk, das je errichtet worden war und zum damaligen Zeitpunkt das größte der Welt, ungefähr so groß wie die Kathedrale von York und damit weit größer als jeder griechische Tempel. Stellen Sie sich vor, wie dieses Bauwerk aus den Hügeln

Judäas herausragte – wirklich ein gewaltiger Anblick! Die Kathedrale von York wurde aus normalem Stein gebaut. Stellen Sie sich vor, sie wäre aus weißem Stein und dann auch noch mit Gold überzogen. Stellen Sie sich vor, wie dieses Bauwerk in der Morgensonne glänzen würde! Die Steine, aus denen es bestand, waren riesig: Einer davon war 12 Meter lang, 1,20 Meter breit und 1,20 Meter hoch – ein einziger Stein!

Der Tempel, den Petrus, Jakobus, Johannes und Andreas vor Augen hatten, als sie zu Jesus sagten: *„Lehrer, sieh, was für Steine und was für Gebäude!"* war nicht der Tempel Salomos und auch nicht der, der gebaut wurde, als Esra und Nehemia aus dem Exil zurückkehrten. Es war vielmehr ein nagelneuer Tempel, den Herodes bzw. dessen Familie soeben hatte errichten lassen. Er war fest entschlossen, den Juden den größten und besten Tempel zu bauen, den sie je hatten. Er wollte sie auf seine Seite ziehen und hielt dies für eine gute Möglichkeit, sein Ziel zu erreichen. Der Bau begann zwanzig Jahre vor Jesu Geburt und wurde erst vierunddreißig Jahre nach seiner Kreuzigung fertig gestellt. Und kaum war er fertig, wurde er auch gleich von den Römern Stein für Stein niedergerissen, bis nichts mehr davon übrig war – was für eine bemerkenswerte Geschichte.

Als Jesus und die Jünger zu jenem Zeitpunkt durch die Tempelanlage gingen, war diese noch im Bau. Doch obwohl überall noch Gerüste standen, war es bereits das erstaunlichste Bauwerk, das je von Menschen geschaffen worden war, und wir können dem Text entnehmen, wie sehr die Jünger beeindruckt waren. Jesus hingegen erwiderte: *„Hier wird nicht ein Stein auf dem anderen gelassen werden, der nicht abgebrochen werden wird."* Diese Voraussage sollte genau so – wortwörtlich – eintreffen, auch wenn dies zu jenem Zeitpunkt absolut unmöglich schien. Immerhin waren viele hunderte Leute nötig gewesen, die viele Stunden hart arbeiteten, um diese gewaltigen, tonnenschweren Steinquader an ihren Platz zu hieven. Aber Jesus wusste, dass der Tempel unmittelbar nach seiner Fertigstellung dem Erdboden gleich gemacht werden würde.

Etwas später unterhielten sie sich auf dem Ölberg – sie hatten das Kidrontal durchquert und saßen nun genau dort, wo man stundenlang einfach nur das malerische Panorama der Stadt Jerusalem betrachten kann –, und vier der Jünger fragten Jesus: *„Sag uns doch: Wann wird das geschehen, und an welchem Zeichen werden wir erkennen können, dass die Erfüllung all dieser Dinge bevorsteht?"* (Mk 13,4; NGÜ), woraufhin der Herr den Versuch unternahm, ihnen Einiges über die Zukunft nahe zu bringen.

Wenn wir uns mit biblischen Passagen über die Zukunft beschäftigen, müssen wir eines verstehen: Stellen Sie sich vor, Sie würden durch ein Fernrohr zwei weit entfernte Berggipfel betrachten. Das Fernrohr liefert Ihnen keine Informationen darüber, wie weit die beiden Gipfel voneinander entfernt sind. Durch das Fernrohr sehen Sie einfach nur, was vor Ihnen liegt, aber es sagt nichts aus über die Entfernung von hier nach dort oder die Distanz zwischen den beiden Zielen, die Sie durch das Fernrohr erkennen. Ja, je weiter Sie in die Ferne blicken, desto schwieriger wird es, Ziele auszumachen, und letztlich kommt es einem so vor, als würden die weit entfernten Gipfel einen großen grauen Fleck bilden. Wenn man dann dort ist, erkennt man vielleicht, dass in Wirklichkeit ein großes Tal zwischen den Gipfeln liegt.

Und genau das ist eines der Probleme mit dem, was wir „Prophetie" nennen, vor allem mit jenem Bereich der Prophetie, der sich mit der Voraussage der Zukunft beschäftigt: Wer auch immer in der Bibel in die Zukunft schaute – die wahren Propheten –, konnte erkennen, was geschehen würde, doch in aller Regel liefern sie keinerlei Hinweise darauf, wie weit einzelne Ereignisse voneinander entfernt sind: Sie blicken in die Zukunft und sehen alles auf einmal, weil ihnen der Heilige Geist eine Art „geistliches Fernrohr" gibt.

Hierzu einige Beispiele aus dem Alten Testament. Die wahren Propheten des Alten Testaments sahen durch das „Fernrohr", das der Heilige Geist ihnen gab, das Kommen und die Wiederkunft Jesu Christi. Die Propheten des Alten Testaments sagen voraus, dass Jesus zweimal zur Erde kommen werde, liefern aber keine Anhaltspunkte dafür, dass zwischen beiden Ereignissen ein bestimmter Zeitraum liegen werde. Wenn man einige ihrer Prophetien liest, stellt man deshalb manchmal fest, dass sie in ein und demselben Satz vom Kommen und von der Wiederkunft Christi sprechen. Sie beschreiben einfach nur, was sie in der Zukunft sehen – zwei zukünftige Ereignisse. Sie schildern diese beiden Ereignisse in alttestamentlicher Sprache und zwar fast so, als träfen sie zeitgleich ein. Heute wissen wir freilich, dass zwischen beiden Ereignissen ein langer Zeitraum von mindestens zweitausend Jahren liegt.

In diesem 13. Kapitel schaut Jesus in die Zukunft und richtet seinen Blick nicht auf ein, sondern auf zwei Ereignisse. Die Jünger meinen, er spreche von *einem* Ereignis – dem Ende der Welt –, wenn er davon redet, dass dieser Tempel einstürzen und kein Stein auf dem anderen bleiben werde. Sie können sich nicht vorstellen, dass dieser Tempel schon vorher Stück für Stück abgerissen werden würde; in ihren Augen wird er Bestand haben. Doch Jesus sieht das Ende des Tempels viel früher kommen und in diesem ganzen Kapitel beschreibt er das Ende zweier Dinge: einerseits das Ende des Tempels und das (zumindest vorläufige) Ende des Staates Israel, andererseits das Ende der Welt. Die Jünger gingen davon aus, dass der Tempel bis zum Ende der Welt Bestand haben werde; deshalb fragen sie Jesus, wann das sein werde und woran sie erkennen würden, dass das Ende nah sei. Aber Jesus hat ihnen viel mehr zu sagen als das. Er beschreibt einerseits das Ende des Tempels, das im Jahr 70 Wirklichkeit wurde, also etwa vierzig Jahre nach der Kreuzigung; doch durch das Fernglas sieht er gewissermaßen noch über das Ende des Tempels hinaus bis zum anderen Ende, dem Ende der Welt, das nicht datiert werden kann. Er hat gesagt, wir sollen nie versuchen, es zu datieren, weil nicht einmal er dieses Datum kenne.

Wenn man sich dieses Kapitel durchliest, lässt sich ohne große Schwierigkeiten erkennen, worauf sich Jesus gerade bezieht: Wenn er das Ende des Tempels meint, verwendet er die Formulierung „dies"; wenn er das Ende der Welt meint, sagt er „jenes" oder „in jenen Tagen". Stellen Sie sich das einmal bildlich vor. Er sitzt auf dem Ölberg und wenn er „dies" sagt, sieht man förmlich, wie er auf den Tempel zeigt und erklärt, dass „dies" so und so geschehen werde und man erkennen werde, wenn es soweit sei. Doch wann „jenes", das Ende der Welt, eintreffen werde, wisse selbst er nicht. Und so verwendet Jesus Formulierungen wie: „*Diese Generation wird nicht vergehen, bis das alles geschehen ist ...*" (V. 30; NGÜ) und er hat natürlich Recht, denn es geschah binnen vierzig Jahren. Als Jesus das sagt, hören Menschen zu, die noch mit eigenen Augen mit ansehen würden, wie der Tempel Stein für Stein abgetragen werden würde. Doch dann sagt er: „*Von jenem Tag aber oder der Stunde weiß niemand, auch nicht die Engel im Himmel, auch nicht der Sohn, sondern nur der Vater*" (Mk 13,32). Wenn man diesen Schlüssel einmal begriffen hat, wird das ganze Kapitel unkompliziert und verständlich. Viele Menschen sind verwirrt, wenn sie es lesen, weil Jesus hier über zwei Ereignisse spricht und zwischen beiden hin und her springt.

Warum hat er nun so über diese Ereignisse gesprochen anstatt die Sache einfach und klar zu erörtern (fast hätte ich noch hinzugefügt „... wie ich es getan hätte ...")? Weil er ein viel breiteres Verständnis der Dinge hatte und wusste, was er tat. Und was genau tat er hier? Er deutete an, dass es sich hier zwar um zwei separate Ereignisse handle, zwischen denen ein bestimmter Zeitraum liegen werde, aber „dies" doch ganz ähnlich sein werde wie „jenes" – dieselbe Art von Katastrophe, die diese *Stadt* treffen werde, werde eines Tages die *Welt* treffen. Und wenn man sich genauer mit „diesem" beschäftigt, wird man eine ganze Menge über „jenes" erfahren und vor „jenem" werden ganz ähnliche Dinge geschehen wie vor „diesem". Das erklärt, warum er beide Ereignisse gemeinsam betrachtet: Es geht in beiden Fällen um ein Ende und das eine Ende ähnelt dem anderen. Das Ende des Tempels würde dem Ende der Welt so ähnlich sein, dass Jesus beides gleichzeitig sah. Sie waren sich von ihrer Art her ähnlich und ähnliche Zeichen würden den Auftakt zu beiden bilden.

Gehen wir zurück zur Frage der Jünger. Sie baten Jesus, ihnen etwas über die Zukunft zu erzählen. Es ist schon erstaunlich, dass Jesus darüber Auskunft geben konnte, denn niemand sonst weiß, was die Zukunft bringen wird; niemand sonst hätte voraussagen können, dass der Tempel binnen einer Generation Stein für Stein abgetragen werden würde, da nur Gott die Zukunft so kennt. Doch Jesus verbringt hier einige Zeit damit, mit den Jüngern ganz allgemein über die Zukunft in den „Tälern" zu reden (um das Bild vom Fernrohr noch einmal aufzugreifen): im „Tal" vor dem ersten Ereignis und im „Tal" vor dem zweiten Ereignis. Er beschreibt, wie das Leben der Menschen aussehen wird, bevor das Ende kommt – sowohl das eine als auch das andere –, und damit wollen wir uns nun beschäftigen.

Jesus beschreibt ein recht deprimierendes Szenario. Die Menschen werden nicht auf Rosen gebettet sein. Jesus ist ehrlich und lässt sie nicht im Unklaren darüber, dass sie schweren Zeiten entgegengehen. Er weist sie auf drei Dinge hin:

1) Sie werden hochgradig irritiert sein von falschen Propheten, die ihnen enorme Schwierigkeiten bereiten werden, und falsche Christusse werden Menschen in die Irre führen, weil sie nicht die Wahrheit verkündigen. Es ist schon interessant, dass unmittelbar vor dem Jahr 70, als die Römer das kleine Land Israel hart bedrängten, ein Mann nach dem anderen aufstand und sagte: „Ich bin der Christus. Ich werde euch retten." Kurz vor dem Ende gab es eine wahre Flut von falschen Messiassen. Einer der bekanntesten – Bar Kochba – wurde von den Römern gekreuzigt. Er sagte: „Ich bin der Christus. Ich werde euch aus den Schwierigkeiten rausholen!" und die Menschen waren so verzweifelt und so voller Angst, dass sie ihm glaubten. Jesus warnte sie, damit sie sich nicht beunruhigen lassen, wenn es soweit wäre.

Ich glaube, dass vor dem zweiten Ende – dem Ende der Welt – genau dasselbe geschehen wird: Immer mehr Menschen werden für sich in Anspruch nehmen, ein Retter oder Messias zu sein. Deshalb warnt Jesus uns und sagt, dass wir es nicht glauben sollen, wenn jemand vorgibt, der Christus zu sein. Ich befürchte, dass dies in unserer Zeit bereits ansatzweise zu erkennen ist; zu unseren Lebzeiten ist uns schon zu Ohren gekommen, dass Menschen behaupten, sie seien der Messias, und so etwas werden wir immer öfter hören. Solche Dinge geschehen vor dem Ende und viele Menschen lassen sich in die Irre führen. Jesus sagt, diese „Heilsbringer" werden sogar versuchen, nach Möglichkeit auch die Auserwählten Gottes zu verführen. So war es vor dem Ende Jerusalems; so wird es vor dem Ende der Welt sein, und wir dürfen solchen Leuten nicht glauben.

Aber wenn nun jemand sagt: „Kommt alle nach Hamburg. Dort ist der Messias. Er ist gekommen", woher wissen wir dann, dass das nicht stimmt? Die Antwort lautet: Wenn Jesus kommt, wird dies jeder Christ auf der Welt augenblicklich wissen. Dann braucht uns keiner mehr aufzufordern: „Nimm den Zug nach Hamburg. Er ist gekommen!" Wir alle werden es wissen, wenn Jesus wiedergekommen ist, und wir sollen niemandem glauben, der uns sagt, Christus sei gekommen. Es könnte sein, dass diese Flut an falschen Propheten und Messiassen noch zu unseren Lebzeiten Überhand nimmt. Sollte dies der Fall sein, müsste unsere Begeisterung groß sein, weil das nämlich bedeutet, dass das Ende nahe ist. Aber wenn dieser Fall eintritt, dürfen wir uns nicht verführen oder täuschen lassen und nicht anfangen, den falschen Leuten nachzulaufen. Jesus sagt, dass diese Leute sogar Wunder wirken werden, um den Beweis zu erbringen, dass sie der Christus sind. Glauben Sie ihnen nicht! Der Teufel kann auch Wunder wirken.

2) Jesus sagte den Leuten, sie sollen nicht erschrecken. Häufige Gefahren werden sie irritieren und Jesus nannte einige Beispiele. Er erklärte, sie würden von Kriegen und Kriegsgerüchten

hören, und genau so war es, kurz bevor der Tempel zerstört wurde. An allen Ecken und Enden hörte man Gerüchte, es werde bald zum Krieg kommen, und immer wieder flammten Kämpfe auf. Die Menschen meinten, das römische Reich werde demnächst im Krieg versinken. Jesus sagte auch, man werde von Hungersnöten hören, aber die Menschen sollten sich davon nicht beunruhigen lassen. Er sagte nicht, man solle den Hungrigen nichts zu essen geben; er lehrte vielmehr, dass man sich wegen der Hungersnöte nicht in seinem Herzen vom Glauben abbringen lassen dürfe. Er sagte voraus, dass zum Ende der Zeit hin Hungersnöte immer häufiger werden würden – das wird ebenfalls immer mehr zur Realität. Und auch Erdbeben kündigte er an.

Genau das waren die Dinge, die vor dem Ende des Tempels geschahen und ebenso vor dem Ende der Welt geschehen werden. Er sagte: „Erschreckt nicht!" Dasselbe Wort sollte er am darauf folgenden Tag noch einmal gebrauchen. Ich kenne viele Leute, die sich über solche Dinge große Sorgen machen, so große Sorgen, dass sie meinen, nicht an einen guten Gott glauben zu können, und zu der Überzeugung gelangen, dass die Welt nicht auf die Erfüllung der Absichten Gottes zusteuere. Doch Jesus hat es vorausgesagt, eben damit wir nicht erschrecken. Das bedeutet nicht, dass wir nicht davon in Mitleidenschaft gezogen werden, aber das bedeutet, dass wir davon nicht aus der Bahn geworfen werden – diese Dinge werden geschehen.

3) Jesus lehrte, dass heftige Verfolgung den Willen der Christen aufs Äußerste auf die Probe stellen werde. Je näher das Ende heranrücke – sei es das Ende Jerusalems oder das Ende der Welt –, desto massiver werden die an Jesus Gläubigen verfolgt werden.

Petrus, Jakobus, Andreas und Johannes haben derlei Prüfungen noch vor dem Ende des Tempels durchgemacht. Christen, die das Ende der Geschichte erleben, werden ebenfalls diesem Druck ausgesetzt sein. Jesus erwähnt folgende Formen von Verfolgung: religiöse Verfolgung (durch die Hohen Räte und die Synagoge);

politische Verfolgung (durch Fürsten und Könige), Verfolgung zu Hause (durch Widerstand und Verrat aus der eigenen Familie) und allgemeine Verfolgung, weil wir von allen Menschen gehasst werden. Mit anderen Worten: Man wird aus allen Rohren auf uns feuern. Er warnte die Jünger und ich muss leider sagen, dass all das in der Apostelgeschichte wahr wurde, die ja den Zeitraum bis zum Ende des Tempels abdeckt. Aber Sie können ziemlich sicher sein, dass in all dieser Bedrängnis das Ende noch nicht kommen wird. Anders formuliert: Wie schlimm es auch werden wird – es gibt etwas, woran Sie mit absoluter Gewissheit erkennen können, dass dies noch nicht das Ende ist: *„Allen Nationen muss vorher das Evangelium gepredigt werden."* Deshalb weiß ich, dass morgen noch nicht das Ende kommen kann: Das Evangelium ist noch nicht allen Nationen gepredigt worden. Wir werden wissen, dass die Weltgeschichte ihrer Vollendung allmählich näher kommt, wenn jede Nation, jede Großfamilie, jeder Stamm und jede Sprachgruppe das Evangelium von Jesus gehört hat – dann werden wir wissen, dass es soweit sein könnte.

Als Nächstes hat Jesus ein Wort der Ermutigung parat: *„Wer aber ausharrt bis ans Ende, der wird gerettet werden."* Wenn wir durchhalten, ist das Ende nicht bitter, sondern herrlich.

Greifen wir noch einmal die beiden Ereignisse auf, die wir bereits erwähnten – das Ende des Tempels im Jahr 70 und das Ende der Welt. Wir haben uns vor Augen geführt, was die Menschen im Vorfeld beider Ereignisse durchmachen müssen. Wer vorgewarnt ist, ist gerüstet, und das sind Dinge, über die sich alle Christen im Klaren sein müssen, damit sie, falls sie noch am Leben sind, wenn diese Bedrängnis kommt, erkennen, was es damit auf sich hat und nicht aus der Bahn geworfen werden, sondern bis zum Ende ausharren. So war es in „dieser" Zeit und so wird es ganz sicher auch in „jener" Zeit sein, denn die Parallele zwischen beiden Ereignissen ist unstrittig.

Werfen wir zunächst einen Blick auf das Ende Israels im Jahr 70. Wir wissen natürlich, dass Gott mit diesem Ereignis nicht komplett mit Israel abschloss. Unser Herr wusste ganz genau, dass es so kommen würde, und es war unausweichlich, weil Gott sie nicht länger schützen konnte. Ab diesem Zeitpunkt waren sie ihren Eroberern ausgeliefert. Es würde ihnen schreckliches Leid widerfahren – auch Frauen und Kindern. Und er trug den Christen auch nicht auf zu beten, es möge nicht so kommen, denn es musste so kommen. Stattdessen forderte er sie auf zu beten, dass es nicht im Winter geschehen würde – und so kam es auch, was darauf schließen lässt, dass die Christen intensiv gebetet haben mussten. So wurde das Leid, das kommen musste, etwas gemildert. Als er das sagte, dachte er besonders an die Kinder und schwangeren Frauen.

Was würde geschehen? Was sah Jesus? Er sagte: *„Und wenn nicht der Herr die Tage verkürzt hätte, würde kein Fleisch gerettet werden; aber um der Auserwählten willen, die er auserwählt hat, hat er die Tage verkürzt"* (Mk 13,20) und wir wissen, dass tatsächlich viele überlebten. Welches Zeichen wird darauf schließen lassen, dass dies geschehen wird? An dieser Stelle sagt Jesus etwas, das einen Hinweis gibt, den nur bestimmte Leute verstehen würden: *„Wenn ihr aber den Gräuel, der Verwüstung bewirkt, dort stehen seht, wo er nicht hingehört ..."* (wörtl. a. d. Engl.). Das ist wirklich sehr schwer verständlich. Und Markus fügt noch hinzu: *„Wer das liest, der überlege, was es bedeutet"* (NGÜ).

Dahinter steckt ein dramatisches Stück Geschichte, denn das Markusevangelium entstand zwischen dem Jahr 60 und dem Jahr 64 und der Autor will uns Folgendes vermitteln: Lest das und begreift, was ich sage; ich nenne euch das Zeichen, dass dies geschehen wird. Jesus sagt über diese Zeit: *„.... dann sollen die in Judäa auf die Berge fliehen; wer auf dem Dach ist, soll nicht hinabsteigen und nicht hineingehen, um etwas aus seinem Haus zu holen; und wer auf dem Feld ist, soll nicht zurückkehren, um seinen Mantel zu holen"* (Mk 13,14b-16). Sobald sie dieses Zeichen sehen, sollen sie Jerusalem verlassen, um nicht zusammen mit dem Tempel unterzugehen. Wir reden hier nicht von gedanklichen

Konstrukten! Haben Sie gewusst, dass Tausende Menschen gerettet wurden, als Jerusalem fiel, weil sie begriffen hatten, was im Markusevangelium steht? Hätten sie sich nicht an die Worte unseres Herrn erinnert und die Stadt verlassen, als dies geschah, wären sie umgekommen. Hätten die Juden geglaubt, was ihnen die Christen sagten, hätten auch sie gerettet werden können. Aber sie hörten nicht auf sie und weil Jesus es gesagt hatte, glaubten sie es nicht. Es ist wirklich eine dramatische Geschichte und wir wollen uns nun ansehen, was mit alledem gemeint ist.

Die Formulierung „der Gräuel, der Verwüstung bewirkt" kommt dreimal im Buch Daniel vor. Jeder, der sein Altes Testament kennt, wird das Neue verstehen – so auch hier: Der Schlüssel zum Verständnis dieses Begriffs liegt im Alten Testament. Daniel litt unter ausländischen Mächten. In seinem Buch taucht dieser Begriff „der Gräuel der Verwüstung" bzw. „das Sakrileg des Gräuels" bzw. „das Sakrileg der Verwüstung" auf. „Sakrileg" ist das passende Wort, weil es etwas bezeichnet, das sich Gott ganz und gar widersetzt, etwas, das ganz offensichtlich am falschen Platz aufgestellt ist. Jahre zuvor war dieser Fall schon einmal eingetreten, als die Griechen nach Jerusalem kamen. Zur Zeit des Judas Makkabäus kamen sie in den Tempel und stellten auf dem Altar im Tempel die Statue eines griechischen Gottes auf – ein Götzenbild auf dem Altar des Gottes, der Götzenbilder verboten hatte! Anschließend töteten die Griechen ein Schwein und opferten es auf dem Altar. Gott hatte allerdings im Alten Testament verboten, ein Schwein als Opfer zu bringen, weil es ein unreines Tier war. Das war ein Gräuel, etwas durch und durch Verabscheuungswürdiges, ein Sakrileg an dem Ort, wo so etwas nicht sein sollte. Deshalb verstanden die Zuhörer nur zu gut, was Jesus meinte.

Das Zeichen bestand nun darin, dass die Römer gegen Jerusalem marschierten; wenn sie kämen, würden sie ihre Götter, Götzenbilder und Statuen mitbringen. Es war jedermann klar, dass die Römer die Absicht hatten, diese Götzen im Tempel aufzustellen, also dort, wo sie nicht sein sollten. Interessanterweise war es dann so, dass die Römer, als sie vor Jerusalem standen, den Juden ein paar Wochen Aufschub zur Kapitulation einräumten. In dieser Übergangszeit behinderten sie den Verkehr nicht, der aus der Stadt heraus- und in sie hineinführte. Sie umstellten Jerusalem mit ihren Adlerstandarten und mit ihren Statuen und warteten ab. Die Christen in Jerusalem sahen dieses Zeichen und was die Römer mitbrachten, um es im Tempel aufzustellen, und verließen die Stadt. Sie sagten den Juden, sie sollten ebenfalls Jerusalem verlassen, doch interessanterweise kamen Juden aus dem Umkreis von mehreren Kilometern in die Stadt, weil sie diese für einen sicheren Zufluchtsort hielten. Die Christen hingegen nahmen sich nicht einmal mehr die Zeit, ihre Sachen zu packen. Sie gingen über den Jordan in eine Stadt namens Pella.

Jesus hatte ihnen gesagt, was sie zu erwarten hätten; sie hatten das Zeichen dessen, was bevorstand, gesehen; sie hatten gesehen, wie die Götzen des Frevels und der Gotteslästerung näher kamen – und waren geflohen. Als Jerusalem fiel, starb kein einziger Christ. Es hätte auch kein einziger Jude sterben müssen, wenn sie Jesus und dem Wahrheitsgehalt seiner Worte geglaubt hätten. Aber sie waren fest entschlossen, kein einziges Wort, das aus dem Mund Jesu kam, zu glauben. Sie hielten Jerusalem für sicher und suchten dort scharenweise Zuflucht. Was dann geschah, ist durch grauenerregende Zahlen belegt: 97 000 Juden wurden als Sklaven nach Rom deportiert; als die Stadt fiel, starben 1,1 Millionen Juden entweder durch das Schwert oder an Hunger. Bevor sie starben, mussten viele von ihnen soweit gehen, dass sie Kot und Jauche aßen oder ihre eigenen Schuhe, ja sogar ihre eigenen Kinder kochten und aßen.

Jesus hatte vorausgesagt, dass der Tempel noch in jener Generation niedergerissen werden würde. Er hatte es kommen sehen und nannte ihnen das Zeichen dafür, dass es kommen würde, damit sie wüssten, was zu tun sei, sobald sie das Zeichen sähen. Er nannte ihnen auch einen Zeitraum: noch zu ihren Lebzeiten (vgl. Mk 13,30). Er sagte ihnen auch, was zu tun sei: wach sein und fliehen. Wer seine Worte befolgte, war bereit, als das Ende kam, und die christliche Gemeinde wurde gerettet, weil sie glaubte, dass Jesus die Zukunft kennt und ihnen das Richtige gesagt hatte. In den Überresten Jerusalems stand ein falscher Messias nach dem anderen auf und behauptete, die Juden aus ihrem Schlamassel herausholen zu können. Und in diesen letzten schrecklichen Tagen liefen die Juden einem falschen Messias nach dem anderen nach.

Sehen wir uns als Nächstes an, was Jesus über das Ende der Welt sagt. Das hört sich sehr ähnlich an – ist das nicht interessant?

1) Wir werden Zeichen sehen. Es werden bestimmte Dinge geschehen, die uns auffallen werden. Wir werden sehen, wie am Himmel etwas geschieht. Wir werden sehen, wie etwas mit Sonne, Mond und Sternen geschieht. Wir werden eine Veränderung sehen können. Die Sonne wird verlöschen. Am Karfreitag verfinsterte sie sich, aber am Ende der Welt wird sie ganz ausgehen. Der Mond wird seinen Schein verlieren und die Sterne werden vom Himmel fallen (vgl. Mk 13,24). Jedermann wird diese allgemeinen Zeichen sehen. Wenn heute jemand sagt: „Christus ist zurückgekommen. Er ist in Timbuktu", können Sie erwidern: „Aber die Sonne scheint ja immer noch. Das kann unmöglich Christus sein!" Das sind Zeichen, die Jesus nannte und die bislang natürlich noch nicht eingetroffen sind. Petrus erwähnt dies auch am Pfingsttag und sagt, die Sonne werde sich verfinstern und der Mond blutrot werden. Das ist das erste Zeichen.

2) Jesus sagt: *„Und dann werden sie den Sohn des Menschen kommen sehen in Wolken mit großer Macht und Herrlichkeit"* (Mk 13,26). Das ist das zweite Zeichen: Wir sehen, wie er kommt. Ich weiß nicht, wie das zugehen soll, dass wir alle ihn sehen werden, aber ich glaube, dass Jesus das ganz wunderbar arrangieren kann.

3) Das dritte Zeichen ist die Sammlung seiner Auserwählten. Viele Menschen werden gleichzeitig auf Reisen gehen. Wir wer-

den ihm nicht auf Erden begegnen, weil es auf der Erde keinen Platz gibt, der so groß wäre, dass wir alle ihn auf einmal sehen könnten. Deshalb heißt es in der Schrift, dass wir ihm nicht auf dem Boden, sondern in der Luft begegnen werden. Das ist etwas wirklich Grandioses, auf das ich mich ungemein freue! Denken Sie nur an all die Leute, die aus aller Welt kommen werden, um ihm zu begegnen! Was für ein „Meeting"! Diese Zeichen reichen, ehrlich gesagt, aus, um uns darüber in Kenntnis zu setzen, dass da etwas – das Größte überhaupt – passiert.

Und wann wird das geschehen? Jesus hatte angedeutet, dass der Fall Jerusalems unmittelbar bevorstehe und noch zu Lebzeiten jener Generation eintreten werde. Doch im Hinblick auf jene Dinge lehrt er, dass nur der Vater den Tag und die Stunde kenne (vgl. Mk 13,32). Wenn ich mir die Kirchengeschichte ansehe, staune ich darüber, dass es Leuten, die versuchten, die Wiederkunft Christi zu datieren, immer wieder gelang, Menschen damit in die Irre zu führen. Aber wir wissen es nicht. Was rät uns Jesus deshalb? Im ersten Fall (Jerusalem) lautete sein Rat: wacht und *flieht*. Diesmal lautet sein Rat: wacht und *betet*. Worauf sollen wir mit wachen Augen achten? Zunächst einmal auf Zeichen. Das bedeutet nicht, dass wir den ganzen Tag auf der Hauptstraße auf- und abgehen und zum Himmel starren. Die Schrift nennt uns ja noch etliche andere Zeichen, Dinge, die um uns herum geschehen, von denen die Zeitungen und andere Medien berichten. Wir sollen diese Dinge verfolgen, ohne in Panik zu geraten oder dumme Sachen zu machen. In unserer Welt geschehen derzeit bestimmte Dinge, die so eindeutige Parallelen zu jener Zeit vor dem Fall Jerusalems aufweisen, dass ich das Gefühl nicht loswerde, der Wiederkunft Jesu viel näher zu sein, als es noch mein Großvater war – mehr sage ich nicht dazu.

Eines kann ich voraussagen: Jesus Christus kommt wieder. Die Toten werden die ersten sein, die ihm begegnen, und kurz darauf folgen wir. Das alles wird in 1. Thessalonicher 4 beschrieben – es ist wirklich aufregend! Wir sollen uns weltweite Trends ansehen, Dinge, die um uns herum geschehen. Ich halte es beispielsweise für wichtig, ein Auge darauf zu haben, dass in vielen Teilen der Welt immer häufiger physische Gewalt als Mittel zur Streitschlichtung angewandt wird.

Als Nächstes erzählt Jesus eine Geschichte. Er sagt: „*Von dem Feigenbaum aber lernt das Gleichnis: Wenn sein Zweig schon weich geworden ist und die Blätter hervortreibt, erkennt ihr, dass der Sommer nahe ist. So sollt auch ihr, wenn ihr dies geschehen seht, erkennen, dass es nahe vor der Tür ist*" (Mk 13,28f). Wer einen Garten hat, bemerkt Veränderungen an den Bäumen, vor allem, wenn sich im Frühling die Knospen zeigen. Setzen Sie in diesem Vers statt „Feigenbaum" irgendeinen anderen Baum Ihres Gartens ein. Jesus sagt, wir können uns unseren „Feigenbaum" ansehen und erkennen, dass da bald etwas geschehen wird. Warum können wir also nicht auf die Welt da draußen sehen und erkennen, dass auch da bald etwas geschehen wird? Es dauert nicht mehr lange, bis etwas kommt. Da ist etwas, das immer näher rückt. Und warum sollte uns das nicht begeistern? Wir sollen die Augen offen halten.

Warum sollen wir beten? Weil uns bewusst ist, dass der Druck auf uns Christen immer größer wird, je näher diese Ereignisse heranrücken – Druck auf unsere Gedanken durch falsche Lehre; Druck auf unsere Herzen durch weltweite Katastrophen (etwas, das unser Herz wirklich schwer macht); Druck auf unseren Willen durch Verfolgung und Menschen, die uns nicht mögen, ja sogar hassen, weil wir zu Christus gehören. Dieser vielfältige Druck ist Anlass zum Gebet.

Zum Abschluss erzählt Jesus eine Geschichte von einem Mann, der sich auf eine lange Reise begibt. Er sagt dem Türhüter seines Anwesens, er solle jederzeit bereit sein, die Tür zu öffnen, sobald er ihn heimkommen sehe. Er sagt nicht, wann er zurückkehren wird. Deshalb weiß der Türhüter auch nicht, ob es abends, mitten in der Nacht, mitten am Tag oder am Morgen sein wird. Was soll er tun? Er kann nichts anderes tun, als jeden Moment und die ganze Zeit über bereit zu sein, damit er, wenn der Hausherr kommt, nicht erst noch Vorbereitungen treffen oder aus dem Bett springen muss. Wenn er in Bereitschaft ist, macht er einfach mit dem weiter, was er gerade tut. Wenn wir zum fraglichen Zeitpunkt gerade dabei sind, die richtigen Dinge zu tun, brauchen wir nichts zu verändern; wenn wir die falschen Dinge tun, schon.

Jahre später gab es in Thessalonich einige Gläubige, die für den Fall, dass der Herr zurückkäme, schon mal ihren Job aufgaben. Dieses Verhalten war durch und durch unausgewogen und grundfalsch. Man soll uns bei dem antreffen, was er uns aufgetragen hat; man soll uns wachsam vorfinden. Das bedeutet nicht, dass wir nicht mehr zu Bett gehen und schlafen sollen; das bedeutet vielmehr, dass wir in dem Wissen zu Bett gehen sollen, dass eines Tages die Dunkelheit kommen wird – nicht weil es Nacht ist, sondern weil Jesus unterwegs ist und das Licht der Herrlichkeit Gottes in diese alte Welt bringt.

Eigentlich hatten die Jünger ja nur *„Sieh, was für Steine und was für Gebäude!"* gesagt. Dafür haben sie eine ganze Menge als Antwort bekommen! Warum nahm sich Jesus so viel Zeit, um ihnen etwas vom Ende der Welt und vom Ende Jerusalems zu erzählen? Aus einem ganz einfachen Grund: Je mehr man die Dinge, die der Mensch auf Erden baut, bewundert und bestaunt, desto größer ist die Versuchung zu vergessen, dass all das eines Tages nicht mehr da sein wird. Man sieht sich die Wolkenkratzer und Bauten in unseren Großstädten an und meint, der Mensch baut so, als ob er noch tausend Jahre hier sein werde. Wir müssen immer wieder daran erinnert werden, dass diese Welt und alles, was zu ihr gehört, vergeht. Damit ändert sich unsere Haltung gegenüber unserer Welt (was allerdings nicht bedeutet, dass man sie ignoriert oder sich nicht mehr ins Gemeinwesen einbringt).

Ich möchte anhand eines Beispiels verdeutlichen, was ich meine: Als ich Pastor einer bestimmten Gemeinde war, planten wir einen Umzug in neue Räumlichkeiten. Bis zum eigentlichen Umzugsdatum waren es allerdings noch zwei Jahre. Deshalb beschlossen wir einerseits, das alte Gebäude zu renovieren und zu verschönern, andererseits wollten wir nicht allzu viel Geld dafür ausgeben, weil es ja schon bald „weg" sein würde. Verstehen Sie dieses „sowohl, als auch"? Weil unser Verbleib zeitlich begrenzt war und wir nur noch zwei Jahre im alten Gebäude bleiben würden, brauchten wir die richtige Haltung zu dieser ganzen Angelegenheit. Wir sagten: „Nicht zu viel. Wir sind nur mehr eine bestimmte Zeit hier und solange wir noch hier sind, wollen wir das Gebäude praktisch und ansehnlich gestalten, aber wir wollen uns nicht in die Tasche lügen und meinen, wir würden ewig hier bleiben." Als wir dann in unser neues Gebäude zogen, mussten wir uns diese Haltung bewahren, weil auch dieses Gebäude eines Tages abgerissen und „weg" sein wird. Das heißt, dass wir für die Gemeinde nur eine vorläufige Bleibe schufen. Wenn Sie sich diese Haltung aneignen und bewahren, werden Sie stets auf die richtigen Dinge achten – auf die Zeichen Gottes, nicht auf die Errungenschaften der Menschen, und auf das Kommen Christi. Das ist etwas, worüber meines Erachtens jeder echte Christ ständig nachdenkt: Jesus kommt wieder.

Wir verfolgen mit, was in der Welt geschieht, und sehen, wie alles ins Schwimmen gerät. Nun ist es nicht so, dass es ins Nirgendwo schwimmen würde: Es schwimmt in die Krise; es schwimmt auf einen Höhepunkt zu; es strebt auf etwas zu, das der Dichter als „jenes entlegene göttliche Ereignis, auf das sich die gesamte Schöpfung zu bewegt" bezeichnet; es bewegt sich alles auf den Augenblick zu, in dem die Posaune erschallt und Jesus vom Himmel herabkommt und wir ihm begegnen. Das wird ein großartiger Moment sein.

Diese Bemerkung der Jünger war die Gelegenheit für Jesus, um ihnen zu sagen, dass sowohl der Tempel als auch die Welt ein Ende haben werden. Er wollte ihnen und uns allen damit sagen: Ihr müsst über beides Bescheid wissen, damit ihr auf beides vorbereitet seid. Der letzte Satz Jesu in diesem Kapitel lautet: „*Was ich aber euch sage, sage ich allen: Wacht!"* (Mk 13,37) und genau das sollten wir tun.

Kapitel 16

Salbung und Verrat

Markus 14,1-11

Zwei Dinge finde ich an diesem Kapitel besonders bemerkenswert. Zunächst einmal, wie viele alltägliche Gegenstände in diesem Bericht vorkommen: ein Fläschchen mit Salböl, Brot, ein Kelch mit Wein, ein Schwert. Es sind zwar ganz gewöhnliche Dinge, aber sie bekommen eine gewaltige Bedeutung, weil sie etwas mit Christus zu tun haben. Und das ist eine wichtige Lektion, die wir lernen müssen, bevor wir weitergehen: Ganz gewöhnliche, alltägliche Dinge werden zu etwas Außergewöhnlichem, wenn sie einen Bezug zu Jesus Christus haben.

Besonders auffällig ist jedoch, dass immer dann, wenn etwas geschieht, ein oder mehrere Jünger das Falsche tun. Es macht demütig, sich diese zwölf Männer anzusehen und mitzuverfolgen, wie sie genau das tun, was ich wahrscheinlich auch getan hätte: etwas Falsches, etwas Schwaches, etwas Feiges. Das ist auch der Grund, weshalb wir dieses Kapitel genau unter die Lupe nehmen müssen: damit wir als bußfertige Jünger zum Tisch des Herrn kommen, als solche, die sagen können: „Herr, wenn wir dir vor zweitausend Jahren nachgefolgt wären, hätten wir dich genauso im Stich gelassen wie sie; wir brauchen deine Hilfe genauso wie sie." Erstaunlich ist, dass Jesus zwar wusste, wie schwach sie waren, aber dennoch an ihnen festhielt – sie waren seine Jünger.

Das Kapitel beginnt mit einer Anmerkung zum bevorstehenden Fest, das gewissermaßen ein „Doppelfest" war. Es war das Passahfest, das auf eine jahrhundertealte Tradition zurückblickt. Bis auf den heutigen Tag, also noch nach Tausenden von Jahren, feiern die jüdisch-orthodoxen Familien das Passah. Dabei danken sie Gott für den Exodus – dass er sie aus Ägypten herausholte, aus der Sklaverei in die Freiheit, damit sie ihm dienen.

In der Straße, in der mein Elternhaus stand, wohnte drei oder vier Häuser weiter eine jüdische Familie. Immer zu Ostern rotteten wir Kinder, die nur Lausbübereien im Kopf hatten, uns vor diesem jüdischen Haus zusammen und sahen zu, wie sie Blut an die Türpfosten strichen. In unseren Augen war das wirklich sehr ungewöhnlich und ich befürchte, dass wir so unwissend und kindisch waren, dass wir uns darüber lustig machten und sie auslachten. Aber diese Familie tat etwas, das seit Jahrhunderten Jahr für Jahr getan wird. Das Passahfest ist der Höhepunkt im jüdischen Jahreslauf.

Etwa zwei Millionen Juden waren anlässlich des Passahfests in und um Jerusalem zusammengekommen und damit war natürlich garantiert, dass der Tod unseres Herrn ein öffentliches Ereignis war und so viele Menschen wie möglich davon erfuhren. Zu diesem Fest gab es alljährlich die größte Menschenansammlung in der damals bekannten Welt, weshalb das Sterben Christi unweigerlich zu etwas Öffentlichem wurde.

Aber dass unser Herr kam, um ausgerechnet zur Zeit des Passahfests zu sterben, birgt eine noch viel tiefere Bedeutung in sich. Wir bekommen den Eindruck, dass Jesus bestimmte, wann, wie und wo er sterben würde, damit sein Tod diese tiefere Bedeutung annehmen würde – nämlich dass es ein zweites Passah und einen zweiten Exodus geben würde: So wie Gott das Volk aus der Sklaverei befreit hatte, sollte er es jetzt von Sünde befreien. So wie Gott ihnen durch das Blut eines echten Tieres – eines Lammes – Freiheit erwirkt hatte, sollte er die Menschen jetzt durch das Blut eines anderen Lammes – sein eigenes – in die Freiheit führen. So gewinnt das Sterben Jesu eine noch viel tiefere Bedeutung! Das Abendmahl, das wir am Tisch des Herrn zu uns nehmen, war in jenem Jahr eigentlich das Passah für die Jünger. Für uns Christen ist es an die Stelle des Passah getreten. Es ist unser Gedächtnismahl und so, wie das Abendmahl abläuft, läuft es schon seit zweitausend Jahren ab. Es ist noch bedeutsamer als das jüdische Passah.

Und so muss ich an Ostern immer wieder an einen neutestamentlichen Text denken, der da lautet: *„Denn auch unser Passahlamm, Christus, ist geschlachtet"* (1 Kor 5,7b). Deshalb feiern wir auch in dieser Art und Weise. Ein Jude könnte dies sehr wohl nachvollziehen, würde allerdings anmerken, dass auf dem Tisch einige Dinge fehlten, zum Beispiel die bitteren Kräuter oder ein Knochen mit Fleisch und so manches andere: Salatblätter, Petersilie und hart gekochte Eier. Wir würden entgegnen, wir bräuchten nicht alles davon, sondern nur Brot und Wein. Damals standen diese Dinge bereit und unser Herr griff schlicht und einfach zu Brot und Wein, die anlässlich des Passah bereits aufgetragen worden waren, um den Christen ein Gedächtnismahl zu hinterlassen.

Das ist das Szenario. Das ist die Ruhe vor dem Sturm. Doch was als Nächstes berichtet wird, ereignet sich nicht in Jerusalem, sondern in Betanien, jenem kleinen Dorf unmittelbar hinter dem Ölberg. Es ist von Jerusalem aus nicht zu sehen und liegt zudem außerhalb des Wirkungskreises der Tempelpolizei. Jeden Abend zog sich Jesus nach Betanien zurück. Deshalb konnten sie ihn auch nicht festnehmen. Tagsüber war er ständig von einer Menschenmenge umgeben und niemand wagte es, ihn zu verhaften, weil man einen Aufstand der Massen fürchtete, sobald man Hand an einen so beliebten Lehrer legen würde. Abends suchte man Jesus und man fragte, wo er sei, aber niemand wusste es. Heimlich ging er nach Betanien.

Dass Judas ihn verraten konnte, hatte einen ganz einfachen Grund: Jesus erklärte, sie würden in jener bewussten Nacht in der Stadt bleiben. Das war die Chance für Judas. Deshalb wurde er gebraucht. Die Tempelpriester und die Polizei mussten wissen, wann sie ihn unauffällig und ohne großes Aufsehen ergreifen könnten. Ich las einmal, dass die Geheimpolizei in einem anderen Teil der Welt Menschen immer nur mitten in der Nacht verhaftete, weil sie ganz genau wusste, dass Krawalle unvermeidlich wären, wenn sie Leute am helllichten Tag festnehmen würde. Genauso war es hier – eine Situation, wie sie auch heute denkbar wäre.

Jesus verbringt also den letzten Abend außerhalb der Stadt in Betanien und isst im Haus eines Aussätzigen. Ich frage mich, ob das bedeutet, dass Jesus ihn geheilt hat, denn normalerweise wäre es ihm nicht möglich gewesen, mit anderen zu essen. Vielleicht war er einer der Aussätzigen, die von Jesus geheilt wurden. Als sie zu Tisch sitzen, kommt Maria mit einem Fläschchen Salböl – der erste Gegenstand, der in diesem Kapitel eine wichtige Rolle spielt. Zweifellos war das Fläschchen sehr wertvoll; sie hätte es ihren Nachkommen vererben können. Möchte man seinen Wert schätzen, so entspräche er in etwa einem Jahreslohn (ein Denar war ein Tageslohn und es heißt im Text, das Salböl hätte für mehr als dreihundert Denare verkauft werden können). Normalerweise bewahrte man so etwas in der untersten Schublade der Kommode auf – nicht für die Hochzeit, sondern für die Beerdigung, denn wenn man es sich damals leisten konnte, kaufte man sich ein sehr teures Salböl und bewahrte es bis zur eigenen Beerdigung auf, damit der eigene Leichnam damit gesalbt würde. Das war die einzige Legitimation dafür, sich etwas so Teures zuzulegen. (Es ist tatsächlich so, dass auch heute noch bei Beerdigungen Geld meist keine Rolle spielt. Vor vielen Jahren erzählte mir einmal ein Bestattungsunternehmer, er habe eine große Beisetzungsfeier einer wichtigen Persönlichkeit gehabt, bei der allein schon der Blumenschmuck an die 2000 Euro gekostet haben musste.)

In der untersten Schublade von Marias Kommode lag also dieses Fläschchen mit kostbarem Salböl. Sie bewahrte es vermutlich für ihre eigene Beerdigung oder die ihrer Mutter oder ihres Bruders auf. Nun brachte sie es mit, als sie das Haus des Aussätzigen betrat. Es war damals üblich, den Gast bei dessen Ankunft mit ein paar Tropfen Salböl zu salben. Wir zeigen unseren Gästen heute die Garderobe oder fragen sie, ob sie sich frisch machen möchten. Damals salbte man seine Gäste als Zeichen ganz normaler Gastfreundschaft mit ein paar Tropfen duftendem Öl. Doch das ganze Öl auf einmal zu verwenden war ein Skandal; Maria zerbrach das Fläschchen und damit war klar, dass es nicht mehr anderweitig zu gebrauchen war. Dann nahm sie das Öl, das den Raum mit einem unglaublichen Duft erfüllt haben muss, und goss es auf das Haupt Jesu – ein höchst erstaunlicher und bewegender Akt.

Sofort wurde offenkundig, dass es den anderen Anwesenden ums Geld ging, denn sie kritisierten sie heftig: *„Wozu ist diese Verschwendung des Salböls geschehen? Denn dieses Salböl hätte für mehr als dreihundert Denare verkauft und den Armen gegeben werden können. Und sie fuhren sie an"* (Mk 14,4f). Argumente dieser Art kommen manchmal von weltlichen Leuten. Gelegentlich höre ich dieses Argument, wenn es darum geht, unter Aufwendung stattlicher Summen ein Gottes- oder Gemeindehaus zu bauen – ein Fall, in dem der Einwand berechtigt sein kann oder auch nicht. Doch hier wurde das kostbare Salböl richtig eingesetzt und trotzdem wurde Maria kritisiert. Sie hatten die Lektion vom Scherflein der Witwe immer noch nicht gelernt. Sie lautet: Wenn jemand etwas gibt, sollte man nicht fragen, was die Gabe wert ist, sondern was sie dem, der sie gibt, bedeutet. Wenn die Kritiker Maria gefragt hätten, warum sie das tat, hätten sie es verstanden und gebilligt. Mir fällt auf, dass es die Männer waren, die sie kritisierten – ich denke, die Frauen haben sie verstanden!

Jesus sagt vier Dinge über das, was Maria getan hatte. Zunächst sei es etwas sehr Schönes gewesen. Das Wort, das hier im Urtext steht, könnte man ehesten mit „prächtig" übersetzen. Es bezeichnet nicht einfach nur etwas Gutes, sondern etwas Schönes, eine hinreißende und liebenswerte Tat.

Als Zweites macht Jesus deutlich, dass es überaus passend gewesen sei. Maria habe eine Gelegenheit ergriffen, die sie nie wieder bekommen würde. Entweder jetzt oder nie. Sie sah, dass die

Gelegenheit gekommen war, etwas Einzigartiges zu tun, etwas, das man nur einmal im Leben tut. Jeder von uns hatte schon einmal Gelegenheit, etwas zu tun, doch leider haben einige von uns diese Gelegenheiten verpasst und denken nun: „Wenn ich es nur getan hätte ...!" Dies gilt insbesondere, wenn sich die Gelegenheit im Zusammenhang mit jemandem bot, der kurz darauf verstarb. Wenn jemand stirbt, gibt es immer irgendeinen Angehörigen, der sich wünschte, er hätte die Gelegenheit ergriffen, etwas zu unternehmen.

Ich erinnere mich an eine arme Frau, die starb, und als dies bekannt wurde, schickten viele Freunde und Angehörige Blumen. Bei der Beerdigung sagte jemand etwas, das an Scharfsinn nicht zu überbieten war: „Ach, hätten sie ihr doch die Blumen zu Lebzeiten geschickt!" Ich denke, jeder von uns kennt Augenblicke, in denen man denkt: „Wenn ich gewusst hätte, dass er oder sie bald heimgeht, hätte ich die Gelegenheit ergriffen und noch dies oder jenes getan." Maria packte die Gelegenheit beim Schopf und tat etwas, das weder sie zu einem späteren Zeitpunkt noch jemand anderer hätte tun können. Deshalb sagt Jesus zu den Umstehenden, sie sollen sie nicht tadeln.

Drittens: Jesus deutet an, dass Maria die Lage richtig beurteilt hatte. Damit weist er auch auf die eigentliche Bedeutung dieser „Salbung" hin: Von allen Menschen, die im Haus anwesend waren, wusste diese Frau sowohl, dass Jesus sehr bald sterben würde, als auch, dass niemand mehr Gelegenheit haben würde, seinen Leib zu salben, wie es bei Toten üblich war. Sie wusste es. Woher sie es wusste, kann ich nicht sagen. Wenn diese Frau wirklich Maria war (obwohl sie in diesem Kapitel nicht namentlich genannt wird, scheint dies den Aussagen eines anderen Evangeliums zufolge der Fall gewesen zu sein), dann wusste sie es vielleicht, weil sie zu seinen Füßen gesessen und seinen Worten gelauscht hatte. Jesus sagt: *„Sie hat getan, was sie konnte; sie hat im Voraus meinen Leib zum Begräbnis gesalbt"* (Mk 14,8). Sie wusste, dass er sterben würde und es keine Gelegenheit mehr geben würde, seinen Leib zu salben.

Normalerweise war es den Angehörigen von Verbrechern, die an einem Kreuz hingerichtet wurden, nicht gestattet, den Leichnam zu beerdigen. Dieser wurde auf den Müllhaufen im Tal Gehenna südlich von Jerusalem geworfen. Maria hatte offensichtlich begriffen, dass Jesus den Tod eines Verbrechers sterben, sein Leichnam „entsorgt" werden und keine ordentliche Bestattung bekommen würde. Im folgenden Kapitel lesen wir, dass es im Fall von Jesus nur deshalb eine Beerdigung gab, weil ein Mann den römischen Statthalter um die Herausgabe des Leichnams bat; ohne dieses Ersuchen wäre Jesus nicht beigesetzt worden. Die Frau erkannte, dass dieser Mann, den sie mehr liebte als jeden anderen, im Alter von 33 Jahren so rasch und auf so schreckliche Weise sterben würde, dass ihm eine ordentliche Beerdigung verwehrt werden würde. Sie erkannte das; sie war scharfsinnig und Jesus fragte die anderen, warum sie sie kritisierten. Hätte sie es drei Tage später getan, hätte niemand sie kritisiert. Niemand hätte sich über eine derartige „Ausgabe" für einen toten Körper empört, aber sie hatte es an einem lebendigen Körper getan und deshalb ging man so hart mit ihr ins Gericht.

Viertens: Jesus erklärte den Gästen, Maria habe etwas Denkwürdiges getan, und sagte voraus, dass immer, wenn das Evangelium gepredigt werden würde, auch von ihr die Rede sein würde. Und so denken auch wir jetzt an sie. Was sie tat, war wunderschön, passend, zeugte von einer richtigen Einschätzung der Lage und war denkwürdig und deshalb hätte man sie auch nicht kritisieren dürfen.

Auf diese Episode folgt etwas Schreckliches. Ich weiß gar nicht, wie ich es bezeichnen soll, weil die Gegensätze einfach zu groß sind: erst das durch und durch großzügige Verhalten einer wunderbaren Frau und dann das durch und durch habgierige Verhalten eines entsetzlichen Mannes – was für ein Kontrast!

Ein Jünger erkennt, was Maria erkannt hatte: Ihm wird bewusst, dass Jesus im Grunde seinen nahen Tod angekündigt hatte. Er begreift, dass Jesus bereit ist zu sterben. Judas möchte dies versilbern und so viel aus dem Bevorstehenden herausschlagen wie nur möglich. Er hatte Jesus unterstützt, weil er gedacht hatte, dass sich alles ganz wunderbar entwickeln und er in einem wohlhabenden, blühenden Reich leben werde; jetzt erkennt er allerdings, dass Jesus sich nicht wehren wird, wenn sie ihn töten wollen. Wie könnte er, Judas, von dieser Situation profitieren? Diesem Mann fällt nichts anderes ein als Jesus zu verraten und sich den Verrat bestmöglich bezahlen zu lassen.

Im 20. Jahrhundert kam die Mode auf, Judas reinwaschen zu wollen, ja, viele Leute folgen einer fixen Idee und versuchen, das Evangelium auf den Kopf zu stellen. Ist Ihnen das schon einmal aufgefallen? Seien es Zeitungsartikel oder andere Veröffentlichungen – alle möglichen Leute scheinen auf diesen Zug aufspringen zu wollen. Warum möchten sie Judas reinwaschen? Warum sagen sie, es sei Judas gar nicht ums Geld gegangen? Er sei im Grunde ein guter Kerl gewesen und habe eigentlich nur versucht, eine Art „Initialzündung" für Jesus zu sein und den Stein ins Rollen zu bringen. Warum vertreten viele Leute diese Auffassung? Weil uns Judas allzu sehr an uns selbst erinnert – das ist der Grund! Weil in uns dieselbe Gier und Begehrlichkeit steckt wie in ihm und uns das überhaupt nicht gefällt. Judas hält uns den Spiegel vor – den wir gerne zerschlagen möchten. Aber die Bibel lässt keinen Zweifel daran, dass Judas es aus einem einzigen Grund tat – er liebte das Geld. Das zeigte sich schon sehr früh. Schon oben in Galiläa hatte Jesus traurig zu den Zwölfen gesagt: „Einer von euch ist ein Teufel." Judas war der Schatzmeister und bediente sich schon recht früh durch den einen oder anderen Griff in die Kasse. Es war auch Judas, der darauf hingewiesen hatte, dass ein ganzer Jahreslohn in die Kasse hätte wandern können, wenn man das kostbare Salböl verkauft hätte. Ich werde das Gefühl nicht los, dass er bereits darüber nachdachte, wie viel Geld er für sich abzweigen könnte. Und so kam es, dass Judas seinen Herrn „für Cash" verkaufte.

Was wohl die Priester nach diesem Verrat über die Nachfolger Jesu dachten? Vielleicht dachten sie: „Jeder von ihnen ist käuflich. Man muss sie nur genug ‚schmieren' – für Geld tun sie alles." Es ist schon auffällig, dass in diesem Kapitel jedes Mal, wenn der Name „Judas" erwähnt wird, im selben Atemzug hinzugefügt wird: „einer von den Zwölfen". Er ist ein Mann, der drei Jahre mit Jesus gelebt hat, aber er ist immer noch so habgierig, dass er zu so etwas fähig ist! Diese Episode ist erstaunlich, aber auch schrecklich. Wie kann es sein, dass jemand Jesus so nahe ist und trotzdem seine Habgier nicht loswird? Kann es nicht auch bei *uns* so sein? Es ist dasselbe Problem.

Judas geht zu den Priestern und erklärt sich bereit, seinen Herrn um den Kaufpreis eines Sklaven zu verraten. Wenn man sich in jener Zeit einen Sklaven leisten konnte, hatte man es „geschafft". Für jeden, der es im gesellschaftlichen Leben zu etwas bringen wollte, war dies ein Statussymbol, denn er konnte sagen: „Ich habe jetzt einen Sklaven", so wie man heute vielleicht von einem Swimmingpool oder einer Yacht sprechen würde. Judas verkaufte unseren Herrn um den Preis eines Statussymbols, das ihm gesellschaftlichen Aufstieg verhieß. Später hat er das natürlich mehr als bedauert.

Wie über Maria predigt man in der ganzen Welt auch über Judas. Wo das Evangelium hinkommt, erinnert man sich an den Namen „Judas". Wofür möchten wir den anderen Leuten in Erinnerung bleiben: für unsere Großzügigkeit oder unsere Raffgier? Als jemand, der Sympathie für Jesus hatte und begriff, was es mit seinem Tod auf sich hat, oder als jemand, der seinem Tod gegenüber hart und gleichgültig war?

Kapitel 17

Drinnen und draußen

Markus 14,12-52

Nun wechselt der Schauplatz. Wir kommen nach Jerusalem und die Ereignisse streben in Windeseile auf ihren Höhepunkt zu. Die Geschichte baut sich immer mehr auf und wird bald ein schreckliches Ende finden.

Werfen wir einen Blick in den oberen Saal oder das „Obergemach", wie es auch genannt wird. Wiederum staune ich nur so darüber, dass unserem Herrn in dieser letzten Woche nichts entgleitet – er hat alles geplant; er hat alles in der Hand; er entscheidet, wann, wie und wo die Dinge geschehen. Im Hinblick auf diesen oberen Saal und das letzte Abendmahl hat er bereits alles arrangiert. Als er diesen Saal reservierte, vereinbarte er sogar ein geheimes Zeichen, das den Jüngern den Ort zeigen soll. Warum diese peinlich genauen und geheimen Sicherheitsvorkehrungen? Warum ist ein Mann, der einen Krug Wasser trägt, das verabredete Zeichen, wo doch damals normalerweise nur Frauen Wasser trugen? Das wäre heute so, wie wenn man auf der Straße einen Mann mit einem farbenfrohen Damenschirm anträfe. Warum dieses geheime Zeichen? Warum beschreibt er den Jüngern nicht einfach, wo sie hingehen sollen? Judas darf nicht wissen, wo der obere Saal ist. Unser Herr braucht unbedingt einen letzten Abend mit seinen Jüngern. Deshalb schickt er zwei Jünger aus, die dem Mann mit dem Krug begegnen, der ihnen den genauen Ort zeigt. Judas weiß also immer noch nicht genau, was Jesus vorhat. Unser Herr hat die perfekte Kontrolle und ein makelloses Timing. Deshalb kann er – als für ihn die Zeit gekommen ist, sich aufzugeben – zu Judas sagen: Tu rasch, was du tun musst!

Begeben wir uns nun in den oberen Saal. Dort warten Liegen und ein Tisch, eine Schüssel voll Wasser und ein Handtuch, um sich die Füße zu waschen – aber kein Diener, der dies täte. Wir wissen, wer es letztlich tat und wer sich wehrte.

Sie beginnen ihr Mahl und mittendrin sagt Jesus so ziemlich das Schrecklichste, was wir je aus seinem Mund gehört haben: *„Einer von euch wird mich überliefern, der, welcher mit mir isst"* (Mk 14,18). Eins ist wirklich erstaunlich: Fünfmal hatte er angekündigt, dass er gekreuzigt werden würde, was die Jünger zwar perplex zur Kenntnis genommen hatten, aber nicht aus der Fassung gebracht hatte. Doch wie bestürzt sie sind, sobald er erklärt, dass einer aus ihrer Mitte ihn verraten würde! Sie sind zwar „betrübt", aber ist es nicht erstaunlich, dass sie kein Mitleid für ihn zeigen? Bislang hatten sie mit keinem Wort den bevorstehenden Kreuzestod Jesu bedauert, doch sobald er ihnen sagt, dass einer von ihnen daran Anteil haben werde, rufen sie wie aus der Pistole geschossen: „Doch nicht ich?"

Diesen Ausruf könnte man auf zweierlei Weise interpretieren. Ist man den Aposteln wohl gesonnen und nimmt das Beste von ihnen an, würde man sagen, dass sie die Bereitschaft hatten, ihr eigenes Herz zu prüfen. Wenn man die Sache etwas realistischer sieht, würde ich sagen, dass jeder von ihnen ganz genau wusste, dass er dazu imstande wäre. Deshalb war es ihnen ungemein wichtig, umgehend jeglichen Verdacht von sich zu weisen. Sie wollten, dass Jesus sagt: „Nein, du bist es nicht", doch das sagte er zu keinem. Er ließ sie weiterhin denken, was sie dachten. Er sagte nur, es sei jemand, der gemeinsam mit ihm das Brot nähme. Es ist schon erstaunlich, dass Judas das durchziehen konnte! Jesus macht einen letzten Appell und sagt: *„… welcher mit mir isst"* und teilt ihnen allen das Brot aus. Wie konnte Judas nur dasitzen und all das mitmachen? Er musste inzwischen schon ein Herz aus Stein gehabt haben. Es muss seiner Gefühlswelt so sehr zugesetzt haben, dass er praktisch schon wie tot war. Aber er nahm das Brot.

Jesus tut nun, was wir alle tun, wenn wir Abendmahl feiern, obwohl sie einen Verräter in ihrer Mitte haben. Dieser war für seine Handlungen voll verantwortlich (wir dürfen an dieser Stelle nicht der Prädestination oder irgendetwas anderem die Schuld in die Schuhe schieben). Und Jesus sagt über ihn: *„Es wäre jenem Menschen gut, wenn er nicht geboren wäre."* Obwohl Jesus wusste, dass die Jünger weglaufen würden und er in den nun folgenden vierundzwanzig Stunden keinem von ihnen würde vertrauen können, nahm er das Brot und brach es und er nahm den Kelch und ließ sie daraus trinken. Was für eine tiefe Bedeutung das Abendmahl doch hat!

An diesem schlichten Gedächtnismahl fallen uns fünf Dinge auf.

1) Jesus selbst aß und trank nicht; er gab ihnen zu essen und zu trinken. Er sagte, er werde erst wieder im Reich Gottes mit ihnen essen und trinken. Wenn wir Abendmahl feiern, isst und trinkt Jesus nicht mit uns, obwohl er geistlich präsent ist, aber eines Tages wird er es wieder tun.

2) Die Jünger mussten des Brotes und Weines teilhaftig werden, so als wollte er sagen: Mein gebrochener Leib und mein vergossenes Blut nützen euch nichts, solange ihr es nicht für euch selbst annehmt. Das gilt bis auf den heutigen Tag: Der Tod unseres Herrn am Kreuz kann eine Menschenseele nur dann erretten, wenn sie ihn für sich selbst annimmt. Deshalb nahm er nicht einfach nur ein Stück Brot, brach es und sagte: „Hier, das ist mein gebrochener Leib", sondern er sagte: *„Nehmt, esst! Das ist mein Leib"* (V. 22; Schlachter 2000). Sie mussten ihn in sich aufnehmen; wenn nicht, würde es ihnen nichts nützen.

3) Brot und Wein waren Symbole. Sie hatten nichts Magisches an sich. Jesus saß ihnen in Fleisch und Blut gegenüber; sie hatten ihn ganz real vor Augen und deshalb hätte es im Lauf der Kirchengeschichte eigentlich nie zu dieser Verwechslung des Brotes mit seinem Leib und des Weins mit seinem Blut kommen dürfen – es sind Symbole, Sinnbilder und nichts weiter. Sein physischer

Körper mit seinem physischen Blut war den Jüngern vor Augen. Es ist unmöglich, etwas auf dem Tisch mit etwas auf dem Stuhl daneben zu verwechseln!

4) Das war der neue Bund. Der alte war mit Blut am gebrochenen Leib eines Lammes und am vergossenen Blut eines Lammes besiegelt worden. Nun sollte im Leib und Blut Jesu ein neuer Bund besiegelt werden, eine neue Beziehung zwischen Gott und Mensch.

5) Das Mahl war zukunftsorientiert. Jesus sagte: *„Wahrlich, ich sage euch, dass ich nicht mehr von dem Gewächs des Weinstocks trinken werde bis zu jenem Tag, da ich es neu trinken werde im Reich Gottes"* (Mk 14,25). Dieses Mahl blickt also zurück in den oberen Saal und nach vorne in den Himmel, zurück zum letzten Abendmahl und nach vorne auf die Hochzeitsfeier und verbindet beide miteinander.

Wieder sagt Jesus seinen Tod voraus und fügt hinzu, dass die Jünger um ihr Leben laufen werden, wenn er getötet wird – da wollen sie nicht mit hineingezogen werden. Es ist schon seltsam, welche Veränderung sich in ihnen vollzog! Zuvor hatten sie noch gesagt: *„Doch nicht ich ... (... werde dich verraten)"*; jetzt taten sie kund, sie würden ihn nie verlassen. Petrus, wie immer mit flinker Zunge, prustet etwas heraus, das für die anderen elf wie ein Schlag ins Gesicht ist, indem er vor ihnen allen erklärt (und sich damit wirklich nicht beliebt macht): *„Auch wenn alle sich von dir abwenden – ich nicht!"* (V. 29; NGÜ) Jesus sagt ihm, dass er ihn dreimal verleugnen werde. Dieser Verrat werde schlimmer sein als das Verhalten der anderen: Jene würden einfach nur weglaufen, doch Petrus würde schwören, dass er Jesus nicht kenne. Was die anderen in jener Nacht taten, bleibt uns nicht in Erinnerung; was Petrus tat, schon. Maria bleibt uns in Erinnerung, Judas bleibt uns in Erinnerung und Petrus bleibt uns in Erinnerung – wegen seiner Verleugnung.

Jesus sagte zu ihnen: *„Nachdem ich aber auferweckt sein werde, werde ich euch voran nach Galiläa gehen"* (Mk 14,28). Im Vergleich zu den heißen, lauten und übel riechenden Straßen Jerusalems ist Galiläa wirklich wunderbar und man kann gut verstehen, dass sie sich freuten, als er das sagte – zurück zu der guten alten Zeit in Galiläa: Sonne, See und ein Leben im Freien, ohne Feinde, die in Gassen und Winkeln lauern. Es würde einen Neuanfang geben und natürlich tat Jesus, was er sagte, auch wenn sie ihm noch nicht glaubten.

Nun folgt ein Szenenwechsel zum Garten Gethsemane. Sie würden die Nacht auf dem Ölberg verbringen. Dies ist Judas zu Ohren gekommen, woraufhin er den Hohepriestern sagte, dass dies die Chance wäre, Jesus festzunehmen. Dies sollte sich noch zwei Stunden hinauszögern, bis sie alles für die Festnahme und die Verhandlung vorbereitet hätten, aber es sollte nicht mehr lange dauern. Jetzt hat unser Herr nur mehr eine oder zwei Stunden Zeit.

Sie gehen in einen Garten und Jesus möchte sicher sein, dass er Zeit und Ruhe zum Beten hat. Deshalb bittet er einige Jünger, am Tor zu warten. Dann ruft er Petrus, Jakobus und Johannes zu sich, geht jedoch selbst noch ein Stück weiter. Somit hat er zwei „Verteidigungslinien", die seine Gebetszeit absichern sollen. Lukas berichtet, dass Jesus nun Blut schwitzt. Die Wortwahl der Bibel lässt auf eine entsetzliche innere Pein schließen, auf etwas, dem er sich nicht stellen konnte. Aber es war nicht der Tod, vor dem er zurückschreckte. Es war etwas noch Schlimmeres. Doch was könnte schlimmer sein als der Tod?

Zwanzigmal wird in der Bibel der Begriff „Kelch" symbolisch verwendet. Es geht nicht um einen echten, physischen Kelch, sondern um eine Erfahrung, die ein Mensch durchstehen muss – um einen Kelch, den er zu trinken hat. In siebzehn der zwanzig Fälle ist es ein wahrhaft schrecklicher Kelch, der getrunken werden muss, der Kelch des Zornes Gottes über Sünde und die Erfahrung, von ihm abgeschnitten zu sein. Das ist mit „Kelch" gemeint, wenn dieser Begriff in der Bibel metaphorisch verwendet wird.

Ist Ihnen bewusst, dass Jesus noch nie von seinem Vater getrennt gewesen war? Ich weiß, dass er den Himmel verließ, aber er war immer noch in Gemeinschaft mit dem Vater. Er konnte jederzeit mit ihm reden. Sie hatten stets direkte Kommunikation. So wie der Präsident der Vereinigten Staaten auf Schritt und Tritt in direkter Kommunikation mit dem Weißen Haus ist, hatte unser Herr, wohin er auch ging, stets direkte Kommunikation mit seinem Vater. Er wusste nicht, was es heißt, Gott fern zu sein. Wir, die wir Gott in gewissem Maße entfremdet gewesen sind, können nicht nachvollziehen, wie es für Jesus gewesen sein muss, vollkommene Gemeinschaft mit dem Vater gehabt zu haben und nun in eine Situation zu kommen, in der dies nicht mehr möglich wäre. Ich glaube nicht, dass wir das nachempfinden können. Ich glaube nicht, dass sich irgendjemand vorstellen kann, wie die Hölle sein wird, weil es auf Erden keine Hölle gibt. Viele Leute sagen, sie hätten die Hölle auf Erden oder sie gingen durch die Hölle, aber es war noch niemand in der Hölle, weil noch niemand komplett von Gott abgeschnitten ist. Doch eines wusste Jesus: Wenn er diesen Kelch trinkt, würde das heißen, dass Vater und Sohn zum ersten Mal in der Ewigkeit getrennt sein würden. *„Und er sprach: Abba, Vater, alles ist dir möglich. Nimm diesen Kelch von mir weg!"* (Mk 14,36). Jesus gebraucht hier in seinem Gebet eine Anrede voll Innigkeit und Vertrautheit, die uns der Text überliefert: „Abba", was nichts anderes bedeutet als „Papa". Dann ist die Schlacht geschlagen und er erklärt: *„Doch nicht, was ich will, sondern was du willst!"* (Mk 14,36) Nur wenige Stunden später wird er rufen: *„Mein Gott, mein Gott, warum hast du mich verlassen?"* (Mk 15,34) „Alle sind weg und jetzt bist du auch weg!" Als er das rief, trank er den Kelch. So ist die Hölle – von Gott verlassen zu sein, in Dunkelheit, durstig und einsam.

Man versteht das Leiden Christi etwas besser, wenn man versteht, dass der Sohn Gottes in den wenigen Stunden am Kreuz die Hölle des Getrenntseins von seinem Vater durchlebte. Deshalb schreckte er zurück. Dreimal kämpfte er diesen Kampf und jedes Mal, wenn er zu seinen Jüngern zurückkehrte, fand er sie schlafend vor. Wenn Sie schon einmal an einer Gebetsnacht teilgenommen haben, wissen Sie, wie treffend die Worte *„Der Geist zwar ist willig, das Fleisch aber schwach"* sind! Man wünscht sich nichts sehnlicher als durchzuhalten, doch gegen zwei Uhr morgens fühlt man sich immer schwerer – vielleicht bekommt man dann ja die „zweite Luft"!

Ein befreundeter Pastor hielt einmal einen hochinteressanten Karfreitagsgottesdienst ab. Seine Ankündigung lautete: „Eine Stunde lang wird in der Kirche komplette Stille sein." Die Leute kamen und saßen eine Stunde lang in kompletter Stille. Für die meisten Anwesenden war das das erste Mal überhaupt, dass sie so lange still waren. Nach dem Gottesdienst kam eine Frau zu diesem Pastor und sagte: „Ich glaube nicht, dass mir das viel gebracht hat." Er erwiderte: „Was ist Ihnen dabei durch den Kopf gegangen?" „Wissen Sie", sagte die Frau, „es ist schon komisch, aber ich dachte die ganze Zeit nur an einen Text und bekam ihn nicht mehr aus dem Kopf. Er kam immer und immer wieder. Ich habe eigentlich an nichts anderes gedacht." „Welcher Text war das?", fragte der Pastor. Sie antwortete: „Kannst du nicht eine Stunde mit mir wachen?" Daraufhin sagte der Pastor zu ihr: „Dann hat Ihnen die Stille doch eine ganze Menge gebracht, nicht wahr?" Übrigens: Woher weiß man eigentlich, was Jesus damals betete, wenn alle Jünger schliefen? Ich werde Ihnen diese Frage gleich beantworten.

Es gab zwei Gärten in der Bibel: Wenn man den Garten Eden und den Garten Gethsemane einander gegenüberstellt, wird der immense Gegensatz deutlich: Der erste war ein Garten des Ungehorsams, den ein ungehorsamer Mensch verließ, um für seine Sünden zu sterben; der zweite – Gethsemane – war ein Garten des Gehorsams, den ein gehorsamer Mensch verließ, um für die Sünden aller anderen zu sterben. Sehen Sie den Zusammenhang?

Dann kommt Judas. Ich weiß nicht, wie Judas so etwas tun

konnte, aber ich weiß, dass ich dazu imstande wäre und Sie wahrscheinlich auch. Sein Signal ist ein Zeichen innigster Zuwen-
dung – ein Kuss. Unser Herr muss entsetzt darüber gewesen
sein. Wie konnte Judas ihn in dieser Weise verraten? Hätte er
nicht einfach mit dem Finger auf ihn zeigen können? Wie konnte
er mit Hilfe eines Symbols für Zuneigung und Freundschaft etwas so Feiges tun? So tief kann ein Mensch sinken, dass Zeichen
zum genauen Gegenteil dessen werden, was sie eigentlich ausdrücken sollen.

Petrus, ungestüm wie eh und je, greift sich ein Schwert und
schlägt einem Knecht ein Ohr ab. Jesus musste ihm Einhalt gebieten und heilte, wie wir aus einem anderen Evangelium erfahren, das Ohr des Knechts. Im Text heißt es: *„Mit Schwertern und
Knüppeln seid ihr ausgezogen, um mich gefangen zu nehmen, als wäre
ich ein Verbrecher. Dabei war ich doch Tag für Tag bei euch im Tempel
und lehrte, und ihr habt mich nicht festgenommen"* (Mk 14,48f;
NGÜ). Er schilt jene, die kamen, um ihn festzunehmen, und
sagt, sie seien Feiglinge. Sie hätten ihn in Jerusalem jederzeit
festnehmen können, was sie nicht taten. Die Jünger müssen
sich in diesem Augenblick zutiefst geschämt haben. Sie alle verließen ihn und flohen. Jakobus lief weg. Johannes lief weg. Petrus
lief weg. Thomas lief weg – alle! Als es hart auf hart kam, als der
entscheidende Augenblick gekommen war, in dem sie entweder
bleiben oder fliehen konnten, um ihre Haut zu retten, liefen sie
alle weg – und wir würden wahrscheinlich dasselbe tun. Keiner
war Manns genug zu bleiben und wir wären es wohl auch nicht
gewesen. Das ist die menschliche Natur: Der Geist ist willig, aber
das Fleisch ist unheimlich schwach und in diesem Augenblick
siegte der Selbsterhaltungstrieb.

Kommen wir nun noch zu einem hochinteressanten kleinen
Detail. Hinter einigen Bäumen im Garten hatte sich ein junger
Mann versteckt. Er hatte nur ein leinenes Tuch an. Er lief mit den
anderen weg. Doch ein Soldat erblickte ihn, hielt ihn fest und riss
ihm dadurch das Tuch vom Leib, woraufhin der junge Mann

nackt in der Dunkelheit davonrannte. Mehr wissen wir nicht über ihn. Wer war er?

Wir können nur raten, aber wenn wir eins und eins zusammenzählen, können wir sagen, dass es ein gewisser Johannes Markus war – ein junger Mann, in dessen Haus sich die Urgemeinde traf; dort war wahrscheinlich auch jener „obere Saal", in dem das letzte Abendmahl gefeiert wurde. Vermutlich lag dieser junge Mann nachts wach, hörte, wie die Jünger den oberen Saal verließen, und beschloss, ihnen zu folgen. Er hatte sich hinter den Bäumen versteckt und unserem Herrn atemlos beim Beten zugehört, als dieser Blut schwitzte. Es war also jemand dabei, der all das für uns aufzeichnete, ein junger Mann, der dieses Evangelium niederschrieb. Damit sagt er: „Ich war vor Ort", ohne seinen Namen zu nennen. Fast kommt es einem so vor, als wollte er etwas in dieses Evangelium hineinschreiben, das zeigt, dass auch er in die Geschichte involviert war. Jene Nacht, in der er versuchte, nackt seinen Weg nach Hause zu finden und ins Haus zu kommen, würde er nie wieder vergessen. Er konnte nicht vergessen, was er gesehen und gehört hatte, als er vor Ort gewesen war. Johannes Markus sagt uns, dass auch er in Gethsemane gewesen war und alles gesehen hatte. Beinahe hätten sie ihn erwischt, aber er entkam. Fast scheint es so, als wolle er uns damit sagen: „Warst du in Gethsemane mit dabei? Hast du es mit eigenen Augen gesehen? Ich schon."

Verhandlung und Hinrichtung

Markus 14,53-15,47

Unser Herr stand zweimal vor Gericht – einmal vor den Juden und einmal vor den Römern und beide Verhandlungen waren manipuliert! In beiden Fällen gab es himmelschreiende Ungerechtigkeiten. Fünfzehn Dinge, die sich bei der jüdischen Verhandlung vor den Priestern abspielten, waren gegen das Gesetz:

1) Jesus wurde verhaftet, ohne dass Anklage gegen ihn erhoben worden war. Schon damals musste jemand bei seiner Verhaftung über die Gründe seiner Verhaftung in Kenntnis gesetzt werden, doch gegen Jesus wurde keine Anklage erhoben.

2) Die Verhaftung wurde von seinen Richtern organisiert, wodurch diese sich in den Stand von Komplizen versetzten.

3) Die Zeit, für die die Verhandlung anberaumt wurde, widersprach den rechtlichen Bestimmungen. Solche Verhandlungen mussten tagsüber abgehalten werden, doch diese fand nachts statt.

4) Dass die Verhandlung in einem Privathaus abgehalten wurde, war illegal. Sie hätte vor einem öffentlichen Gericht stattfinden müssen.

5) Die Verhandlung begann, ohne dass die Anklage verlesen worden wäre.

6) Die Zeugen der Anklage machten Aussagen, die nicht übereinstimmten. Somit sprach nichts für ihren Wahrheitsgehalt.

7) Die Zeugen, die widersprüchliche Aussagen machten, wurden für ihre Falschaussagen nicht bestraft, und der Gefangene wurde nicht, wie es hätte sein sollen, freigelassen, sobald sich die Zeugen widersprachen.

286

8) Der Richter wurde Zeuge der Anklage und war somit befangen.

9) Der Richter stellte dem Gefangenen eine Suggestivfrage.

10) Der Richter verurteilte den Gefangenen auf der Grundlage seines Geständnisses.

11) Er rief keine Zeugen der Verteidigung auf und leitete keine Untersuchung der Behauptung unseres Herrn ein.

12) Er verurteilte den Gefangenen dafür, dass er die Wahrheit sagte, indem er ihn als Lügner bezeichnete.

13) Es gab keine Abstimmung unter den Beisitzern.

14) Da einige Beisitzer fehlten, war das Gericht nicht beschlussfähig.

15) Die Hinrichtung wurde noch für denselben Tag anberaumt; dem Verurteilten wurde also nicht die normale, rechtlich vorgesehene Frist gewährt, um gegen das Urteil Berufung einzulegen.

Fünfzehn Aspekte, die untermauern, wie unglaublich ungerecht diese erste Verhandlung war – sie war im Grunde nichts anderes als Justizmord. Daraus schließe ich, dass die Priester zutiefst verzweifelt waren. Verzweifelte Menschen tun entsetzliche Dinge und sie waren im Begriff, unserem Herrn und Heiland Jesus Christus Entsetzliches anzutun.

Jesus sagte etwas, was ihm vor Gericht zur Last gelegt wurde; darauf wollen wir noch einmal unser Augenmerk richten. Sie hatten ihm eine konkrete Frage gestellt: *„Bist du der Christus, der Sohn des Hochgelobten?"* (Mk 14,61) Und er gab eine erstaunliche Antwort. Er sagte: *„Ich bin!"*, was ja der Gottesname ist, der Mose offenbart worden war. Als der Hohepriester das hörte, zerriss er seine Kleider und rief: *„Was brauchen wir noch Zeugen? Ihr habt die Lästerung gehört"* (Mk 14,63f). Sie hatten aus Jesu Mund gehört, dass er behauptete, Gott zu sein. Doch der Hohepriester fragte nie nach, ob dies die Wahrheit sei. Wenn jemand so etwas sagte, galt dies als Gotteslästerung, das schlimmste Verbrechen nach jüdischem Recht. Wer so etwas sagte, hatte augenblicklich den Tod verdient ... aber es war ja nicht einfach nur ein Mensch, der dies sagte, und unser Herr sagte die Wahrheit. Dennoch hielt man sich nicht mehr lange auf und leitete die Hinrichtung ein.

Jesus fügte noch hinzu: *„Und ihr werdet den Menschensohn an der rechten Seite des Allmächtigen sitzen und auf den Wolken des Himmels kommen sehen"* (Mk 14,62; NGÜ). Damit behauptete er, er werde eine der Voraussagen im Buch Daniel erfüllen.

Die nächste Szene – die Verleugnung Jesu durch Petrus – spielt draußen im Hof. Sie ist so zutiefst menschlich! Sie und ich haben in der Schule oder im Büro schon genau dasselbe getan: Es gab eine Gelegenheit, offen zu sagen, dass wir zu Jesus gehören, aber wir haben uns gedrückt. Deshalb dürfen wir auch nicht mit Steinen auf den armen alten Petrus werfen. Aber greifen wir vier Aspekte dieser Szene heraus:

1) Wenigstens folgte er Jesus bis zum Hof, was die anderen nicht getan hatten. Das soll keine Ehrenrettung sein, aber ich möchte die Situation des Petrus ausgewogen darstellen und Ihnen vor Augen malen, dass er zumindest mitging und vor Ort war. Doch als es hart auf hart kam, vermochte er die Sache nicht mehr durchzuziehen.

2) Er hat Jesus verleugnet. Sowohl sein Gesichtsausdruck als auch seine Worte verrieten ihn – und unser Gesichtsausdruck und unsere Worte sollten verraten, dass wir zu Jesus gehören.

3) Er weinte. Was er getan hatte, brach ihm das Herz. Judas hätte nicht weinen können (außer vielleicht über sich selbst), aber Petrus weinte. Es steht so im Text. Tränen haben etwas Reinigendes an sich, vor allem, wenn ein Mann über etwas weint, was er getan hat.

4) Petrus selbst muss diese Geschichte Johannes Markus erzählt haben, denn sonst würde sie nicht im Markusevangelium stehen. Der Mann, der das tat, wollte, dass wir es erfahren – ein klarer Beleg seiner Demut. Er wollte uns ermutigen, indem er uns wissen lässt, dass er scheiterte und den Herrn im Stich

ließ – und dass der Herr ihn, wie an anderer Stelle zu lesen ist, wieder aufrichtete.

Kommen wir nun zur Gerichtsverhandlung der Römer. Es ist inzwischen sechs Uhr morgens. Petrus hatte Christus um drei Uhr morgens verleugnet. Jeden Morgen um drei blies ein römischer Trompeter das Signal zur Wachablösung (am Ende der ersten Nachtwache von Mitternacht bis drei Uhr). Interessanterweise bezeichnete man dieses Trompetensignal um drei Uhr morgens auch als „Hahnenschrei". Vielleicht war es das, was unser Herr meinte.

Pilatus musste in aller Frühe aus dem Bett geholt werden. Aus dem religiösen wird nun ein politischer Prozess und auch die Anklagen lauten nun anders. Die Juden hatten Jesus der Blasphemie beschuldigt, doch jetzt, vor Pilatus, erklären sie, Jesus habe kein religiöses, sondern ein politisches Verbrechen begangen. Wer sich als König ausgibt, stellt die Autorität der Römer in Frage. Sehen Sie, wie die Juden immer und immer wieder die Wahrheit verdrehen und Jesus kurzerhand mit einer anderen Anklage vor Gericht stellen? Pilatus hätte sich nicht für Gotteslästerung interessiert; deshalb bringen sie eine politische Anklage vor.

Pilatus versuchte mehrmals, sich aus diesem Dilemma zu befreien, um sich nicht auf das einlassen zu müssen, wozu die Juden ihn drängen wollten – zumindest versuchte er es:

1) Zunächst verlangte er, dass der Fall noch einmal aufgerollt und neu verhandelt wird. Zudem wollte er wissen, was dem Angeklagten zu Last gelegt wird. Er verließ sich nicht auf das, was die Leute sagten.

2) Er hätte es sich leicht machen und einfach nur die Entscheidung der Juden unterschreiben können; stattdessen verhörte er den Gefangenen persönlich und stellte ihm eine direkte Frage (die, nebenbei bemerkt, wieder eine Suggestivfrage war): *„Bist du der König der Juden?"* worauf Jesus ganz einfach antwortete: *„Du sagst es."* Mit anderen Worten: Sie sollten nicht ihn fragen, sondern die Beweise unter die Lupe nehmen. Man fragt einen Ange-

klagten nicht: „Hast du das und das getan? Ja? Dann bist du verurteilt." Selbst wenn er sich schuldig bekennt, muss man die Beweise untersuchen.

3) Pilatus gab Jesus die Chance, sich selbst zu verteidigen; die Juden hatten ihm das verwehrt. *„Pilatus aber fragte ihn wieder und sprach: Antwortest du nichts?"* Aber unser Herr verteidigte sich nicht.

4) Pilatus übergab Jesus an Herodes in der Hoffnung, dadurch seiner Zwangslage entrinnen zu können. Herodes schickte ihn allerdings wieder zu ihm zurück.

5) Pilatus hatte einen Geistesblitz. An den Festtagen, wenn viele hunderttausend Juden beisammen waren, war die Stimmung in Jerusalem sehr angespannt. Um die Menge bei Laune zu halten, pflegte er den Juden eine Beschwichtigungspille zu geben oder einen kleinen Gefallen zu tun und war bereit, irgendeinen Gefangenen, den die Juden ihm nannten, freizulassen. Dann waren sie einigermaßen zufrieden. Aus diesem Grund stand schon ein Gefangener bereit, der ausgeliefert werden sollte. Pilatus fragte die Menge: *„Wollt ihr, dass ich euch den König der Juden freigebe?"* (Mk 15,9; Schlachter 2000). Darauf gingen sie nicht ein; sie wollten einen anderen.

Es ist sehr interessant, dass der Mann, den sie haben wollten, Jesus Barabbas genannt wurde, also denselben Namen hatte. „Bar" bedeutet „Sohn" und „Abba" bedeutet „Vater". Die Juden sagten also im Grunde, sie wollten „Jesus", den „Sohn des Vaters" haben. Die Situation hätte sich nicht noch mehr zuspitzen können! Sie sagten: Dieser Mann heißt Jesus und er sagt, er sei der Sohn des Vaters; wir wollen aber einen anderen Mann namens Jesus, Sohn des Vaters – lasst Barabbas frei! Barabbas war Anführer einer politischen Widerstandsbewegung, ein Aufrührer, und die Menge, die Jesus am Palmsonntag willkommen geheißen hatte, in der Meinung, er werde für sie kämpfen und sie in Freiheit führen, war nun zutiefst enttäuscht über Jesus, denn anstatt die römische Garnison anzugreifen, hatte er einfach nur den Tempel gereinigt. Und diese Menge ruft nun: „Wir wollen diesen Mann. Weg mit dem anderen, denn er gibt uns nicht, was wir wollen! Gebt uns Barabbas. Er wird es tun." Es ist schon erstaunlich, wie sie sich entschieden. Und Pilatus konnte sich nun nicht mehr aus der Affäre ziehen.

6) Er versuchte, auf den Stufen seines Hauses stehend, die Juden nach einer Begründung zu fragen. Welches Verbrechen hatte Jesus begangen? Aber sie schrieen nur noch lauter: *„Kreuzige ihn!"*

7) Er beschloss, Jesus geißeln zu lassen, bis fast kein Leben mehr in ihm wäre. Es war ausgesprochen niederträchtig, dass Pilatus das tat. Er hatte kein Recht, einen unschuldigen Mann zu einer Geißelung zu verurteilen. Wieder versuchte er, die Menge zu beschwichtigen, um sich auf diese Weise „loskaufen" zu können. Aber sie ließen es nicht zu, dass Pilatus sich so aus der Affäre zog, denn eine Geißelung Jesu war der Menge nicht genug – sie verlangten seine Kreuzigung.

Indem Pilatus die Kreuzigung Jesu autorisierte, sorgte er dafür, dass zumindest sein Name für immer untrennbar mit dem Tod Jesu verbunden sein wird. Wo auch immer Christen das Glaubensbekenntnis beten, sprechen sie neben Jesus noch von einem anderen Mann, nämlich Pilatus, und sagen: „... gelitten unter Pontius Pilatus".

Häufig wird die Frage gestellt: „Wie konnte Pilatus nur so etwas Schreckliches tun?" Doch das eigentliche Problem ist das genaue Gegenteil: Wie kam Pilatus nur darauf zu versuchen, aus dieser Sache herauszukommen? Warum sage ich das? Wegen seiner Geschichte. Pilatus begann sein Leben als Sklave. Er war der erste Sklave, der jemals römischer Statthalter wurde, und gleichzeitig auch der letzte und er taugte nicht für den Job. Dieser Mann war engherzig und ein Tyrann. Als er im Jahr 26 nach Palästina kam, leistete er sich einige grobe Schnitzer und gebärdete sich wie ein Tyrann. So pflanzte er beispielsweise einen römischen Adler im Tempel auf und löste damit einen solchen Aufruhr aus, dass er letzten Endes Soldaten befahl, in Zivil, mit Schwertern unter ihren Gewändern, in den Tempel zu gehen und die Aufrührer zu töten. Es heißt, das Blut von Galiläern habe sich im Tempel mit dem Blut der Opfer vermischt. Das war ein echter Eklat.

Ein andermal ließ er einen Aquädukt von den Teichen in Hebron nach Jerusalem bauen, um die Wasserversorgung zu sichern – ein wunderbares Bauwerk, das man noch heute besichtigen kann. Das kostete eine Menge Geld und Pilatus hatte kaum welches. Da dachte er daran, dass zu jener Zeit im Tempel stattliche Kollekten gesammelt wurden, und beschloss, sich ein wenig vom Schatzhaus des Tempels auszuleihen. Bedauerlicherweise vergaß er, den Juden zu sagen, dass er sich etwas ausgeliehen hatte, und es kam wieder zu einem Aufruhr. Wieder schickte er römische Soldaten, die heimlich Schwerter trugen, unter die Aufständischen und ließ sie töten – wieder die Vorgehensweise eines Tyrannen.

Es wurde in Rom bekannt, dass Pilatus sich diese beiden groben Schnitzer erlaubt hatte, woraufhin Caesar ihm schriftlich eine Warnung zukommen ließ: Noch so ein Fehlgriff und er wäre seine Position los. Pilatus wusste, dass es mit seiner Karriere als Statthalter vorbei wäre, wenn er noch einen Aufruhr unter den Juden auslösen würde. Deshalb ist es auch nicht rätselhaft, warum er es zuließ, dass sie Christus kreuzigten: Wenn man sich vergegenwärtigt, was für ein Mensch Pilatus war, hätte man nichts anderes erwartet. Rätselhaft ist vielmehr, warum er versuchte, das Ganze zu verhindern.

Aber es gibt eine Erklärung dafür: Seine Frau hatte einen Traum gehabt und die Römer waren abergläubisch und maßen Träumen großes Gewicht bei. Dem Matthäusevangelium ist zu entnehmen, dass seine Frau ihn warnen ließ: *„Unternimm nichts gegen diesen Mann. Er ist unschuldig! Ich habe seinetwegen in der letzten Nacht einen furchtbaren Traum gehabt"* (Mt 27,19; HfA). Nun erkennen wir, in welchem Dilemma Pilatus steckte: Er saß zwischen zwei Stühlen, zwischen Caesar und seiner Frau, zwischen den Römern und den Juden, und in dieser Zwickmühle wird er wohl gedacht haben: „Wenn ich Jesus ungeschoren lasse, wird es einen Aufruhr geben; wenn nicht, begehe ich Verrat an der Gerechtigkeit und der Traum meiner Frau wird Unheil über mich bringen." Von mehreren Seiten drohte ihm Ungemach und gefangen in dieser Notlage tat Pilatus, was wohl jeder von uns in einer solchen Situation getan hätte: Er versuchte verzweifelt, seine eigene Haut zu retten. Pilatus war gefangen zwischen seiner Vergangenheit und seiner Zukunft. Auch uns erging es schon mal so; auch wir haben uns schon einmal so verhalten – vielleicht nicht mit so weit reichenden Konsequenzen, aber haben nicht auch wir schon einmal Ähnliches getan? Der Mensch handelt doch ganz instinktiv so.

An jenem Morgen stand nicht Jesus unter Anklage. Eigentlich waren es Hannas und Kaiphas und Herodes und die Soldaten, die Jesus anspuckten, und Pontius Pilatus und seine Frau und Caesar und alle anderen. Wenn ich mir diesen Prozess ansehe, kommt es mir vor, als stehe Jesus als Richter da und alle anderen waren an jenem Tag die Angeklagten. Noch etwas bewegt mich: Wenn je irgendjemand für die Sünden anderer gelitten hat, dann Jesus! Man sieht die Sünde des Petrus, des Pilatus und der Hohepriester und es scheint so, als käme all diese Sünde auf Jesus, so dass er es ist, der für ihren Neid, ihre Feigheit und ihre Grausamkeit leidet. Und so wird er zur Kreuzigung geführt.

Dieser Teil des Berichts ist in zweierlei Weise bemerkenswert. Zum einen fällt auf, wie sehr sich der Autor zurückhält. Man könnte ein grauenhaftes Bild der Kreuzigung zeichnen; man könnte mit den Emotionen der Leser spielen; man könnte die Gefühle ansprechen. Aber hier werden nur nüchterne Fakten berichtet. Der Autor versucht nicht, unsere Gefühle anzusprechen; er präsentiert Tatsachen. Wir sollen Jesus nicht bemitleiden; wir sollen uns nicht auf blutige Details konzentrieren. Ich werde Ihnen ein paar davon vor Augen führen, aber nur, um Ihnen zu helfen, sich die Situation zu vergegenwärtigen, und nicht, um mit Ihren Gefühlen zu spielen! Jesus sagte: *„Töchter Jerusalems, weint nicht über mich, sondern weint über euch selbst und über eure Kinder!"* (Lk 23,28)

Außerdem fällt mir auf, wie sehr sich Jesus zurückhält. Ich möchte das mit allem Respekt sagen, aber er hätte sie vom Angesicht der Erde hinwegfegen können. Sie haben ihn bespuckt, doch es hätte nur ein Wort gebraucht, um sie in die Ewigkeit zu schicken. Aber er hält an sich. Er rührt keinen Finger, um etwas gegen sie zu unternehmen. Sehen wir uns an, was sie ihm antaten.

Sie geißelten ihn. Das war völlig unnötig. Einem Menschen, der gekreuzigt werden sollte, wurde vorher nie zusätzliches Leid zugefügt. Das war durch und durch falsch, aber Pilatus tat es und ließ es zu. Eine Geißel war etwas Entsetzliches, eine lange, lederne Peitsche, an der in bestimmten Abständen Knochen- und Metallsplitter angebracht waren. Bei einer Geißelung wurde dem Delinquenten nicht nur das Fleisch am Rücken aufgerissen, er konnte dabei auch ohne weiteres blind, gelähmt, ja sogar getötet werden. Damit wird klar, warum Jesus sein Kreuz nicht weiter als ein paar hundert Meter tragen konnte. Er muss schon halbtot gewesen sein, bevor er seinen letzten Gang antrat.

Ein Prediger sagte einmal etwas, das ich für eine erstaunliche Erkenntnis hielt. Er wies darauf hin, dass keinem einzigen Opfertier im Alten Testament, keinem der unzähligen Lämmer, die bis dahin getötet worden waren, zusätzliches Leid zugefügt worden war – ein sauberer, schneller Schnitt mit dem Messer und alles war vorbei. Kein einziges Lamm, das Gott als Sündopfer dargebracht worden war, hatte man vorher gepeinigt und gequält. Doch als das Lamm Gottes kam, fügte der Mensch zu den Leiden, die Gott für ihn bestimmt hatte, noch diese Pein hinzu. Gott hatte diese Geißelung nicht vorgesehen; der Mensch tat sie dazu. So wird deutlich, dass ein Teil des Leidens Jesu der Grausamkeit und Bosheit des menschlichen Wesens geschuldet war.

Außerdem verspotteten sie ihn. Es war Spott, wie er unter Soldaten üblich war: Sie nahmen Jesus die Kleider weg, flochten eine Krone aus Dornen, legten ihm einen scharlachroten Mantel um und riefen: *„Sei gegrüßt, König der Juden!"* Noch heute kann man dort, wo sie das taten, sehen, was die Soldaten in den Boden einritzten, um ihre Spiele zu spielen. Eines dieser Spiele hieß „Spottkönig". Sie warfen Lose und einer von ihnen wurde zum „König" erkoren. Sie verkleideten ihn und er durfte einen Tag lang ihr „König" sein. Sie verbeugten sich vor ihm und nahmen seine Befehle entgegen. An jenem Tag beschlossen sie, sich über Jesus lustig zu machen.

Ich erinnere mich noch, wie ich eines Tages eine Frau besuchte, die an etwas, das in der Gemeinde geschehen war, Anstoß genommen hatte. Jemand hatte etwas zu ihr gesagt oder ihr etwas angetan und sie verließ die Gemeinde mit dem Vorsatz, nie wiederzukommen. Sie berichtete mir den Vorfall in allen Einzelheiten, obwohl er schon einige Jahre zurücklag. Ich fragte sie: „Wurden Sie angespuckt?" Sie erwiderte: „Natürlich nicht." Ich sagte: „Jesus wurde angespuckt und doch sagte er: ‚Vergib ihnen, denn sie wissen nicht, was sie tun.'" Sie bespuckten den Herrn der Herrlichkeit; sie verspotteten ihn, den Sohn Gottes, der das Universum schuf.

Sie führten Jesus durch die Straßen und stellten ihn der Menge zur Schau. Stellen Sie sich diese Szene bildlich vor. Ein Soldat ging voraus. Er trug eine Tafel, auf der das „Verbrechen" Jesu geschrieben stand, damit jedermann eine Lektion lernen würde, was römische Gerechtigkeit bedeutet. Pilatus hatte sich gefragt, was man auf diese Tafel schreiben sollte; schließlich wusste er, dass Jesus durch die Straßen geführt werden würde und die Menschen wissen wollten, warum er ans Kreuz geschlagen werden sollte. Also schrieb er in einer allgemein verständlichen Sprache – und hier zeigte er zum allerletzten Mal wirklich Mut – „DER KÖNIG DER JUDEN" auf die Tafel. Ungeachtet aller jüdischen Proteste wurde diese Tafel dem Zug voraus getragen. Darauf folgten etliche Soldaten, die in einer Art Ringformation gingen. In der Mitte des Rings ging der Gefangene, der den schweren Querbalken des Kreuzes trug. Doch Jesus war gar nicht mehr imstande, ihn zu tragen.

Sie gingen nicht direkt vom Haus des Pilatus zur Kreuzigungsstätte. Normalerweise zogen sie mehrmals durch die Stadt und dehnten die Prozession so lange wie möglich aus, damit jeder Bewohner seine Lektion lerne und es niemand mehr wagen würde, gegen römisches Recht zu verstoßen. Schon nach einem kurzen Stück auf diesem leidvollen Weg brach Jesus zusammen und der römische Zenturio (der Kompaniechef) war in der Zwickmühle. Kein Römer würde dieses Kreuz tragen; das wäre unter seiner Würde. Er wusste, dass er es nicht wagen konnte, einen Juden aufzufordern, das Kreuz zu tragen, weil dieser dann für das Passahfest am darauf folgenden Tag unrein wäre und es dadurch zu einem Aufstand käme. Was sollte er tun? Anhand der Hautfarbe griff er sich einen Mann, der für die Europäer die Last tragen sollte: Er zwang Simon, den Balken zu schultern. Ein Afrikaner trug das Kreuz Jesu nach Golgatha hinauf! Wenn man im Neuen Testament zwischen den Zeilen liest, erfährt man, was später mit diesem Mann geschah. Als er den schweren Balken trug, sah er Jesus, dem das Fleisch in Fetzen vom Rücken hing, vor sich hertaumeln. Er muss sich gefragt haben, wer dieser Mann sei. Sein Interesse an ihm war geweckt. Er fing an, Fragen zu stellen, und wurde ein leitender christlicher Mitarbeiter der ersten nichtjüdischen Gemeinde zu Antiochia. Der Evangeliumsbericht macht deutlich, dass er bei den Christen so bekannt war, dass Markus von einem „... *gewissen Simon von Kyrene, der vom Feld kam, den Vater Alexanders und Rufus'* ...“ sprechen konnte (Mk 15,21). Die Leser dieses Evangeliums kannten diesen Mann, diesen großen afrikanischen Christen, den ersten Afrikaner, der Christ wurde, und er wurde Christ, weil er seine Gedanken an jenem Tag nicht mehr vom Kreuz Christi losreißen konnte.

Darauf folgte die eigentliche Kreuzigung. Die Prozession hielt auf einem Hügel namens Golgatha. Dieser Begriff bezeichnet nicht das Gesicht eines Schädels, sondern die Schädeldecke. Zufälligerweise gibt es außerhalb der Stadtmauer einen Hügel, dessen Höhlen, die von Erosion und Wind über die Jahrhunderte in den Fels gegraben wurden, an die Augen-, Nasen- und Mundhöhle eines Schädels erinnern. Doch an jenem Tag zogen die Soldaten mit Jesus auf die Hügelkuppe hinauf. Dort kreuzigten sie ihn.

Vier Dinge sind es, die man ihm antat. Zunächst gab man ihm Wein zu trinken, um ihn betrunken zu machen und seine Sinne zu benebeln. Er nahm nichts davon. Warum nicht? Einerseits weil er nichts von alledem mildern wollte, andererseits weil er am Vorabend gesagt hatte: *„Wahrlich, ich sage euch, dass ich nicht mehr von dem Gewächs des Weinstocks trinken werde bis zu jenem Tag, da ich es neu trinken werde im Reich Gottes"* (Mk 14,25). Er hielt Wort und nahm keinen Wein zu sich. Man hatte Myrrhe in den Wein gemischt, um die Schmerzen zu lindern, aber er nahm nichts davon. Hätte er davon getrunken, hätten wir heute nicht diese wunderbaren Worte, die er am Kreuz sprach, weil er zu betrunken gewesen wäre, um sie auszusprechen. Es war damals normal, einen Verbrecher betrunken zu machen, damit er die entsetzlichen Schmerzen besser ertragen konnte.

Sie zogen ihm die Kleider aus. Auch wenn es immer anders dargestellt wird: Alle, die ans Kreuz geschlagen wurden, waren nackt. Das war Teil ihrer öffentlich zur Schau gestellten Schande. Dann warfen sie das Los um seine Kleider. Das Hinrichtungskommando hatte einen rechtlichen Anspruch auf alles, was der Gefangene zum Zeitpunkt seiner Hinrichtung am Körper trug, und weil sie seine Kleider nicht teilen wollten, warfen sie das Los. Wenn Glücksspiel je verwerflich war, dann hier: Keine zwei Meter unterhalb des Kreuzes spielten sie und verpassten deshalb das wichtigste Ereignis im Universum.

Gegen neun Uhr morgens schlug man ihm Nägel in Hände und Füße. Über seinem Kopf befestigte man die Tafel, die man vor ihm her durch die Straßen der Stadt getragen hatte – „DER

KÖNIG DER JUDEN" und von allen Anwesenden glaubte das nur ein einziger. Zu beiden Seiten Jesu wurden Verbrecher gekreuzigt – noch mehr Spott! Mehrere hundert Jahre zuvor hatte der Prophet Jesaja gesagt, *„... dass er seine Seele ausgeschüttet hat in den Tod und sich zu den Verbrechern zählen ließ. Er aber hat die Sünde vieler getragen und für die Verbrecher Fürbitte getan"* (Jes 53,12b). An jenem Tag dürfte der Kompaniechef in sein Berichtsheft geschrieben haben: „0900: Hinrichtung von drei Verbrechern" und in einem inzwischen verschollenen römischen Dokument wurde Jesus „zu den Verbrechern gezählt".

Dann kamen die ganzen Lästerungen. Eigentlich möchte man meinen, die Menschen hätten Jesus schon genug angetan. Man möchte meinen, sie hätten schon alle Register gezogen. Aber nein, auf all den Schmerz und das Leid packten sie noch Spott und Hohn obendrauf. Leute gingen am Kreuz vorbei und riefen: *„Ha! Der du den Tempel abbrichst und in drei Tagen aufbaust, rette dich selbst, und steige herab vom Kreuz!"* (Mk 15,29f). Er hätte es tun können – so leicht und einfach, wie ich diese Worte schreibe. Es waren nicht die Nägel, die ihn am Holz hielten. Es war etwas anderes. Dann zogen die Priester in ihren prächtigen Gewändern vorüber und sagten: *„Andere hat er gerettet, sich selbst kann er nicht retten. Der Christus, der König Israels, steige jetzt herab vom Kreuz, damit wir sehen und glauben!"* (Mk 15,31f). Sie wollten von der Menge als die eigentlichen religiösen Führer der Nation gesehen werden. Sie spotteten. Und sogar einer der beiden Räuber neben ihm hatte noch genügend Luft (vielleicht hatte er von dem Wein getrunken), um Jesus zu verhöhnen.

Nun geschehen sechs Dinge in rascher Folge, der absolute Höhepunkt ist gekommen. Gegen Mittag sollte die Sonne eigentlich am höchsten Punkt stehen und so hell scheinen, dass keine Schatten mehr zu sehen sind, aber es ist dunkel wie um Mitternacht. Schließlich geht es hier nicht um einen rein menschlichen Konflikt – auch die Mächte der Finsternis sind da. Doch der Himmel verfinstert sich, weil Gott Licht ist und jetzt weg ist. *„Mein*

Gott, mein Gott, warum hast du mich verlassen?" (Mk 15,34). Gott ist Licht und wo Gott ist, da ist Licht. Als Jesus geboren wurde, war ein Stern am Himmel zu sehen und wenn er wiederkommt, wird ein Blitz den Himmel von Osten nach Westen erleuchten, doch jetzt wird er pechschwarz. Der Heiland stirbt, nachdem er, wie hier überliefert, zweimal laut gerufen hatte. Der erste Ruf belegt, dass Jesus für ein paar Stunden in der Hölle war. In der Hölle zu sein bedeutet, so weit weg von Gott zu sein, dass man nicht mehr zu ihm durchkommt. *„Mein Gott, mein Gott, warum hast du mich verlassen?"* Das ist das erste Mal in der Ewigkeit, dass Jesus und sein Vater voneinander getrennt sind. Wenn sich schon ein kleines Kind grämt, das so etwas erlebt, wie muss das dann erst für den ewigen Sohn Gottes sein: vom Vater getrennt sein?!

Dann der letzte Ruf Jesu. Es war zu Ende. Das sagten zwar alle, sowohl die Jünger als auch Pilatus, aber als die Zeit Jesu am Kreuz beendet war, war das erst der Anfang. Er hatte alles getan, wozu er gekommen war; die Auswirkungen sollten sich erst noch zeigen. Gegen drei Uhr hauchte er sein Leben aus. Niemand hatte erwartet, dass er so rasch sterben würde, obwohl er körperlich ausgesprochen schwach war. Normalerweise hing ein Mann zwei bis sieben Tage am Kreuz, bevor er starb. Wollte man den Tod beschleunigen, brach man dem Gekreuzigten mit einem Speer die Beine, so dass er ersticken musste, weil er sein eigenes Körpergewicht nicht mehr tragen konnte und keine Luft mehr bekam. Als sie Jesus das antun wollten, war er bereits tot. Jesus wählte den Tod; Jesus entschloss sich zu sterben; er hatte es getan – es war beendet; es war nichts mehr zu tun; Jesus selbst war es, der sein Leben hingab. Er hatte gesagt, niemand werde ihm sein Leben wegnehmen; er selbst werde es hingeben. Hätte er es nicht hingegeben, hätte er vielleicht noch zwei oder drei Tage länger gelebt, obwohl sie womöglich noch vor dem Passah ein schnelles Ende herbeigeführt hätten. Er starb um drei Uhr nachmittags, just in dem Augenblick, als tausende Lämmer für das Passah geschlachtet wurden.

Als Nächstes zerriss der Vorhang. Im Inneren des Tempels befand sich ein riesiger, prächtiger, etwa 12 Meter hoher Vorhang, der reich bestickt war und dazu diente, die Menschen vom Allerheiligsten, der Wohnstatt Gottes, fernzuhalten. In dem Augenblick, als Jesus starb, zerriss dieser Vorhang von oben nach unten. Er war so hoch, dass kein Mensch dazu imstande gewesen wäre – ein Mensch hätte ihn von unten nach oben entzweigerissen. Es war Gott, der damit sagte: „Es ist vorbei. Der Tempel, die Priester, das Ornat, die Altäre, der Rauch und die Opfer – mit alledem ist es jetzt aus." Kein Christ braucht Priester, Tempel oder Opfer. Keiner von uns braucht diese Dinge. Gott hat sie beseitigt. Im Inneren war nichts zu sehen. Gott wohnte nicht länger in einem von Menschen gebauten Tempel. Er hatte ihn verlassen.

Und als der Zenturio, der sicher ein harter Kerl gewesen war, sah, wie Jesus starb und sein Leben aushauchte, spürte er Blut an seinen Händen. Er sagte: *„Wahrhaftig, dieser Mensch war Gottes Sohn!"* (Mk 15,39) Man sieht förmlich vor sich, wie er sich bei der Hinrichtungsparty an die anderen Soldaten wendet und seiner Erkenntnis Ausdruck verleiht, dass sie soeben den Sohn Gottes getötet haben. Ein römischer Heide war der erste, dem bewusst wurde, wer da eigentlich am Kreuz hing.

Dann verließen die letzten Trauernden den Schauplatz. Die Männer waren ja immer noch „auf der Flucht", aber die Frauen waren noch da. Sie waren die Letzten am Kreuz und die Ersten am Grab. Sie sahen ihn sterben, sie kümmerten sich um seinen Leichnam und später waren sie es, die am Ostermorgen das Grab leer vorfanden. Ich habe immer wieder die Feststellung gemacht, dass bei einer Beerdigung die Frauen wissen, was mit einem Leichnam zu tun ist; es sind die Frauen, die Wache halten; es sind die Frauen, die bis zum Ende dabei bleiben. Doch zuletzt gab es nichts mehr, weswegen sie hätten bleiben sollen. Verstört und gebrochen gingen auch sie.

Was geschah an jenem Tag als Allerletztes? Ein Mann, der viele Monate lang sein Licht unter den Scheffel gestellt hatte, der insgeheim gläubig geworden war und wirklich geglaubt hatte, dass Jesus Recht hat, dies aber nicht zu sagen gewagt hatte, nahm nun, da Jesus tot war, all seinen Mut zusammen und ging zu Pilatus. Die Vorstellung, dass der Leib Jesu am Kreuz hängen bleiben sollte und den Geiern preisgegeben wäre und zuletzt auf den Müll geworfen würde, war für ihn unerträglich. Also offenbarte er sich und ging kühn zu Pilatus und bat um den Leichnam, um ihn ordentlich beisetzen zu können. Es war Josef von Arimathäa, ein Mann, der bis zu diesem Augenblick Angst davor gehabt hatte, sich auf die Seite Jesu zu stellen, der es nicht gewagt hatte zuzugeben, dass er wirklich glaubte, Jesus sei im Recht, ein Mann, der eine Menge zu verlieren hatte, wenn er Jesus bestatten würde. Dieser Mann, der dem Ratsgremium angehörte, aber der Hinrichtung Jesu nicht zugestimmt hatte, der sie zwar nicht gebilligt, aber auch nicht dagegen protestiert hatte – dieser Mann offenbarte nun endlich, was er wirklich glaubte. Er wollte Wiedergutmachung dafür leisten, dass er nicht für jedermann sichtbar Christus angenommen hatte, als er gläubig geworden war. Es sah so aus, als sei es zu spät, doch Josef stellte fest, dass dem nicht so war. Es ist schon tragisch, dass eines Tages viele Leute offen sagen werden: „Er hatte Recht." Ja, eines Tages wird jedermann anerkennen, dass Jesus der Herr ist. Eines Tages wird es recht populär sein zu sagen: „Jesus ist Herr." Es ist wunderbar, wenn Menschen ihre Hemmungen überwinden und bekennen können: „Ich gehöre jetzt zu ihm. Ich glaube jetzt an ihn, egal, was es kostet."

Und so wurde Jesus beigesetzt. Sie legten den Leichnam ins Grab. Doch wenn dies das Ende der Geschichte wäre, wenn das alles wäre, was ich predigen könnte, müssten wir unsere Kirchen und Gemeinden schließen. Wäre es nicht schrecklich, wenn das alles wäre, was es an Ostern zu feiern gibt? Alles endet in einer Tragödie, in schierer Verzweiflung, in einem Grab – der Tod all unserer Träume und Hoffnungen und die Jünger kriechen, am Boden zerstört, davon? Wäre dies das Ende der Geschichte, bliebe nichts. Es würde bedeuten, dass der Tod all unsere Zukunftshoffnungen zunichte gemacht hätte. Es würde bedeuten, dass die Lehre Jesu zwar wunderbar gewesen wäre, aber nicht praktikabel, idealistisch und für unsere Welt ungeeignet. Es würde bedeuten, dass Jesus einem Irrglauben folgte.

Aber das ist eben nicht das Ende der Geschichte. Wir werden sie im nächsten Kapitel wieder aufgreifen und laut „Halleluja!" rufen, weil sie hier nicht zu Ende war. Als wir noch Sünder waren, ist Christus für uns gestorben und durchlitt all das für jeden einzelnen von uns, so als ob er die einzige Person auf Erden wäre!

Kapitel 19

Auferstehung und Himmelfahrt

Markus 16,1-20

Jedes Mal, wenn ich diese Passage lese, stoße ich auf etwas, was mir noch nie zuvor auffiel. Sie ist immer wieder frisch und wunderbar neu. Wenn ich sie mir jetzt wieder ansehe, stelle ich fest, wie sehr sich im Leben Jesu Anfang und Ende glichen. Ist Ihnen schon einmal aufgefallen, dass die Namen „Josef" und „Maria" am Anfang und am Ende vorkommen, bei der Geburt und am Grab? Am Anfang waren es Josef, sein Ziehvater, und seine Mutter Maria; am Ende waren es Josef, der ihn bestattete, und mindestens zwei Marias, die an sein leeres Grab kamen.

Aber damit nicht genug: Sowohl der Mutterleib als auch das Grab gehörten einem Mann namens Josef und beides wurde bereitwillig Gott ausgeliefert, damit er darüber verfügen könne. Maria war mit Josef verlobt; ihr Körper gehörte ihm. Doch als Josef begriff, wofür er gebraucht wurde, akzeptierte er mit Freuden, dass der Sohn Gottes im Mutterleib seiner Frau heranwachsen solle. Josef von Arimathäa hatte ein Grab, das ihm gehörte. Es besteht kein Zweifel daran, dass er es im unteren Teil seines Gartens für sich selbst vorbereitet hatte – ein wirklich prächtiges Grab. Doch als ihm klar wurde, dass er es für den Herrn Jesus verwenden könne, gab er es ihm. Und Jesus – wenn ich dies in aller Ehrerbietung sagen darf – verließ sowohl den Mutterleib als auch das Grab. Jeder weiß, dass ein Baby nur neun Monate im Mutterleib ist, aber niemand ging davon aus, dass ein Leichnam nach nur drei Tagen das Grab verlassen würde. Jesus verließ den Mutterleib, um ein Leben auf Erden zu führen, und das Grab, um ein noch breiteres Wirken zu beginnen. Und so fielen sowohl der

Mutterleib als auch das Grab anschließend wieder an ihre „Besitzer" zurück – in beiden Fällen ein Josef. Wir wissen, dass Marias Mutterleib weiterhin gebraucht wurde und noch andere Kinder, Brüder und Schwestern, aus ihm hervorkamen. Ob das Grab noch einmal genutzt wurde, entzieht sich meiner Kenntnis. Ich bezweifle, ob es noch jemand nutzen wollte, nachdem unser Herr darin gelegen hatte!

Es gibt eine noch schönere Verbindung zwischen Mutterleib und Grab: In beiden wirkte der Heilige Geist, vor den Blicken der Menschen verborgen, etwas Wunderbares, Schöpferisches und Mächtiges. In Marias Leib bereitete der Heilige Geist, nachdem er es zur Empfängnis hatte kommen lassen, einen Körper auf ein dreiunddreißigjähriges Wirken vor. Doch im Grab erweckte derselbe Heilige Geist, ohne dass ein Mensch es sah, Jesus von den Toten und verlieh ihm einen verherrlichten Leib, der nicht altern würde. In beiden Fällen war der Heilige Geist am Werk.

Interessant sind folgende Worte des Psalmisten:

> „Dir war ich nicht verborgen, als ich Gestalt annahm, als ich im Dunkeln erschaffen wurde, kunstvoll gebildet im tiefen Schoß der Erde" (Ps 139,15; NGÜ)

Er bezieht sich auf den Mutterleib, doch das Grab, jener Ort, wo der Heilige Geist den verherrlichten Leib Jesu schuf, lag buchstäblich „im tiefen Schoß der Erde". Was für eine wunderbare Parallele?!

Interessant finde ich, dass zwei Marias am Ostermorgen nicht am Grab waren: Maria, die Mutter Jesu (Johannes kümmerte sich um sie in seinem Haus), sowie Maria, die seinen Leib zur Bestattung gesalbt hatte. Sie kam nicht, weil sie, wie wir bereits gesehen haben, wusste, dass es vermutlich später keine Gelegenheit mehr gäbe, den Leib zu salben, weshalb sie das noch vor seinem Tod getan hatte.

Die Frauen waren die Letzten am Kreuz und die Ersten am

Grab. Das ist charakteristisch. Männer sitzen oft schweigend oder Belangloses redend hinter verschlossenen Türen, während Frauen ziemlich schnell die Spur aufnehmen. Sie überwinden die Trauer, indem sie etwas Praktisches tun. Und so kamen auch diese Frauen morgens als Erste ans Grab und machten zwei unterschiedliche Erfahrungen, bei denen es um Furcht und Glaube ging. Ihre Furcht wurde von den sichtbaren Beweisen der Auferstehung ausgelöst, während ihr Glaube durch ihre Erfahrung mit dem auferstandenen Jesus beflügelt wurde. Das sind die beiden Phasen, die wir durchlaufen müssen. Unvoreingenommen bewertete Beweise sollten sie davon überzeugen, dass am ersten Ostersonntag etwas Übernatürliches geschehen war, aber das allein weckt noch keinen Glauben. Der Glaube kommt, wenn man dem auferstandenen Jesus begegnet und eine Erfahrung mit ihm macht. Die Beweise überzeugen, lösen aber nicht mehr aus als Furcht – erst die Erfahrung lässt Glauben wachsen.

Vergessen Sie nicht, dass sie müde und traurig waren und es sehr früh war (die Sonne war gerade erst aufgegangen) und vergessen Sie nicht, dass sie gekommen waren, um eine ziemlich widerliche Aufgabe zu erledigen, zumal ja schon drei Tage und Nächte vergangen waren. Damit dürfte klar sein, dass sie mit ihren Nerven ziemlich am Ende gewesen sein mussten.

Dann sahen sie drei Dinge, die auf den ersten Blick menschlichen Ursprungs zu sein schienen, doch bei näherem Hinsehen stellten sie sich als göttlich heraus – auf den ersten Blick etwas Überraschendes, bei näherem Hinsehen etwas Übernatürliches und deshalb fürchteten sie sich. Wenn Menschen zum ersten Mal Kontakt mit etwas Übernatürlichem haben und ihnen bewusst wird, dass etwas geschehen ist, was kein Mensch getan haben konnte, bekommen sie es unweigerlich mit der Angst zu tun.

Sehen wir uns diese drei Dinge kurz an. Als Erstes der beiseite gerollte Stein, der gut und gerne eine Tonne gewogen haben muss. Hatten sie ihn vergessen? Hatten sie gedacht, die Wachen würden sie hineinlassen? Hatten sie geglaubt, es wäre jemand da, der den Stein für sie wegrollen würde? Ich weiß es nicht. Aber stellen Sie sich das einmal vor: Sie kamen und erst, als sie im Garten waren, fiel ihnen ein, dass da dieser Stein war. Vielleicht hatten sie sich in ihrer Trauer keine Gedanken darüber gemacht. Aber sie warfen einen Blick auf das Grab und sahen, dass der Stein weggerollt worden war. Allerdings war er nicht einfach seitlich weggerollt worden. Ich denke, der Schrift ist zu entnehmen, dass er flach auf dem Boden lag, weil ja der Engel, der ihn beiseite geschafft hatte, darauf saß. Ich liebe dieses Bild: Der riesige Steinblock machte keinen Eindruck auf den Engel! Er hat ihn einfach weggeschubst und sich dann darauf gesetzt, so als wollte er sagen, nach den Maßstäben des Himmels sei dies nur ein kleiner Kieselstein. Auf den ersten Blick muss es so ausgesehen haben, als hätten Menschen eingegriffen. Wir wissen allerdings, dass es ein übernatürliches Wirken war. Es war kein Mensch gewesen, der den Stein weggerollt hatte; immerhin standen da Wachen, die dies verhindern sollten!

Als Nächstes sahen sie jemanden, der aussah wie ein weiß gekleideter junger Mann. Wer war das? Wieder schien es sich auf den ersten Blick um etwas Menschliches zu handeln, aber wir wissen, dass auch dies etwas Übernatürliches war – so etwas hatten die Frauen nicht erwartet.

Das Dritte war das leere Grab an sich und der junge Mann, von dem wir wissen, dass er ein übernatürliche Bote, ein Engel war, sagte zu ihnen: Kommt und seht und dann geht und berichtet! Das ist unsere Mission in komprimierter Form: Sie müssen aus eigener Erfahrung heraus wissen, dass Jesus lebt, und dann gehen Sie hinaus und berichten anderen von diesem Segen. Es fällt allerdings auf, dass jene nicht gingen und anderen nicht davon berichteten. Warum nicht? Weil drei übernatürliche Dinge vor dem Frühstück mehr waren, als diese drei Frauen verkraften konnten: Sie fürchteten sich und flohen.

An dieser Stelle (Vers 8) endet das Markusevangelium ganz abrupt; mitten im Satz bricht es ab. Wir wissen nicht, warum es genau hier aufhört. Doch wenn das Evangelium an sich an diesem Punkt zu Ende wäre, hätten wir es nie gehört. Wer sich fürchtet, geht nicht hinaus, um Jünger zu machen; wer eine Erfahrung mit dem Übernatürlichen gemacht hat, ist nicht automatisch ein leidenschaftlicher Botschafter, der allen davon berichten möchte. Wären sie über die Beweise und ihre Angst nicht hinausgekommen, würde bis auf den heutigen Tag Stille herrschen. Doch die Beweise bereiteten sie innerlich auf die Erfahrung vor. Man muss ein gewisses Maß an Wahrheit erfasst haben, bevor man Christus begegnen kann. Man muss eine gewisse Menge an Beweisen vorlegen. Doch Beweise allein überzeugen niemanden davon, dass es notwendig ist, hinauszugehen und anderen von Jesus zu erzählen. Ein leeres Grab allein wäre nicht ausreichend gewesen. Und so erkannte irgendjemand, dass das Markusevangelium unvollständig war, und schrieb es zu Ende. Das bedeutet nicht, dass wir dieses Ende einfach so vom Tisch fegen und sagen können: „Ach, das ist nicht Wort Gottes." Ganz im Gegenteil. Alles, was in dieser Schlusspassage, die jemand zu Recht angefügt hat, erwähnt wird, kann anhand anderer Bibelstellen nachgeprüft werden. Einige Passagen zum Abgleich finden wir in Matthäus, einige in Lukas, einige in Johannes und einige in der Apostelgeschichte.

Jetzt gab es Erfahrung und Beweise. Die Geschichte geht weiter – vom leeren Grab zum vollen Obergemach. Jesus erschien einer Frau im Garten, zwei Jüngern auf der Straße nach Emmaus, und elf Jüngern, die im Obergemach an einem Tisch saßen. Sie waren voller Freude; sie glaubten. Eine Furcht angesichts der Beweise wich einem Glauben angesichts der Erfahrung. Ich sage es noch einmal: Jeder, der mit einer gewissen Offenheit und einem ehrlichen, wissenschaftlich-historischen Ansatz die Beweise für die Auferstehung untersucht, muss sich von diesen Beweisen überzeugen lassen und die Beweise für dieses Ereignis sind stichhaltiger als die für irgendein anderes Ereignis in der Antike. Die Jünger mussten davon überzeugt werden, dass vor zweitausend Jahren etwas Übernatürliches in diesem Garten geschehen war. Doch damit sie hinausgehen und predigen konnten, war noch mehr nötig: Erfahrung. Und diese Erfahrung wurde ihnen zuteil, als sie dem auferstandenen Herrn begegneten.

Jesus sagte: *„Geht hin in die ganze Welt und predigt das Evangelium der ganzen Schöpfung! Wer gläubig geworden und getauft worden ist, wird gerettet werden"* (Mk 16,15f). Beachten Sie bitte, dass er nicht sagte: Wer nicht getauft worden ist, wird verloren gehen. Vielmehr fügte er hinzu: *„Wer aber nicht glaubt, der wird verdammt werden"* (Schlachter 2000). Wenn Sie glauben, ist die Taufe der nächste Schritt.

Wer nicht an den auferstandenen Jesus glaubt, ist verloren; deshalb ist der Glaube eine Sache von Leben und Tod. Aus diesem Grund predigen wir und aus diesem Grund taufen wir. Die Jünger waren Zeugen, aber keine Intellektuellen; sie waren ganz gewöhnliche Männer und Frauen und mit ihren Erfahrungen im Herzen gingen sie hinaus und der auferstandene Herr ging mit ihnen überallhin mit. Er ist überall dort, wo sein Volk ist. Wo auch immer Menschen, die an ihn glauben, zusammenkommen, ist er in ihrer Mitte – unser lebendiger, auferstandener Heiland und Herr, Jesus Christus.

Eine Anmerkung zum „verlorenen Schluss" des Markusevangeliums

Es fällt auf, dass die frühesten Handschriften des Markusevangeliums abrupt und praktisch mitten im Satz mit den bemerkenswerten Worten *„... denn sie fürchteten sich"* aufhören (Vers 8 in unserer Bibel).

Die naheliegende Erklärung dafür ist, dass die Originalschriftrolle beschädigt und das letzte Stück abgerissen und verloren gegangen war. Die Frage ist: versehentlich oder absichtlich? Wäre Letzteres der Fall, wer hätte so etwas getan und warum? Für mich gibt es eine denkbare Antwort, aber ich betone, dass es sich dabei um meine eigene Spekulation handelt.

Die Überlieferung sagt, Markus habe sein Evangelium in Rom verfasst und sich bei seinem Bericht auf die Erinnerungen des Petrus gestützt, so wie er sie in seinen Predigten schilderte. Anderen Bibelstellen ist zu entnehmen, dass Petrus speziell dazu ausersehen war, dem auferstandenen Jesus persönlich zu begegnen (vgl. 1 Kor 15,5). Es ist jedoch nicht bekannt, wo oder wann dies geschah, geschweige denn, was dabei geredet wurde (auch wenn 1. Petrus 3,18-20 und 4,6 Hinweise in diese Richtung liefern könnten). War diese Begegnung so persönlich, so heilig für Petrus selbst, dass er sie nicht publik machen und der Nachwelt überliefern wollte? Hat er einen Streifen von Markus' Schriftrolle abgerissen, als er sie gelesen hatte? Befürchtete er, dadurch in ungebührlicher Art und Weise über die anderen Apostel erhoben zu werden (was in Rom ja sowieso geschah)?

Wie dem auch sei – die ersten Christen erkannten, dass Markus' Version unvollständig war und verfassten einen „kürzeren" und einen „längeren" Schluss, wobei üblicherweise Letzterer verwendet wird, um die Geschichte abzuschließen.